UNIVERSITY OF NORTH CAROLINA AT CHAPEL HILL
DEPARTMENT OF ROMANCE LANGUAGES

NORTH CAROLINA STUDIES
IN THE ROMANCE LANGUAGES AND LITERATURES

Founder: URBAN TIGNER HOLMES
Editor: MARÍA A. SALGADO

Distributed by:

UNIVERSITY OF NORTH CAROLINA PRESS

CHAPEL HILL
North Carolina 27515-2288
U.S.A.

NORTH CAROLINA STUDIES IN THE
ROMANCE LANGUAGES AND LITERATURES
Number 247

MYSTIFICATION ET CRÉATIVITÉ DANS L'OEUVRE
ROMANESQUE DE MARGUERITE YOURCENAR

MYSTIFICATION ET CRÉATIVITÉ
DANS L'OEUVRE ROMANESQUE DE
MARGUERITE YOURCENAR

Cinq lectures génétiques

PAR
BEATRICE NESS

CHAPEL HILL

NORTH CAROLINA STUDIES IN THE ROMANCE
LANGUAGES AND LITERATURES
U.N.C. DEPARTMENT OF ROMANCE LANGUAGES

1994

Library of Congress Cataloging-in-Publication Data

Ness, Beatrice, 1953-
    Mystification et créativité dans l'oeuvre romanesque de Marguerite Yourcenar / by Beatrice Ness.
    208 p. – cm. – (North Carolina Studies in the Romance Languages and Literatures: no. 247)
    Includes bibliographical references.
    ISBN 0-8078-9251-3 (pbk.)

93-085869
CIP

© 1994. Department of Romance Languages. The University of North Carolina at Chapel Hill.

ISBN 0-8078-9251-3

DEPÓSITO LEGAL: V. 970 - 1994   I.S.B.N. 84-599-3327-X

ARTES GRÁFICAS SOLER, S. A. - LA OLIVERETA, 28 - 46018 VALENCIA - 1994

TABLE DES MATIÈRES

	Page
Introduction	13
Chapitre 1. Texte et image: L'étape "Denier du rêve"	27

Jalons d'une réécriture iconique de 1934 à 1959.

1°	Les métamorphoses de la narration	30
2°	Narrateur (auteur) et manuscrit	34
3°	Narrataire (lecteur), manuscrit et texte final	61

Chapitre 2. Du générique au génétique: subversion de la nouvelle	66

Suppressions, expansions et subversions de 1938 à 1981.

1°	Généricité et structure	68
2°	Subversions génétiques	76

Chapitre 3. À livre ouvert de Marguerite à Hadrien	90

Littérature et métempsycose: l'avant-texte des *Mémoires d'Hadrien* de 1949-1951.

1°	Le manuscrit: descriptif	90
2°	Transformations	97
3°	Créativité et mystification	104

Chapitre 4. Du *D'après Dürer* à *L'Oeuvre au noir*: document et imaginaire	119

"Hors-texte" et narrataire: le *Cahier de Notes de L'Oeuvre au noir*.

1°	D'un texte à l'autre	122
2°	L'Avant-texte et l'imaginaire	127

Chapitre 5. Les manuscrits inachevés	154

De l'occultation des Chapitres d'un livre inachevé de 1930-38 à la mystification de *Quoi? L'éternité*.

1°	L'interruption des années trente	157
2°	Autobiographie et inachevé	161

	Page
Conclusions	185
1° Signatures	186
2° Synthèse génétique	190
3° Le vrai et le faux	198
Bibliographie générale	202

ABREVIATIONS

AN	*Archives du Nord,* 1977 (références Folio)
BM	*Une Belle matinée,* 1982 (références Pléiade, 1982)
ms BM	manuscrit d'*Une Belle matinée*
CEC	*Comme l'eau qui coule,* 1982 (références Pléiade)
DD	*D'après Dürer,* 1934 (références Grasset)
DR, 1934	*Denier du rêve,* 1934 (références Grasset)
DR, 1959	*Denier du rêve,* 1959 (références Pléiade)
ms DR	Manuscrit de *Denier du rêve* (1958-1959)
MH	*Mémoires d'Hadrien,* 1951 (références Pléiade)
ms Animula:	manuscrit des *Mémoires d'Hadrien* (1ère partie)
ms Varius:	manuscrit des *Mémoires d'Hadrien* (2ème partie)
ms carnet, MH:	manuscrit du "Carnet de notes" des *Mémoires d'Hadrien* (faisant partie du manuscrit)
ms Notes, MH:	manuscrit du carnet intitulé: "Notes-Mémoires d'Hadrien" (ne faisant pas partie du manuscrit)
MCA	*La Mort conduit l'attelage,* 1934 (références Grasset)
NO, 1938	*Nouvelles orientales,* 1938 (références Gallimard)
NO, 1963	*Nouvelles orientales,* 1963 (références Gallimard)
NO	*Nouvelles orientales* (références Pléiade)
ON	*L'Oeuvre au noir,* 1968 (références Pléiade)
ms ON	manuscrit de *L'Oeuvre au noir*
ms Notes ON:	manuscrit du cahier de notes de *L'Oeuvre au noir*
Quoi	*Quoi? L'Éternité,* 1988 (références Gallimard)
ms Quoi	manuscrit de *Quoi? L'Éternité*
ébauche	version primitive de *Quoi? L'Éternité*
RC	*Rendre à César,* Gallimard, 1971 (références Gallimard, 1971)
Rosbo	*Entretiens radiophoniques* (Patrick De Rosbo)

S.I.E.Y. Société Internationale d'Études Yourcenariennes
SP   *Souvenirs pieux,* 1974 (références Folio)
Y.O.   *Les Yeux ouverts.* (Matthieu Galey)

Dernière page annotée du carnet d'herboriste de Marguerite Yourcenar. Dessin autographe: "Field daisy = Marguerite" *Trees and plants at Petite Plaisance*. "By permission of The Houghton Library"

INTRODUCTION

> Une certitude pourtant demeure: c'est qu'ils (les manuscrits) ouvrent une voie d'accès, imparfaite sans doute mais irremplaçable, pour l'étude de l'un des phénomènes les plus fascinants de l'esprit humain, celui de la création esthétique. A ce titre, ils ne sont ni d'hier, ni de demain: "les manuscrits ne brûlent pas".[1]

Depuis un moment déjà, la critique moderne pose le problème de l'origine de l'écriture: comment un texte s'est-il créé? Quels sont les mécanismes qui ont contribué à son élaboration? Pour répondre à ces questions, l'étude des manuscrits ouvre une voie inappréciable d'accès à la genèse des textes. D'heureux concours de circonstances ont ainsi permis à cette critique, dite "génétique", de prospérer: legs des manuscrits d'Aragon et d'Eluard au CNRS; fonds proustien tombé depuis peu dans le domaine public; don important établi par Norman Pierson de croquis d'écrivains à l'université de Yale, etc... Des domaines très particuliers, et jusqu'ici encore inexplorés, ont donc été sondés: l'étude des croquis hugoliens et valéryens a exigé la mise en place d'une sémiotique de l'image éclairant la dialectique entre le graphique et le verbal; quant à l'examen des manuscrits médiévaux, il a révélé le problème du dialogue marginal, entre le commentaire et la correction; enfin, l'aujourd'hui de la critique n'a pas hésité à considérer le manuscrit comme un objet matériel, de nature indicielle et iconique dont il convenait de relever le "tracé":[2] une véritable sémiotique de l'espace-manuscrit était née...

Peut-être Marguerite Yourcenar, du fond de son île des Monts Déserts dans le Maine, n'était-elle pas au courant des derniers déve-

---

[1] Louis Hay, "L'écrit et l'imprimé", p. 34.
[2] Cette idée de tracé est développée par Alain Rey dans "Tracés", pp. 35-55.

loppements de la recherche génétique – ou sans doute ne cherchait-elle pas à l'être. Elle a néanmoins compris mieux que tout autre le travail de réécriture qui est, plus qu'un embellissement stylistique ou une correction lexicale, un réapprentissage de l'être. En exergue du manuscrit de *Denier du Rêve,* ne reprend-elle pas déjà, à sa manière, cette citation de Yeats: "C'est moi-même que je refais en refaisant mes livres"? [3] Se repensant constamment en récrivant ses oeuvres, l'écrivain comprend alors que plus que le texte final, ce sont les séries de réécriture qui importent pour son exégèse posthume. C'est ainsi que Marguerite Yourcenar décida, par volonté testamentaire, de léguer l'ensemble de ses manuscrits ainsi que sa correspondance à la "Houghton Library Department of Manuscripts" de l'université de Harvard, [4] réalisant que ce dont les chercheurs auraient le plus besoin ne serait pas le texte publié, mais "les surprises pendant son écriture, les hésitations de l'auteur, ses secrètes démarches, ses erreurs mêmes". [5]

La constitution du fonds yourcenarien étant fort récente, aucune étude générale sur les manuscrits n'a été entreprise jusqu'à ce jour. Depuis les ouvrages d'ensemble les plus classiques (tels que ceux de Jean Blot ou de Pierre Jacquemin) jusqu'aux études d'aujourd'hui (travaux de Joan Howard sur les mythes ou de Carmen Pont sur les rêves), la question de la genèse de l'oeuvre yourcenarienne a été constamment ignorée. Seule l'étude biographique de Josyane Savigneau a pris en compte la correspondance d'Harvard – sans pour autant explorer les manuscrits de romans. Une telle étude est cependant pleine d'intérêt puisqu'elle permet en particulier de réfléchir à l'apport autobiographique que ne manque pas de révéler obligatoirement l'examen génétique.

Ce riche monceau d'archives yourcenariennes fut constitué en plusieurs étapes. En un premier temps, et avant son décès, Marguerite Yourcenar fit don à la Houghton Library de l'université d'Harvard de plusieurs manuscrits autographes parmi lesquels *Denier du rêve* (légué en 1978) et *Une Belle matinée* (reçu en 1986). A chaque

---

[3] *Denier du Rêve.* fms Fr 326. Ams Harvard University. Exergue p. 1. Mount Desert Island and Rome. Oct. 1958 - March 1959.

[4] Néanmoins certains documents avaient été déposés, en vue d'une publication ultérieure, aux éditions Gallimard: *Le Tour de la prison* vient d'être publié (1991) et un volume de *Correspondance* est en préparation.

[5] Aragon, "D'un grand art nouveau: la recherche", p. 7.

manuscrit l'auteur a joint une lettre d'introduction (datée et en anglais) ou une inscription explicitant le "parcours" du manuscrit et justifiant son geste de donatrice. Ce premier legs, précédant la mort de l'écrivain en 1987, comporte aussi de nombreuses épreuves corrigées et des dactylographies révisées. En particulier, les différentes séries de réécriture des *Nouvelles Orientales* ainsi que celles d'*Anna Soror* et d'*Un Homme obscur,* se ventilant des années 1960 aux années 1980, sont passionnantes pour la génétique des textes. Le manuscrit original de ces textes manque néanmoins: celui des *Nouvelles orientales* serait antérieur à 1938 et les manuscrits d'*Anna Soror* et d'*Un homme obscur* (qui faisaient partie d'un triptyque publié en 1934 sous le titre *La Mort conduit l'attelage*) seraient tirés d'une grande fresque historique: *Remous,* conçue dans les années 1920. Tous les documents qui constituent le fonds Yourcenar à Harvard datent en effet de la période "américaine" de l'auteur – c'est-à-dire qu'ils sont tous postérieurs à la seconde guerre mondiale. Les manuscrits antérieurs à celui des *Mémoires d'Hadrien* (1949/1951- – date de l'emménagement définitif de Marguerite Yourcenar à "Petite Plaisance", son port d'attache à Northeast Harbor dans le Maine), pour diverses raisons, ne font pas partie de la collection. Cependant, de nombreuses épreuves corrigées, annotées, composent ce premier legs; entre autres, les épreuves d'*Alexis* annotées; d'*Archives du Nord,* corrigées; de *Piranèse,* révisées; du *Coup de grâce,* corrigées par Grace Frick, amie et traductrice de M. Yourcenar; les sources de *Fleuve profond, sombre rivière* ainsi que les *Notes sur Caillois* et bien d'autres textes traduits en anglais et annotés. Enfin, de nombreux essais allographes ainsi qu'un matériau biographique précis (litige avec Plon; lutte écologique; compte en banque suisse; chronologie de 1886 à 1974, mise à jour par Grace Frick; articles de presse divers) bouclent ce legs initial. Quant au second legs, legs posthume celui-ci, et reçu par la Houghton Library en mars 1989, il comporte un nombre impressionnant de documents parmi lesquels trois enveloppes scellées qui, selon le désir de l'auteur, ne pourront être ouvertes que dans cinquante ans. Des documents les plus significatifs, et accessibles aux chercheurs, le manuscrit des *Mémoires d'Hadrien* ainsi que les notes et carnets qui l'accompagnent constituent bien sûr la pièce maîtresse de ce lot. La dactylographie de *L'Oeuvre au noir* agrémentée d'un *Cahier de notes* rassemblant les sources diverses sur ce roman (iconographie, lectures commentées) forme le second volet de cette vague génétique. La dactylographie du "Labyrinthe du monde" (Volume I) et le manuscrit autographe de *Quoi? L'éternité* ainsi que son ébauche, de nombreuses fiches d'illustrations, ajoutent encore à ce fonds. De plus, des carnets de notes biographiques précieux, un répertoire de "Lectures et voyages" et une abondante correspondance dont celle entretenue par Yourcenar avec les Crayencour, de nombreux articles (de et à propos de Yourcenar) et enfin quelques inédits tels que les "Chapitres d'un livre inachevé" (écrits entre 1930 et 1938) confèrent à ce legs l'intérêt du neuf et de l'inexploré.

Une appréhension globale des papiers yourcenariens permet de noter, dans une première approche, non seulement le travail incessant entrepris par l'écrivain sur une documentation érudite, mais encore, et surtout, un souci constant de redistribuer les textes, en les reforgeant par un montage à la fois plus précis dans le déroulement historique (l'événementiel) et plus flou dans la psychologie des personnages. Cette recherche d'un plus grand "réalisme" ne restera pas sans importance: elle manifeste en effet un désir originel de l'écrivain qui n'hésite pas à reprendre un texte afin d'atteindre à la perfection plutôt que de le renier. C'est ce processus d'hésitations successives, et donc de refontes, qui paraît, passionnant dans un examen initial du fonds yourcenarien.

Pour cette raison, l'étude qui va suivre se focalisera sur la démarche d'écriture et de réécriture que traduisent les manuscrits. Et tout d'abord, le rapport qui se lie entre le texte et les différents délimiteurs et connecteurs du manuscrit se doit d'être pris en compte. En premier lieu, la marge, espace ambigu puisque servant traditionnellement à la correction, ne sera pas toujours respectée dans les manuscrits yourcenariens: envahie par l'image (dans *Denier du rêve*), offrant des commentaires circonstanciels (dans le *Cahier de l'Oeuvre au noir*) dialoguant avec le texte antérieur, ou bien tout simplement servant à corriger, à biffer le texte en une recherche stylistique plus épurée, plus maîtrisée. Mais il arrive aussi que la marge s'absente du manuscrit (comme dans *Mémoires d'Hadrien*), qu'elle s'efface au profit d'une écriture quasi automatique qui ne nécessitera aucune modification. La frontière "classique" entre marge et texte sera donc largement compromise dans les manuscrits yourcenariens, et cette étude tiendra compte de cet écart afin de mettre en valeur cette dynamique génétique. Car la marge peut, d'une part, faire état de "marginalia" en corrigeant l'épreuve d'une nouvelle édition, et de l'autre, traduire les états d'âme de l'auteur (bien-être, colère), et ainsi faire de son intervention une contribution capitale à l'exégèse de l'oeuvre. Enfin, la marge proposera, dans certains textes de M. Yourcenar, des amplifications systématiques qui permettront de comprendre l'évolution culturelle de l'auteur. La marge s'affirmera donc comme un lieu décisif où viendront s'enchevêtrer émotions, apport culturel, et reprise stylistique, magma génétique du devenir du texte.

En second lieu, et souvent lié au problème de la marge à partir de laquelle ils tirent fréquemment leur expansion, la phrase et le paragraphe ne seront pas non plus ignorés dans cette recherche génétique. Sera notée, en particulier dans les nouvelles, l'expansion générale que le scripteur fait subir à ses phrases et ses paragraphes réécrits. On s'interrogera alors sur le pourquoi de cet enflement: à quelle logique répond-il? On remarquera le côté ferme et délibéré de cette prolifération phrastique qui permettra de comprendre le caractère subversif des nouvelles yourcenariennes fondées, non pas sur une structure close, mais bien sur une composition ouverte. L'inachèvement et la reprise continuelle des textes feront alors de la phrase et du paragraphe les lieux stratégiques du génétique. Car, relance du texte en genèse, ils révèlent un récit avant-textuel ouvert à toutes les fissures du possible. Enfin, parfois, l'étude des interventions et des scissions de paragraphes orientera vers la typographie – ou bien même vers la graphologie. Car ce dérèglement du paragraphe puis son nouvel agencement sur la page traduisent soit le souci du scripteur de régulariser la respiration intérieure du texte, soit un trouble plus profond et que l'examen de la graphie mettra en valeur.

Et puis, parce que nombre de dessins et croquis, riches en renseignements génétiques, truffent les manuscrits yourcenariens, l'examen iconique rendra compte de leur spécificité. Le manuscrit de *Denier du rêve,* parsemé d'une cinquantaine de dessins à l'encre, se doit d'être particulièrement examiné, puisque M. Yourcenar, en faisant relier ce manuscrit, et en le léguant en 1978 à la Houghton Library, semble lui avoir donné un statut spécial. Seront répertoriés et catégoriés ces croquis en vue d'une recherche précise: quelle est la fonction du graphique opposé au verbal? Les systèmes de relais entre l'iconique et le textuel permettront d'aborder la symbolique visuelle spécifique de *Denier du rêve.* On remarquera combien ces "copeaux"[6] graphiques font partie intégrante du processus génétique et ne peuvent être laissés pour compte. Soit qu'ils éclairent les lieux et acteurs de l'histoire (dans *Denier du rêve*), soit qu'ils explicitent les racines généalogiques des héros (dans le *Cahier de notes de l'Oeuvre au noir*), soit qu'ils révèlent le jardin secret – et donc privé – de l'auteur (dans son carnet d'herboriste des "arbres et plantes de "Petite Plaisance"), soit qu'ils s'affirment comme une métaphore graphique totalisatrice remettant en perspective la vie entière de l'écrivain (dans *Une Belle matinée*), ces croquis yourcenariens, points d'orgue visuels, explicitent et enrichissent ainsi le verbal.

Enfin, parce que la genèse d'un texte suppose des moments d'accalmie, d'interruptions, de coupures puis de relances du texte, la téléologie des manuscrits soulevant la problèmatique de l'inachèvement se doit d'être cernée. Deux manuscrits interrompus méritent d'ailleurs qu'on leur prête attention: un premier texte intitulé "Chapitres d'un livre inachevé" datant de 1930 à 1938, et le manuscrit autographe de *Quoi? L'éternité* dont la rédaction interrompue par la mort de l'auteur en 1987 priva à jamais le lecteur d'une fin attendue. Ces deux textes, mis en parallèle, relèvent néanmoins de deux approches foncièrement opposées. Dans le premier avant-texte, laissé inachevé du désir même de l'écrivain, c'est la succession d'instants du génétique qui compte: comment le processus de genèse opère-t-il? Et pourquoi cet inachèvement? dans le second texte, le but attendu doit être mis en valeur car ce ne sont plus les instants successifs du texte qui importent mais bien l'ensemble textuel en une relation globale avec les autres oeuvres yourcenariennes. Enfin, dans les deux cas, les interruptions syntaxiques et les "défaillances au niveau sémantique" nécessitent des commentaires afin qu'une typologie yourcenarienne de l'inachèvement puisse se dégager.

De plus, et surtout, dans ces textes inachevés, aussi bien que dans les manuscrits plus en forme, une raison fondamentale de rupture se manifeste. En effet, et fréquemment, la communication entre le locuteur (l'auteur) et le co-locuteur virtuel (le lecteur) ne s'opère pas et la rupture verbale est fatale. Que l'auteur change de rôle et devienne son propre lecteur, dans un processus d'auto-critique ou d'auto-censure, ou qu'il entre dans le raisonnement du co-

---

[6] Terme employé par Jean Gaudon dans son étude sur les dessins hugoliens dans *De la lettre au livre. Sémiotique des manuscrits littéraires*, pp. 115-139.

locuteur (son lecteur) afin de mieux orienter la lecture, c'est toujours la même finalité qui semble recherchée: le lecteur, ainsi privé de liberté, se trouve forcé de lire selon les désirs d'un auteur qui le maîtrise. Il convient donc de conserver, en filigrane de cette étude, ce problème du contrôle de l'auteur sur le lecteur. Car ces hésitations successives mentionnées précédemment et qui répondent bien au mouvement même de l'écriture, trahissent le jeu constant de l'écrivain sans cesse écartelé entre la vérité (le tout dire) et l'occultation (le dire autre chose). De multiples opérations génétiques seront ainsi utilisées afin de brouiller les pistes [7] et faire en sorte que le lecteur ne voit plus, à travers ces hésitations, qu'une polysémie du texte qui le confonde. Supprimer, déplacer, ajouter, autant de mouvements génétiques qui ne visent qu'au même but: celer la vérité et mystifier le lecteur. Mais c'est d'une mystification positive dont il s'agit. Car pour préserver cette vérité, pour la cacher à l'oeil critique du lecteur, il convient de la modifier et ainsi d'user de tous les ressorts de l'imagination pour transformer une réalité que l'on cherche à garder pour soi. C'est donc en pleine conscience que l'écrivain, ajustant son récit entre les deux extrêmes de la courbe vérité / mensonge [8] joue sur les possibles de la création. La mystification du lecteur s'inscrit alors dans un mouvement positif de genèse, engendrant constamment la créativité de l'auteur. Mystifier pour créer: telle est bien la démarche entreprise par Marguerite Yourcenar dans la genèse de ses oeuvres.

Mais il y a plus: car les apprêts yourcenariens, ces préparatifs à la postérité, présentent des similarités indéniables avec les techniques d'occultation employées par l'écrivain dans ses textes publiés. En effet, Marguerite Yourcenar mystifie le lecteur de son texte final et oriente tout autant le chercheur de ses manuscrits en supprimant ou scellant pour les cinquante années à venir les documents qu'elle ne désirait pas que ce dernier y trouvât. Ainsi, dans une note de relecture ébauchée sur l'enveloppe incluant sa correspondance de l'année 1985, l'auteur n'hésite pas à opérer un tri et note qu'il lui faudra faire une sélection avant de léguer cette correspondance à Harvard! Autre exemple, ô combien significatif de cette mystifica-

---

[7] Voir à ce sujet l'étude de Bernard Blun sur les différentes techniques de brouillage dans les manuscrits proustiens: "Brouillons et brouillages: Proust et l'antisémitisme".

[8] Nous sommes redevables ici des idées de Michel Mathieu-Colas qui dans "Récit et vérité" analyse la courbe narratologique s'étendant entre les deux extrêmes du système: le vrai absolu (vvv) et le faux absolu (fff), pp. 387-403.

tion, cette note autographe ajoutée en 1957 sur le poème: "Sept poèmes pour Isolde morte" dont le texte publié donnait comme référence spacio-temporelle: "Enghien, 1929". (*Le Manuscrit autographe,* 1930). La précision de Marguerite Yourcenar, à la relecture, et sur le texte même conservé à Harvard, est un aveu direct de mystification: "La mention d'Enghien était volontairement inexacte"... Cette occultation qui s'établit en différant constamment le moi est aussi illustrée par les lettres introductrices des manuscrits qui font acte de préfaces – tout comme dans les textes publiés, les préfaces servaient de moule conducteur pour le lecteur. Ainsi, Colette Gaudin dans "Préfaces: genèse de la fiction ou effacement du moi" (17-30) avait déjà fort bien dénoncé les entreprises d'intimidation de l'auteur sur le lecteur dans les préfaces. Et de même que la masse d'informations donnée avec autorité dans les oeuvres publiées interdisait au lecteur une autre interprétation que celle dictée par l'auteur, les renseignements très précis livrés dans les lettres et notes qui accompagnent les manuscrits rétrécissent aussi le champ de réflexion de la critique génétique. Cette orientation est donc fondée sur deux mouvements complémentaires: d'une part, suppression de certains documents précieux; de l'autre, précisions auctoriales vectorisant les idées du lecteur dans le sens du désir de son auteur...

Ainsi, certaines "stratégies discursives" [9] mettent en valeur la position très particulière de l'auteur Yourcenar vis-à-vis de son lecteur. Et les manuscrits les plus représentatifs vont révéler cet effet de boomerang produit à la fois sur le lecteur (mystification) et le scripteur (créativité). Car c'est par la relation duelle entre narrateur (l'auteur) et narrataire (le lecteur) que se trouve posé avec le plus d'acuité le problème de la vérité du récit. Dès lors, l'étude des manuscrits sera circonscrite par les différents niveaux de vérité du récit. Suivant l'axe de narration: vérité (v)/faux (f), plusieurs catégories se dégagent:

1° a. L'imaginaire est incorporé à des données vraies (histoire): c'est le cas de la biographie romancée d'Hadrien, roman épistolaire récapitulant la vie de l'Empereur romain dans lequel les données de l'histoire d'Hadrien sont vraies (v).

---

[9] Dans *Le Récit,* Jean Michel Adam pose le problème des stratégies discursives en ces termes: "Quels sont les buts ou les visées de tel ou tel acte de discours qui passe par le relais de la narration? Quels effets la mise en récit tend-elle à produire sur le lecteur-auditeur? Sur quels contrats (accords et affrontements) s'établit la compréhension?" (p. 4). Dans le cadre de notre étude, nous ne retiendrons que la dernière question qui pose le problème du pacte auteur/lecteur.

b. Mais le narrateur (le "je" épistolaire) est ambigu (qui dit je?) (f).

c. Quant au narrataire (lecteur), il lit cette oeuvre comme une fiction (f): les données de ce niveau de vérité correspondent au vecteur (vff).

2° Le récit de pure fiction offre:

a. une histoire imaginaire (f);

b. un narrateur qui sait que le récit est irréel (f);

c. un narrataire qui a conscience de lire de la fiction (f): c'est bien le cas des *Nouvelles Orientales* – recueil de récits courts unis par le même thème de l'orient, qui correspond à l'axe (fff).

3° Mais l'axe vérité/faux se complique quand le narrateur raconte un récit faux qu'il dit vrai. Dans ce cas:

a. l'histoire est fausse (f);

b. le narrateur ment (f);

c. le narrataire croit que l'histoire est vraie (v): c'est ce que Michel Mathieu-Colas nomme "la mystification" – (ffv) qu'il explicite en ces termes: "la mystification: faire semblant d'être vrai quand on ne l'est pas vraiment, c'est être doublement faux" (392). Le premier volet *Souvenirs pieux* du triptyque du "Labyrinthe du monde", retraçant les origines maternelles de M. Yourcenar, ainsi que le second volet *Archives du nord* (1977) s'attachant aux souches paternelles, correspondent bien à cette donnée. Précisons que le dernier volet, posthume et inachevé, *Quoi? L'éternité* (1988) qui logiquement se devait d'être centré sur Marguerite, reprend une fois de plus la figure du père derrière laquelle le moi de l'écrivain ne cesse de se cacher. Si, parmi ces trois volets du "Labyrinthe du monde", *Souvenirs pieux* est le volet qui correspond le mieux à la résultante mystificatrice, c'est que le narrateur Yourcenar nous donne pour vrai – et ceci grâce au support de recherches généalogiques que la "note" qui clôt ce récit ne nous épargne guère – le récit de ses origines maternelles alors qu'il lui est pratiquement impossible de nous entretenir de la vie d'une mère qu'elle n'a pas connue (cette dernière étant morte dix jours après la naissance de Marguerite). Encore moins peut-elle nous parler de l'histoire de ses ancêtres du côté maternel, ou paternel d'*Archives du nord*. C'est pourquoi elle cherche souvent, par un processus de métempsycose[10] qui

---

[10] C'est Philippe Lejeune qui emploie dans *Moi aussi* le terme de métempsycose pour caractériser le récit de naissance de M. Yourcenar, p. 332.

lui est propre, à faire revivre cette lignée en l'interpellant à plusieurs occasions. De même, et parce que Marguerite sait pertinemment que *Souvenirs pieux* est plus une reconstitution imaginaire qu'un récit véridique, elle n'hésite pas à faire appel à son cousin Raymond Delvaux, dans la "Note" du livre. Elle souligne ses propos rapportés comme justification aux entorses faites dans son récit à la vérité historique:

> Même si la vérité historique n'était pas respectée, personne ne pourrait vous en vouloir, lui écrit-il. Ce n'est d'ailleurs pas une tâche aisée de rendre cette vérité, car dans le cercle vicieux de sentiments contradictoires aux multiples interactions, je n'ose définir ce qui est cause et ce qui est effet. (SP, 370)

Souvenirs pieux, de même qu'*Archives du nord,* s'affirme donc comme une oeuvre de fiction et bafoue la vérité initialement recherchée par l'auteur: la véracité généalogique est douteuse quand il s'agit de retracer la psychologie de ces ancêtres.

4° Enfin, dans ce réseau communicatif entre vrai et faux, une autre combinaison, opposée à la mystification, peut voir le jour: le travestissement. Dans ce cas, l'histoire est réelle (v), et le narrateur le sait (v), mais il la présente comme imaginaire (f). C'est l'axe narratif que semblent avoir adopté deux oeuvres de jeunesse de M. Yourcenar: *Alexis,* publié en 1929, et pour lequel l'auteur avoue s'être basé sur des événements réels, pris dans son entourage et maquillés pour la circonstance fictionnelle, et *La Nouvelle Eurydice,* récit de 1931, dont l'écrivain refusa toujours la republication. D'ores et déjà, il est curieux de constater que ces deux récits, travestis du réel, n'ont jamais été retouchés ni repris par l'auteur (aucune trace manuscrite n'en a d'ailleurs été conservée). A propos d'*Alexis,* l'auteur nous explique, dans la préface, que ce petit récit, ayant atteint la qualité formelle classique qui traduisait on ne peut mieux l'époque, n'avait pas nécessité de retouches. Quant à *La Nouvelle Eurydice,* l'auteur s'explique à ce sujet dans *Les Yeux ouverts,* en réprouvant ce travestissement fictionnel:

> A l'époque, je n'étais pas capable de rester dans cette réalité nue... C'eût été très beau, si cela avait été raconté tel quel, comme l'attachement d'un être jeune à une personne plus âgée, qu'on a considérée comme un exemple humain. [11]

Ainsi, se dégage une constante narrative: plus le récit est travesti, et moins l'écrivain se soucie de le réécrire – comme s'il lui était en fin de compte nécessaire d'abandonner des oeuvres telles qu'*Alexis* ou *La Nouvelle Eurydice* trop proches du moi. Quant aux oeuvres ventilées dans les trois premiers niveaux de vérité mentionnés antérieurement, il est remarquable qu'elles aient toutes subies des étapes de réécriture assez conséquentes pour que l'auteur en laissât les traces manuscrites à la Houghton Library. A partir de cette constatation, et selon le degré de vérité qu'atteint la narration, le manuscrit reflète des différences hiérarchiques sur l'axe du vrai et du faux dont il convient de tenir compte. Permettant d'identifier, par les relations qu'entretiennent le récit, son narrateur et son narrataire, l'intensité de vrai opposé au faux, cette interrogation sur la vérité, en filigrane des manuscrits, est conséquente puisqu'elle autorise à poser la question; livrer ses manuscrits au public, pour quoi faire?

Enfin, des notions bien précises étayent une étude génétique, et en premier lieu, celle "d'avant-texte" cernée par J. Bellemin-Noël comme "ce qui précède matériellement un ouvrage quand celui-ci est traité comme un texte, et qui peut faire système avec lui". [12] Cette définition, qui fait écho au système structuraliste, pourra paraître contradictoire à certains manuscriptologues. On en retiendra cependant la mise en système qu'elle suppose qui, bien que limitant l'étude des manuscrits, comporte aussi l'avantage de rechercher l'unité textuelle par la constitution, à partir d'occurrences, de paradigmes convaincants. D'autre part, et parce que le manuscrit interrompu soulève la notion partitive du fragment, se doivent d'être évoquées dans le sillage de l'avant-texte (= manuscrit "achevé"), les notions de "presque texte" (= c'est-à-dire le manuscrit interrompu) et de "hors texte" (= un ou plusieurs carnets explicatifs accompagnant le manuscrit). Ainsi, à l'intérieur de ce paratexte défini par Gérard Genette dans *Seuils,* comme "les interstices du texte", et divisé en deux parties: 1° "le péritexte", s'attachant à l'intérieur du texte, du titre, des préfaces et des notes; 2° et de "L'épitexte" se

---

[11] C'est ce qu'elle confesse dans ses entretiens avec Matthieu Galey, pp. 78-79. Notons, en outre, que si Yourcenar avait écrit *La Nouvelle Eurydice* de cette manière, ce récit aurait correspondu au vecteur (vvv) – inexistant dans la production yourcenarienne.

[12] J. Bellemin-Noël, *Le Texte et l'avant-texte,* p. 15.

composant de ce qui est extérieur au livre (interviews) et de la communication privée (correspondance, journaux intimes), cette étude s'étendra sur les pourtours du péritexte (manuscrits et dactylographies d'ouvrages de fiction) et se focalisera sur le roman, puisque les sources dramatiques et poétiques léguées à Harvard s'avèrent minimes.[13] J'ajoute néanmoins que le terme de "génétique textuelle" sera pris au sens large: toutes les phases d'élaboration d'une oeuvre, si elles éclairent d'une manière convaincante la démarche créatrice, se doivent d'être considérées. Cette étude ne se bornera donc pas aux manuscrits proprement dits mais se penchera, quand cela s'avèrera nécessaire, sur les strates de réécriture des versions finales et utilisera le paratexte (préfaces, interviews) lorsqu'il s'opposera à l'avant-texte.

Enfin, étant donné que dans ce mouvement de balancier entre la mystification et la créativité, le changement de position énonciative de scripteur à lecteur est constamment impliqué, l'étude des manuscrits se doit de suivre ce cheminement de l'auteur au lecteur dans un effort de catégorisation. Une distinction précise sera effectuée entre auteur, scripteur et sujet écrivant – en particulier dans la troisième partie de cette étude où sera abordé le problème de la métempsycose.

1° On entendra bien évidemment par "auteur" celui qui donne son nom au texte: Marguerite de Crayencour, alias Yourcenar. Mais la signature est souvent un paravent social pratique car

2° Le "scripteur" (= celui qui écrit) n'implique pas obligatoirement l'auteur. Il se peut même qu'il soit autre que l'auteur comme nous le verrons dans la genèse d'Hadrien où c'est un autre moi qui écrit. De là le terme de

3° "sujet écrivant" qui sera employé dans le doute: qui écrit?

Sera aussi postulée une démarcation entre l'écriture, la réécriture, la lecture et la relecture. Qu'un manuscrit ait été écrit d'un seul jet et affirme une cohérence textuelle indéniable, il se présentera comme un "avant-texte-écriture": le manuscrit des *Mémoires d'Hadrien* et d'*Une Belle matinée* se rangeront dans cette catégorie géné-

---

[13] Ce fonds ne comporte aucun manuscrit de pièce. Quant aux sources poétiques, elles se bornent à une réécriture des *Charités d'Alcippe*. Le fonds Harvard possède néanmoins une abondante correspondance dont l'examen exhaustif dépasserait le cadre de cette étude. Nous ne retiendrons que les lettres ayant une importance spécifique pour l'étude des manuscrits de fiction.

tique. Que le texte, une fois publié, ait été remanié de nombreuses fois, il appartiendra à "l'avant-texte-réécriture": les séries dactylographiées des nouvelles de *Comme l'eau qui coule (Anna Soror, Un Homme obscur)* répondent à ce schéma. Parfois, le texte publié sert d'avant-texte à une réédition: les éditions corrigées, annotées des *Nouvelles Orientales,* constitueront elles aussi un "avant-texte réécrit". Et puis, quand l'écrivain offre une source telle que le *Cahier de notes* de *L'Oeuvre au noir* (cahier relié qui accompagne la dactylographie du roman) agrémenté de notes autographes de relecture, c'est d'un "hors-texte" qu'il s'agira. Enfin, que l'avant-texte n'aboutisse jamais en texte final, et c'est un "presque-texte-écriture" qu'il faudra cerner. L'agencement des séquences qui vont suivre se répartira alors comme suit: un premier chapitre examinera l'apport iconique, en particulier celui de *Denier du rêve,* premier manuscrit légué par l'auteur à Harvard en 1978. Pièce introductrice au legs subséquent, ce manuscrit servira aussi, à cause du statut spécial qu'il revêt (avant-texte, hors-texte, presque-texte?) d'amorce à ces lectures génétiques. La seconde lecture s'articulera autour de la problématique générique/génétique dans l'examen de l'avant-texte-réécriture des *Nouvelles orientales,* amplement repris et développé dans l'étude avant-textuelle des nouvelles de *Comme l'eau qui coule.* Ce chapitre s'achèvera autour du manuscrit autographe de 1981 d'*Une Belle matinée* qui clôt le cycle de nouvelles du recueil *Comme l'eau qui coule* et qui offre un premier exemple, modeste par sa dimension, d'un "avant-texte-écriture". Il servira d'introduction à la pièce maîtresse autographe qui fera l'objet du troisième chapitre: *Mémoires d'Hadrien,* manuscrit écrit entre 1949 et 1950, et qui traduit excellemment la méthode de métempsycose évoquée plus haut. Puis, un quatrième chapitre examinera le "hors-texte" que constitue le *Cahier de notes* (dactylographie et manuscrit) de *L'Oeuvre au noir.* Enfin, deux "presque-textes", deux manuscrits inachevés (des fragments de 1930 à 1938 et *Quoi? L'éternité* sur lequel Yourcenar travaillait au moment de sa mort) seront mis en parallèle et ainsi permettront de cerner, de la manière la plus convaincante possible, cette frontière toujours un peu floue entre la mystification et la créativité. En quoi l'occultation de l'auteur – et donc la mystification du lecteur – entraînent-elles la créativité, excitent-elles l'imagination du scripteur et dynamisent-elles son écriture? C'est ce à quoi tenteront de répondre ces cinq lectures, et en premier lieu, l'examen du premier manuscrit légué à la Houghton Library et truffé de dessins autographes: *Denier du rêve*. De l'image au texte, comment s'effectue l'emprise créatrice? Quel impact le dessin donne-t-il à la puissance verbale? Et quel statut curieux est donc adjugé au lecteur de ce manuscrit yourcenarien? Entrons donc, dès à présent, dans les cercles de cette symbolique graphique.

BIBLIOGRAPHIE DE L'INTRODUCTION

Adam, Jean-Michel. *Le Récit*. Paris: PUF, 1984.
Aragon. "D'un grand art nouveau: la recherche." *Essais de critique génétique*. Paris: Flammarion, 1979. 7-19.
Bellemin-Noël, Jean. *Le Texte et l'avant-texte*. Paris: Larousse, 1972.
Blot, Jean. *Marguerite Yourcenar*. Paris: Seghers, 1971.
Brun, Bernard. "Brouillons et brouillages: Proust et l'antisémitisme." *Littérature* (mai 1988): 110-125.
Galey, Matthieu. *Marguerite Yourcenar. Les Yeux ouverts. Entretiens avec Matthieu Galey*. Paris: Editions Le Centurion, 1980.
Gaudin, Colette. "Préfaces: genèse de la fiction ou effacement du moi." *Marguerite Yourcenar. Une écriture de la mémoire. Sud* hors série (1990): 17-30.
Gaudon, Jean. "Croquis, dessins, griffonnages. Les notations graphiques de Victor Hugo." *De la lettre au livre. Sémiotique des manuscrits littéraires*. Paris: CNRS, 1989. 115-139.
Genette, Gérard. *Seuils*. Paris: Le Seuil, 1987.
Hay, Louis. "L'écrit et l'imprimé." *De la lettre au livre. Sémiotique des manuscrits littéraires*. Paris: CNRS, 1989. 34-36.
Howard, Joan. *From Violence to Vision. Sacrifice in the Works of Marguerite Yourcenar*. Carbondale: Southern Illinois University Press, 1992.
Jacquemin, Georges. *Marguerite Yourcenar*. Lyon: La Manufacture, 1985.
Lejeune, Philippe. *Moi aussi*. Paris: Le Seuil, 1986.
Mathieu-Colas, Michel. "Récit et vérité." *Poétique* (nov. 1989): 387-403.
Pont, Carmen. *Yeux ouverts, yeux fermés: la poétique du rêve dans l'oeuvre de Marguerite Yourcenar*. Thèse de Doctorat, University of Wisconsin, Madison, 1991.
Rey, Alain. "Tracés." *De la lettre au livre. Sémiotique des manuscrits littéraires*. Paris: CNRS (1989). 35-55.
Savigneau, Josyane. *Marguerite Yourcenar*. Paris: Gallimard, 1990.

CHAPITRE 1

TEXTE ET IMAGES: L'ÉTAPE *DENIER DU RÊVE*

Il faudrait aborder ce manuscrit de *Denier du rêve* de 1958-1959, légué à la Houghton Library en 1978, par le biais d'un étonnement – étonnement devant l'emploi quasi systématique de l'image dans la genèse du récit, là où le dessin devient moteur du texte et force sa dynamique. Mais chacun sait que l'art d'écrire est avant tout un art graphique, art de l'arabesque et du modelé que les méandres de la création peuvent parfois laisser percer dans les avant-textes autographes. Yourcenar n'a d'ailleurs jamais caché son intérêt pour les arts graphiques et elle a toujours prisé l'apport iconique à ses propres oeuvres: que ce soient des dessins allographes isolés pour illustrer ses poèmes et récits – tel que le dessin d'Aristide Maillol qui donne d'emblée le ton au recueil *Les Charités d'Alcippe;* ou le burin original de Salvador Dalí, frontispice au récit d'*Alexis;* ou que ce soient des dessins alternés de textes – tels que *La Suite d'estampes pour Kou-Kou-Haï* ornementé de gravures sur bois de Nancy Mac Cormick, ou *La Voix des choses,* série de pensées yourcenariennes illustrées de photos de voyages de Jerry Wilson. Parfois même, les peintures ou photographies ont occupé une place plus conséquente dans la création puisqu'elles ont servi de germe à la constitution d'une oeuvre, telle que celle de *Souvenirs pieux* dont l'édition originale était suivie de "L'Album de Fernande" – collage d'instantanés photographiques maternels. De plus, Yourcenar n'a pas hésité à faire appel à ses propres talents pour illustrer l'entrée-en-matière de ses oeuvres: ainsi l'aquarelle annotée de la page de garde du manuscrit de *Comme l'eau qui coule* témoigne de l'unité trouvée aux trois nouvelles qui composent le recueil. Enfin, Marguerite Yourcenar n'est certes pas la première à jouer avec les interférences du graphique et du verbal dans ses textes en métamorphoses. Il suffit de se remémorer les dessins onomastiques de Victor Hugo ou de Paul Valéry, dans leurs manuscrits, pour comprendre que l'utilisation du graphique à des fins de création verbale est assez fréquente dans la genèse des textes. Rien de très original donc dans la pratique graphique yourcenarienne du manuscrit de *Denier du rêve*. Mais ce qui l'est cependant, c'est le geste même de léguer ces dessins autographes à la Houghton Library – comme si l'auteur avait conçu ces esquisses comme de véritables images codées qu'il conviendrait aux chercheurs futurs de décrypter. Enfin, autre étonnement, ce manuscrit de 1958-1959, seconde version "illustrée" de *Denier du rêve*, est composé de séquences fragmentaires et non consécutives. Le premier manuscrit de *Denier du rêve*, antérieur à 1934 (puisque la première version parut en 1934) manque d'ailleurs à la collection. Ce manuscrit de 1958-1959, truffé d'esquisses, ne représente donc qu'une étape en apparence assez mince de la réécriture d'un texte, lequel, publié en 1934, fut repris en 1959, puis transformé en pièce dramatique en 1961, sous le titre symbolique: *Rendre à César,* sur la demande d'un directeur de théâtre parisien.

Par cette oeuvre, le problème du vrai dans la narration se pose avec plus d'acuité que dans les deux premiers récits de Yourcenar, *Alexis* de 1929 et *La Nouvelle Eurydice* de 1931.[1] Prenant appui sur des événements politiques précis de l'an XI de la dictature mussolinienne, *Denier du rêve* de 1934 est donc de plain-pied, par son cadre, dans la réalité. Ainsi, dans cette version de 1934, neuf récits correspondant à neuf personnages reliés entre eux par le troc d'une pièce de dix lires, "le denier",[2] présentent un kaléidoscope vivant de la montée du fascisme italien, que l'auteur avoue, à plusieurs reprises,[3] avoir ressenti dans l'Italie de 1933. L'histoire malheureuse de Don Ruggero, propriétaire ruiné; le suicide de Rosalia, vieille

---

[1] Pour un exposé biographique détaillé sur *Alexis* et *La Nouvelle Eurydice,* voir l'ouvrage de Josyane Savigneau, *Marguerite Yourcenar*. On y trouvera aussi de nombreuses analyses utiles prenant en compte la réception critique de chaque livre de M. Yourcenar.

[2] Georgia Hooks Shurr examine cette unité de structure que confère la pièce de dix lires au récit dans *Marguerite Yourcenar: A Reader's Guide*, pp. 26-33.

[3] Elle le confesse dans la préface de 1959 ainsi que dans "Histoire et examen d'une pièce" qui introduit *Rendre à César*. Elle mentionne aussi le fait dans ses deux séries d'entretiens: le premier avec P. de Rosbo (1972), et le second avec Mathieu Galey (1980).

fille désespérée; le renvoi de Luca par Dida, marchande de fleurs avare, sont tous cités par M. Yourcenar dans "Histoire et examen d'une pièce" comme ayant été tirés de faits divers lus ou vécus par l'auteur lors d'un long séjour en Italie. Quant à la tentative d'assassinat de César par l'anarchiste Marcella, et l'exil de l'écrivain Carlo Stevo aux îles Lipari, ils s'inspirent des activités politiques d'un groupe d'opposants au pouvoir réfugiés en Suisse pendant les années 1930. [4] Déjà, la courbe entre le vrai et le faux se complique: si le cadre de l'histoire est vrai, les personnages sont cependant imaginés par l'auteur. De plus, bien que Yourcenar fasse état de ses références dans la préface de *Denier du rêve* de 1959 et dans "Histoire et examen d'une pièce" qui accompagne la publication de *Rendre à César* en 1971, ce n'est néanmoins pas sans une certaine ambiguïté qu'elle étale ses sources et ses remaniements. Après avoir explicité, dans "Histoire et examen d'une pièce", l'apport réel à l'intrigue, elle souligne cependant l'inutilité de l'inventaire des modèles réels en ajoutant: "Je n'ignore pas que ces clefs anecdotiques ouvrent souvent de fausses portes, et précisément celles devant lesquelles le lecteur naïf aime à piétiner". [5] Elle s'insurge donc contre un parti pris du lecteur qui ne verrait dans *Denier du rêve* qu'une critique du système politique de l'Italie des années 1930. Elle aimerait au contraire que ce lecteur y vît l'apport symbolique – donc éternel – de la ville et des personnages – faisant de ce récit un "rêve" éveillé. La combinatoire entre réel et fiction devient alors si complexe qu'elle nécessite une comparaison systématique de l'histoire des deux versions finales de 1934 et 1959. Car la préface de 1959, qui devrait aider à comprendre les modulations d'une version à l'autre, ne peut, là encore, que laisser le lecteur perplexe. L'explication préfacielle, quelque peu ambiguë, hésite en effet entre le "…un peu plus âpre et un peu moins sombre…", entre les "…un peu moins tranchés et pourtant moins vagues" [6] de telle sorte que l'auteur, ne

---

[4] Pour une étude détaillée des sources historiques de *Dernier du rêve* de 1934, voir "Dimensions mythologiques et historiques dans *Denier du rêve* de 1934", article dans lequel Camillo Faverzani met en parallèle les personnages de Marcella (qui tente d'assassiner César) et Violet Gibson, noble irlandaise ayant tiré sur Mussolini le 7 avril 1926. De plus, les trois intellectuels suivants: Curzio Malaparte, Cesare Pavese et Carlo Levi, présenteraient des similitudes de destinée avec le personnage de Carlo Stevo (pp. 63-79).
[5] "Histoire et examen d'une pièce" dans *Rendre à César. Théâtre*. 1971, pp. 11-12.
[6] *Denier du rêve*, Préface (version de 1959) dans *Oeuvres romanesques*. Gallimard, La Pléiade, 1982, p. 164.

sachant si son récit, par ses retouches de 1958, est devenu plus près de la réalité ou du rêve, conclut: "Et... les deux éléments principaux du livre, le rêve et la réalité, ont cessé d'y être séparés à peu près inconciliables, pour s'y fondre davantage en un tout qui est la vie". Oscillant entre le réel et la fiction, l'affirmation préfacielle auctoriale traduit donc l'ambiguïté fondamentale de ce récit. L'examen des différentes versions (finales et manuscrit) permettra donc peut-être de mieux cerner cette frontière entre le vrai et le fictionnel.

1° LES MÉTAMORPHOSES DE LA NARRATION

D'emblée, un examen comparé des deux versions finales laisse apparaître des occurrences frappantes permettant d'avancer et de mettre en système des récurrences génétiques.

1° La première constatation se réfère à la longueur du texte – le texte de 1959 ayant pratiquement doublé de longueur par rapport au texte originel de 1934. Les passages en monologues intérieurs sont, en effet, considérablement amplifiés. Ainsi, les personnages de 1959 réfléchissent beaucoup plus et révèlent leurs espoirs ou désespoirs, dévoilant, par les hésitations de leur volition, les problèmes journaliers ou fondamentaux qui soustendent le fil de leur vie. Rosalia, Marcella, Dida, Roux et Massimo sont les personnages dont le monologue intérieur s'amplifie à loisir dans la seconde version. A l'expansion des monologues intérieurs s'ajoute du reste la prolifération des dialogues – en particulier ceux de Marcella, de Massimo et de Roux (Rosalia et Dida n'engagent pas de discussion importante qui nécessiterait un développement). Ces cinq personnages sont donc ceux sur lesquels le processus de réécriture sera le plus focalisé. L'ajout de dialogues traduit d'ailleurs très bien ce désir latent de l'auteur d'appréhender plus "physiquement" ses personnages: pour les rendre plus réels, il suffit parfois de les faire parler. M. Yourcenar ira du reste si loin dans cette palpation du réel qu'elle reconstituera, à la fin de la pièce *Rendre à César*, "l'État-Civil" des personnages, livrant non seulement leurs lieux et dates de naissance, mais encore, et tout en prolongeant le roman dans son futur hypothétique, le destin de chacun de ses "héros" en nous donnant leurs dates et lieux de mort. Ainsi, Allessandro Sarte mourra aux "Fosses Ardeatine, 24 mars 1944" (RC, 133), tombé lors des derniers moments de la guerre civile italienne; Massimo mourra en victime à "Auschwitz, 1er mai 1945" (RC, 134), etc... L'emprise du réel s'affirme sur cette oeuvre de fiction à telle enseigne qu'il s'avère nécessaire à l'auteur de forger l'état civil de ses personnages, leur conférant, par cela même, le statut de personnes ayant véritablement existé...

L'ajout de monologues intérieurs n'est pas non plus sans importance. Car non seulement ce procédé rend plus réel le personnage mais encore attise l'acuité psychologique en nous faisant pénétrer dans le dédale secret des hésitations. Cet approfondissement psychologique que révèle la réécriture de 1959 traduit d'ailleurs des occurrences manifestes: en premier lieu, une accentuation des traits pessimistes dans les pensées des personnages qui réfléchissent au futur en couleurs sombres. Ainsi caractéristique, le monologue de Massimo, ajouté dans la version de 1959, dénonce, avec beaucoup plus de force, l'absurdité du geste de Marcella en face d'un régime dictatorial. Dida aboutit, par des moyens différents, à la même conclusion pessimiste: d'une part, l'auteur supprime du monologue de Dida, de 1934, une justification à l'intolérance fasciste: les dirigeants y étaient traités de "Bons Dieux" (DR 1934, 185) et Dida les excusait en s'exprimant avec déférence à leur égard; d'autre part, un peu plus loin, et soliloquant sur les actes de César-Mussolini, Dida ajoutait (toujours dans la version de 1934): "...mais il a raison, puisque c'est son métier à lui" (DR 1934, 185). L'écrivain connotera en 1959 cette dernière pensée de Dida de la résignation du désespoir en la remplaçant par ces termes: "...mais c'est ainsi parce que c'est ainsi" (DR 1959, 251). La certitude laisse place à la résignation: il n'est plus certain que l'état ait raison.

2° Autre expansion importante dans la version de 1959: les références politiques sont plus suggérées, le personnage de César plus appuyé. Yourcenar lui donne même, dans le dernier chapitre, la primeur, puisque César introduit ce chapitre par son propre monologue intérieur qui, quoique de proportions fort modestes (une demi-page) n'en confère pas moins à la conclusion le ton menaçant qui convient. L'ombre de la figure politique de César-Mussolini est du reste ajoutée, à de nombreuses reprises, dans la version de 1959: Guilio n'hésite pas à parler du discours du dictateur; Marcella et Carlo exposent en détail leur entreprise politique d'attentat ainsi que l'arrestation de Carlo dans la chambre de Marcella et les sévérités carcérales qu'il subit; Massimo révèle l'attentat à Roux (ce qu'il ne faisait pas dans la version de 1934) et une voisine se charge d'apprendre la même nouvelle à Dida – fait inexistant dans la première version. C'est alors, sous un double parallélisme que s'inscrit la structure du texte de 1959: non seulement la pièce de monnaie tisse le fil conducteur entre les récits superposés des différents personnages mis en scène, mais encore la récurrence thématique de César (son discours, la nouvelle de l'attentat, la circulation dans les rues de la capitale rendue difficile à cause de son passage, etc...) qui réapparaît à chaque récit, constitue un signe unificateur, effrayant certes, dans le dernier chapitre qui met César brièvement en scène, mais dérisoire aussi.

3° A ce plus grand réalisme événementiel marqué dans le second texte de *Denier du rêve* vient s'ajouter une dernière récurrence, psychologique, celle-là. En effet, une comparaison entre les deux versions laisse apparaître des traits de caractère et des attitudes ignorés dans le texte plus schématique de 1934. Les personnages de 1959, en s'épanchant dans leur for intérieur, trahissent leurs bassesses – inexistantes dans la première version. Ainsi, Vanna n'est plus martyre mais coquette et aigrie; Mimi, sa fille infirme, n'est plus aussi angélique qu'en 1934; quant à Guilio, il laisse transparaître des pensées coupables qu'il n'affichait aucunement dans la version antérieure. En effet, en 1934, "Il (Guilio) n'avait peut-être pas regardé dix fois le petit visage pâle de Miss Jones" (DR 1934, 42), alors que dans le texte de 1959 il oublie "...qu'il avait beaucoup regardé les longues jambes de Miss Jones" (DR 1959, 180). La culpabilité masculine se trouve du reste très nettement accrue dans la version de 1959 – et cet accroissement ira de pair avec une atténuation frappante de la foi religieuse chez tous les personnages du roman.

En effet, il est frappant de constater les transformations sémantiques d'un discours, séparé de sa réécriture par un laps temporel de 25 ans. Toutes les connotations et références religieuses qui parsemaient le texte de 1934 se trouvent déformées, voire effacées du texte métamorphosé. Ainsi, dès la scène qui se déroule dans l'église, les personnages expriment des sentiments beaucoup moins pieux: cette scène de l'église plus centrée en 1934 sur la grande croyance de Giulio, présente, en 1959, la foi ébranlée de personnages qu'a atteint le pessimisme des années. En 1934, Giulio considérait Dieu comme "un ami qui l'écoutait" (DR 1934, 42); en 1959, ce Giulio déçu "pouvait même tromper Dieu" (DR 1959, 180). La scène de l'église devient alors beaucoup moins fervente et spirituelle, les "héros" ne sont plus que des personnes comme tant d'autres, avec leurs tourments et leurs mensonges. Le monde n'est plus qu'une scène de théâtre, et ces acteurs qui se jouent la comédie n'obéissent qu'à un seul dieu et maître: César-Mussolini. Mais il y a plus encore; car si dans la version originale, Yourcenar comparait avec insistance Carlo au Christ, elle lui retire néanmoins, dans la version postérieure, ses antécédents de "Sauveur" et le présente comme un persécuté politique dont la mort n'aura sans doute guère servi à freiner la montée du facisme italien. Pour cette raison aussi, Yourcenar révise la symbolique gestuelle de Marcella dont "les bras croisés sur la poitrine" (DR 1934, 117) se croisent en 1959... sur la table! Foi et optimisme, confiance en l'avenir, cèdent ainsi la place au pessimisme et au réalisme le plus visuel.

4° Enfin, un dernier point de comparaison entre les deux versions finales laisse à penser combien l'auteur, en retouchant son texte, cherchait à lui conférer un apport réaliste plus conséquent puisque Yourcenar gomme de nombreux attributs mythiques – en particulier ceux par lesquels se trouve investie Marcella en 1934. A l'origine interpellée par Massimo comme son "Electre", sa "Madeleine", sa "Perpétue", puis sa "Némésis, véritable déesse, iconoclaste et sanctificatrice" (DR 1934, 141), elle n'est plus en 1959 qu'une simple... "Némésis"! Cette surabondance mythique s'avère d'ailleurs une constante de la version de 1934 dans laquelle les héros et leurs situations face au monde sont constamment mis en corrélation avec une image du mythe: Roux, qui devient en 1959 un "vieux pauvre honteux" (DR 1959, 260), était plus dignement nommé en 1934: "Ce pauvre honteux qui ressemblait au Créateur" (DR 1934, 198). De même, l'image du bateau des morts à propos duquel Massimo débite, en 1934, une tirade lyrique afin de caractériser sa situation, est complètement biffée du texte postérieur. Elle était pourtant bien belle:

> ...je rejoins mon pays par le fleuve... La brume tombe; le bateau glisse, comme en dérive, on laisse derrière soi le soleil au couchant comme une grande coupole rose... D'autres ont une terre pour patrie; ma patrie à moi, c'est un fleuve... L'eau plombée, boueuse d'avoir entraîné les rives, trop pressée de fuir pour garder les images des choses, l'immense masse liquide qui roule vers l'Orient... Mais la boue va au fond, avec le cadavre de transfuges, et de nouveau, les flots seront purs. Monsieur Clément Roux, ça devrait vous tenter l'eau du fleuve? (DR 1934, 219)

Si cet épanchement lyrico-symbolique est supprimé du texte de 1959, ce n'est évidemment pas pour des raisons stylistiques. En fait, cet apport symbolique mythique du texte primaire, s'il ajoutait un certain ton de poésie lyrique, détournait le lecteur de la vérité politico-sociale de l'époque mussolinienne. Ainsi, et pour reprendre cette dialectique vrai/faux, esquissée dans l'introduction, il paraît clair, après l'examen comparé des deux versions finales de *Denier du rêve,* que cette narration qui penchait, dans le premier texte, vers le symbolique mythique et le lyrique, se focalise beaucoup plus, en 1959, sur la véracité de l'histoire, masquée en 1934. La progression narrative de 1934 à 1959 illustre déjà très bien l'attitude de l'écrivain devant sa création. Car comme elle avait, dans *La Nouvelle Eurydice* et *Alexis,* imposé un masque aux êtres réels qu'elle décrivait ainsi qu'à leur histoire (f), M. Yourcenar, dans *Denier du rêve* de 1934, hésite à révéler en plein jour, à traduire directement la réalité qui s'impose à ses yeux. Une constante narrative se dégage donc déjà: plus M. Yourcenar est près de la réalité (comme elle l'était de la réalité mussolinienne en 1933) et plus elle tente de masquer cette vérité, plus elle s'en éloigne. Le mythe dont elle use avec abondance dans cette première version s'avère donc le moyen le plus commode pour se tenir à distance de la réalité. En 1958 neánmoins, lorsqu'elle reprend son texte, 25 années se sont écoulées et la réalité est bien loin: le masque mythique n'est donc plus nécessaire et un plus grand réalisme historique, d'où une plus grande véracité narrative, s'installe. Ainsi la progression narrative de *Denier du rêve* entre les deux versions peut se traduire par le vecteur f → v. Des trois composantes du vrai exposées dans l'introduction (histoire, narrateur, narrataire), seul le premier niveau – l'histoire – a donc été élucidé dans ce premier examen des versions finales. Regardons maintenant si l'attitude du narrateur et l'intention de son discours que transcrit l'étude du manuscrit confirme ou infirme la courbe vectorielle f → v de l'histoire réécrite.

2° Narrateur (auteur) et manuscrit

Ce manuscrit, commencé en octobre 1958 et achevé en mars 1959, est introduit d'une lettre datée du 2 juin 1978 qui explicite l'historique de la genèse et l'intérêt de cet avant-texte. L'examen de cette lettre – servant de préface au manuscrit – s'impose, car elle révèle des indices précieux au décryptage génétique. D'une part, Yourcenar explique comment ce roman fut adapté à la scène en 1961 sous le titre *Rendre à César* et elle s'exprime sur la poussée théâtrale du manuscrit. Importante précision puisque les dessins de costumes et de décors dont abonde le manuscrit traduisent un intérêt théâtral qui dramatise le texte. Il sera donc utile de noter combien cet épanchement graphique dont se sert l'auteur dans son manuscrit marque une transition, un bouleversement de forme du romanesque au théâtral.[7] De cet appel au visuel qui fait vivre les personnages germera la pièce de 1961. Comme nous venons de le voir, la réécriture de 1959 transcrit d'ailleurs des signes de ce glissement du roman au théâtre. Yourcenar ajoute fort souvent des remarques sur le théâtre dans des scènes, des tirades qui n'en comprenaient pas à l'origine. Ainsi Giulio chuchote à l'église "comme si Dieu était un malade qu'il faudrait laisser dormir..." (DR 1934, 44); en 1959, il use de "...ce chuchotement discret qui est de rigueur dans les chambres de malade, au théâtre, et dans la maison de Dieu" (DR 1959, 181). La réécriture du texte surimpose donc le théâtre à Dieu. Enfin, lorsque Marcella referme sa porte sur Alessandro, celui-ci en 1934 "...redevint incrédule" (DR 1934, 133); le texte réécrit, Allessandro pense: "Du mauvais théâtre" (DR 1959, 227). Les connotations sont ainsi nombreuses dans la version remaniée de 1959 – comme si l'auteur cherchait par le moyen des mots à rendre théâtral, un texte qui ne l'est pas...

D'autre part, la seconde précision apportée par Yourcenar dans sa lettre introductrice est conséquente puisque l'écrivain signale que ce manuscrit se compose de "morceaux" correspondant à divers essais de passages différents. Et en effet, l'examen du texte-manuscrit révèle des bribes anarchiquement réunies de séquences corrigées concernant quatre personnages fondamentaux de *Denier du rêve:*

1° Roux, le Dieu créateur, artiste mourant auquel fera pendant Massimo, Judas qui trahit Carlo.

2° Rosalia, l'Antigone se suicidant afin d'atteindre à l'illusion de Gemara.

3° Dida, La Parque, marchande de roses, témoin des événements. Enfin, et surtout,

---

[7] E. Van der Starre dans son étude: "Du roman au théâtre: *Denier du rêve* et *Rendre à César*" examine, d'une manière très complète, le glissement opéré de la prose au théâtre. Il conclut à la faiblesse dramatique de *Rendre à César*, pp. 50-70.

4° Marcella, La Gorgone, opposante politique responsable de l'attentat manqué sur le chef de l'état et décrite dans la mort comme une "Méduse morte". Ces personnages sur lesquels se focalise le manuscrit correspondent donc bien aux passages élargis de la version finale. Mais il s'agit de fragments – et non pas d'unités narratives qui suivraient la progression du récit. Une constatation de forme s'impose aussi: aucune marge n'a été respectée et l'écriture présente des séquences hachées dont il serait bien difficile de dégager une étude structurale. On n'y trouve d'ailleurs ni date, ni pagination précise (la pagination qui suivra sera donc la mienne). Il s'agit de mots isolés qui entourent les dessins ou aboutissent à un ou plusieurs croquis; d'envolées lyriques (les bribes d'un même poème reprises maintes fois) accompagnant une esquisse fugace; ou bien encore, d'essais transformationnels sur la même phrase – comme le montre l'exemple de la page 48. Dans cette page, la reprise du même syntagme sert à conserver la cohérence sémantique et à rétablir la continuité:

Denier ms, 48	*Denier*, 187
et bien qu'elle ne fut pas	"Et sans la mettre tout à fait sur le
et bien qu'elle n'ait	même plan que la famille il en fal-
et bien qu'elle n'appartient pas à la	lait un (cierge) aussi pour la sym-
et bien qu'elle fût sans doute d'une	phatique Miss Jones".
et bien qu'elle appartient probablement	
bien qu'elle ne fait peut-être pas	
bien qu'elle ne [fut pas] peut-être [8]	
bien qu'en son pays on [*]	
[bien que les croyances]	
et [en dépit des différences] qu'elle	
et l'on pouvait même se	
et bien que sa religion	
Et, sans la mettre sur le même plan que	
la famille, on avait* du en offrir un	
pour Miss Jones	

Le blocage génétique est ici provoqué par l'utilisation de la concession: "bien que". Dès que le scripteur abandonne la locution conjonctive, l'enchaînement textuel est restauré. Cet exemple est typique de l'ensemble du manuscrit.

---

[8] Les signes de transcription sont ceux couramment acceptés: [ ] = suppression; < > = ajout; * = lecture conjecturale.

Autre aspect typique du manuscrit: l'arrêt fréquent de l'éveil fictionnel pour laisser la place à une réflexion sur le texte. Dans des moments de pause, l'écrivain se met à penser à l'avenir, au "bel avenir" de ses personnages. Déjà la page 14, dépourvue de graphisme, s'achève curieusement sur une note de relecture – note marginale datée de 1978:

> Ce "bel avenir" des personnages a maintenant pris forme dans l'espèce d'*État-Civil* qui suit la pièce *Rendre à César* (note de 1978). (ms DR, 14)

Si ce "bel avenir" a pris forme, c'est qu'au cours du manuscrit l'auteur entreprend, à plusieurs reprises, une "suite et fin" à *Denier du rêve* – suite toujours interrompue par la pulsion de l'écriture. Ainsi, la page 46 projetait le sombre avenir d'Angiola: "Dans *Suite et fin* Angiola eût été une horrible vieille vedette allant de succès en succès..." (ms DR, 46). De nombreux moments de pause sur cette "Suite et fin" sont alors notables dans l'avant-texte. A la page 104, l'écrivain en vient même à établir des points de comparaison entre la suite hypothétique d'*Alexis* et celle de *Denier:*

> Si j'avais écrit *Suite et fin,* Alexis illustre, sec et exquis, sexagénaire, entouré d'une cour. Voyant peu Monique, mais fidèle à son souvenir. 2 enfants.
> Massimo, le plus corrompu, jeune. Le jeu double, la facilité éternelle, le sentiment de frôlement perpétuel de l'ignoble, mais aussi le plus désintéressé, serviable envers Roux, amical envers Vanna, tendre avec Lina et Marcella. (ms DR, 104)

Un long développement psychologique fait suite, s'achevant sur la description de la mort de Massimo à Auschwitz: en somme, l'auteur a rédigé, dans cette page, une brève nouvelle sur l'avenir de son héros... Enfin, plus loin dans l'avant-texte, M. Yourcenar s'interrompt et réfléchit aux techniques romanesques: "Le roman a renoncé depuis (James? Stendhal? Dostoievsky?) au dialogue dramatique, aux exposés et aux joutes dialectiques qui sont l'équivalent romanesque du dialogue tragique de Sophocle ou de Racine. Rien, pourtant, pour marquer les rapports entre les êtres, ne remplace ce mode d'expression, le seul où des intelligences s'affrontent" (ms DR, 122). Nous ne sommes pas bien loin du carnet de notes des *Mémoires d'Hadrien*. Mais ici, dans ce mouvement réflexif, l'auteur justifie l'apport dialogique à son texte et se convainc de la nécessité d'un passage du romanesque au dramatique. Ou peut-être l'écrivain cherche-t-il à convaincre son lecteur virtuel? Quoi qu'il en soit, et étant donné le nombre de notes d'analyse et de relecture qui truffent ces analyses, il est conséquent de remarquer que l'auteur a relu son texte avec attention avant de le léguer à Harvard et qu'il en a peut-être exclu une partie...

Le manuscrit de *Denier du rêve* débute par un répertoire thématique des mythes, des scènes et des personnages, très clairement énoncé: "carte du mythe", "lieux et accessoires du mythe" qui forment, en quelque sorte, un postulat à ces 200 pages manuscrites. Par ce classement mythique préliminaire au texte même de *Denier du rêve,* Yourcenar affirme que le mythe est premier dans la genèse de cette réécriture. Plus qu'"un sourd accompagnement" (comme elle se plaît encore à le nommer dans la préface de *Rendre à César*), il est la charpente qui supporte l'ensemble de la production imagée et textuelle de *Denier du rêve.* Il s'agit donc de corrélation entre images et mythe. Dans ce découpage minutieux de "la carte du mythe" ventilé dans les premières pages du manuscrit, "lieux et accessoires du mythe" sont mis en ordre: chaque lieu répertorié est mis en parallèle, dans la même page, à un élément accessoire signalé entre parenthèses et souvent transcrit visuellement plus loin, dans le corps même du texte. Il est du reste curieux de constater que la plupart de ces éléments accessoires s'apparentent à des silhouettes féminines: "Le jardin terrestre (Gemara); La barque funèbre (Rosalia); L'amour dans la loge (Angiola Alessandro); Le passage de la mort (Dida); Le sommeil et l'insomnie (Massimo)" (ms *Denier,* 1). Ces éléments répondent d'une technique très particulière de l'auteur qui énumère les divers constituants de son récit avant d'en entreprendre la genèse. Le scripteur reviendra sur cette carte du mythe après avoir rédigé les segments énoncés en marquant d'une croix les éléments réécrits. Mais c'est d'un plan de scénario visuel qu'il s'agit: chaque lieu, chaque accessoire possède en effet un correspondant visuel, repris graphiquement dans l'élaboration textuelle. Les "lieux et les accessoires du mythe" sont ainsi ventilés en 24 éléments – images du mythe qui suivent fidèlement la diégèse. La structure romanesque est donc mise en place bien avant que ne soit amorcée la genèse du récit. Et chaque étape s'appuie sur un postulat mythique rigide: "I. la rencontre au bord de la fontaine; II. la chambre magique; III. l'église – le roc de Prométhée; IV. le paradis terrestre; V. la barque funèbre, etc..." (ms DR, 5-7). Les mythes transparaissent alors dans une foison d'images calculées dès l'incipit de ce manuscrit: pièces de monnaie, cierges, roses, livres, etc... Puis, faisant suite à ce postulat thématique, l'écrivain se livre à un calcul maniaque des changements de proportions du récit. Ainsi sont répertoriées les quantités conservées et remplacées pour chaque partie. Le minutieux calcul des changements du texte aboutit au nombre total de lignes changées: "approx. 50 printed new pages added to old text, in addition to substituted lines for the cancelled lines..." (ms DR, 11). C'est bien ce que l'examen comparé des deux versions avait laissé apparaître puisque la moitié du texte a été ajoutée en 1959.

L'auteur entreprend d'établir ensuite un répertoire des thèmes du roman, cristallisés sur des personnages précis. La thématique de l'achat et du rachat est examinée en fonction de chaque personnage: achat d'une illusion ou d'une ivresse dans la vie, dans la mort, etc... Et la recherche d'unification structurelle entraîne l'auteur vers un parallélisme entre les personnages (processus qui sera repris dans la rédaction des *Mémoires d'Hadrien*). Sont examinées, en premier lieu, leurs attitudes respectives: Marcella et Angiola quittent leurs maris et sont d'une classe sociale inférieure à leurs époux; Paolo et Alessandro sont quittés par leurs femmes; Massimo et Alessandro sont spectateurs; etc... Un rapprochement psychologique est aussi entrepris: Lina et Marcella sont amoureuses de Massimo; Dida et Don Ruggero sont avares; Vanna et Guiseppa sont tyranniques; etc... De l'attitude caractérielle au mythe, le pas est vite franchi et l'auteur ne peut, une fois encore, s'empêcher de faire glisser ses personnages de la réalité au mythe:[9] Angiola est Vénus; Marcella, Méduse; Carlo est bien entendu associé à Prométhée; Lina et Miss Jones, aux nymphes; Dida est bien sûr La Parque; Roux, Le Créateur; quant à Rosalia, qui pourrait-elle incarner si ce n'est Antigone? Cette reprise mythique s'achève sur l'énumération des trois mythes qui seront plus particulièrement soulignés dans cette réécri-

---

[9] Nous entendons par le terme de mythe celui que M. Yourcenar attribue à la mythologie: "L'emploi d'un sujet déjà connu, des détails débrouillés d'avance, un décor planté de tout temps, permettent au dramaturge de ne vaquer qu'à l'essentiel... La mythologie, c'est-à-dire l'utilisation artistique ou littéraire de croyances religieuses répandues jadis entre l'Asie Mineure et la Toscane, entre la Macédoine et la Crète..." dans "Mythologie", p. 41.

ture: la caverne des ombres; la descente aux enfers sur la barque funèbre; le roc de Prométhée. Enfin, cette entrée-en-matière qui couvre les quinze premières pages du manuscrit, répertoire thématique et structural, est reprise et conclue par un schéma précis de l'intrigue et des héros mettant en relation les lieux, les personnages et leurs actions, en fonction des mythes qui sous-tendent l'ensemble narratif. Ces quelques schémas structuraux proposés dans ce manuscrit donnent déjà un avant-goût des grands schémas progressifs qu'offrira le manuscrit des *Mémoires d'Hadrien*. Ici, dans cet avant-texte de *Denier du rêve,* toutes les lignes du destin des protagonistes se rejoignent à un moment précis de la narration – à l'exception de Marcella dont la destinée en ligne droite ne correspond qu'à elle-même. Marguerite Yourcenar restera d'ailleurs fidèle à ce schéma structural fondé sur un espace mobile (la maison de Rosalia, l'église de Guilio) qui motivera la série de rencontres à des moments très calculés.

Le reste du manuscrit (plus de deux cents pages) se compose de séquences alternées de réécriture focalisées sur les personnages fondamentaux mentionnés plus haut. Les images qui truffent alors les pages de ce manuscrit s'offrent comme miroirs du texte. Toute image étant un signal, il convient donc d'étudier le pourquoi de ces signaux car cette myriade de dessins permet en effet de scruter ce texte différemment. C'est donc à une lecture autre du texte que nous convie ce spectacle d'images génétiques, sorties soit de l'inconscient, soit du postulat mythique établi dans les premières pages du manuscrit évoquées précédemment. Deux approches sont en fait indiquées pour l'étude de ces dessins: d'une part, l'examen du dessin par rapport à la page dans laquelle il s'inscrit afin de décrypter les interactions entre l'image et le texte; d'autre part, et parce que ce texte a été écrit d'une seule coulée, l'analyse synoptique de ces images afin de dégager les paradigmes iconiques.

A) Au niveau microgénétique, l'examen initial de la rencontre entre image et texte [10] révèle dans cette hétérogénéité iconique, plusieurs emplois révélateurs de l'image:

1° L'emploi d'un signe iconique "motivé" [11] qui fait foi d'un texte avec lequel il s'unit. L'image référentielle est alors la représen-

---

[10] Nous prenons ici pour point de départ le rapport établi par Roland Barthes dans "Eléments de sémiologie" entre texte et image: "Le message iconique est dans un rapport structural de redondance ou de relève avec le système de la langue", p. 80.

[11] C'est Umberto Eco qui dans *A Theory of Semiotics* marque la distinction entre signes iconiques motivés et non motivés.

tation directe du texte: c'est la mise en image de la situation. L'esquisse de la page 105 du manuscrit correspondant au dernier chapitre de *Denier du rêve* (la séquence sur les réflexions de Massimo à l'aube de son départ) traduit clairement cette adéquation parfaite entre texte et image. Dans le texte, Massimo (voir illustration 1) tombe de sommeil sur sa table de travail. Le texte qui correspond au finale de *Denier du rêve* sur Massimo s'étend sur 3 pages manuscrites (103-105). C'est dans la dernière page (105) que le fantôme de Marcella surgit. Au moment où le texte s'achève, l'image analogique prend le relais et dramatise un récit en le visualisant. Cependant, il est à noter que le croquis du fantôme de Marcella, antérieur au texte, comporte un tracé beaucoup plus net que celui schématique de Massimo, vu en contre-plongée. Le dessin de Marcella, en plan général, et vue de face, révèle, par ses traits modelés, l'énergie frénétique de la plume s'acharnant sur le dessin et donne ainsi toute son ampleur au personnage fantomatique. Le cheminement intérieur de la réécriture du récit, privilégiant Marcella, est ainsi déjà nettement marqué par cette illustration marginale.

2° L'emploi de l'icone "non motivé" lorsque l'image n'est plus la traduction directe du texte. Elle s'affirme alors incohérente par rapport aux mots qui l'entourent et semble surgie, comme par hasard, de l'inconscient. Ainsi, ne présentant, en apparence, aucune relation directe avec le texte, se détache la surprenante esquisse de la dernière page du manuscrit (p. 243) représentant un chien qui pourrait bien être le chien de Marguerite à cette époque (voir illustration 2). L'apparition énorme (et sympathique) de ce chien anodin sous le texte du retour de Vanna ne paraît pas coïncider tout à fait. Est-ce la reprise de l'image néfaste déjà esquissée à plusieurs reprises, dans le manuscrit, du chien des morts, ou bien un croquis amusé de son propre chien fait après coup par Yourcenar sur l'ultime page de son texte iconisé? Quoiqu'il en soit, que l'image soit en apparence étrangère au texte, ou qu'elle y fasse une référence directe, elle transcrit une dialectique entre texte et icone qui aboutit à deux conceptions opposées de la genèse:

1° Des amorces textuelles ébauchées puis avortées, aboutissent à l'image. Dans ce cas, le dessin envahit un texte qui ne peut avancer: l'échec se solde par un croquis. De nombreux exemples d'images avorteuses truffent ce manuscrit, souvent accentuées d'énormes inscriptions qui s'étalent en lettres capitales: "INUTILE", "POUR RIEN", "DEPLORABLE". A la page 130 du manuscrit, une piro-

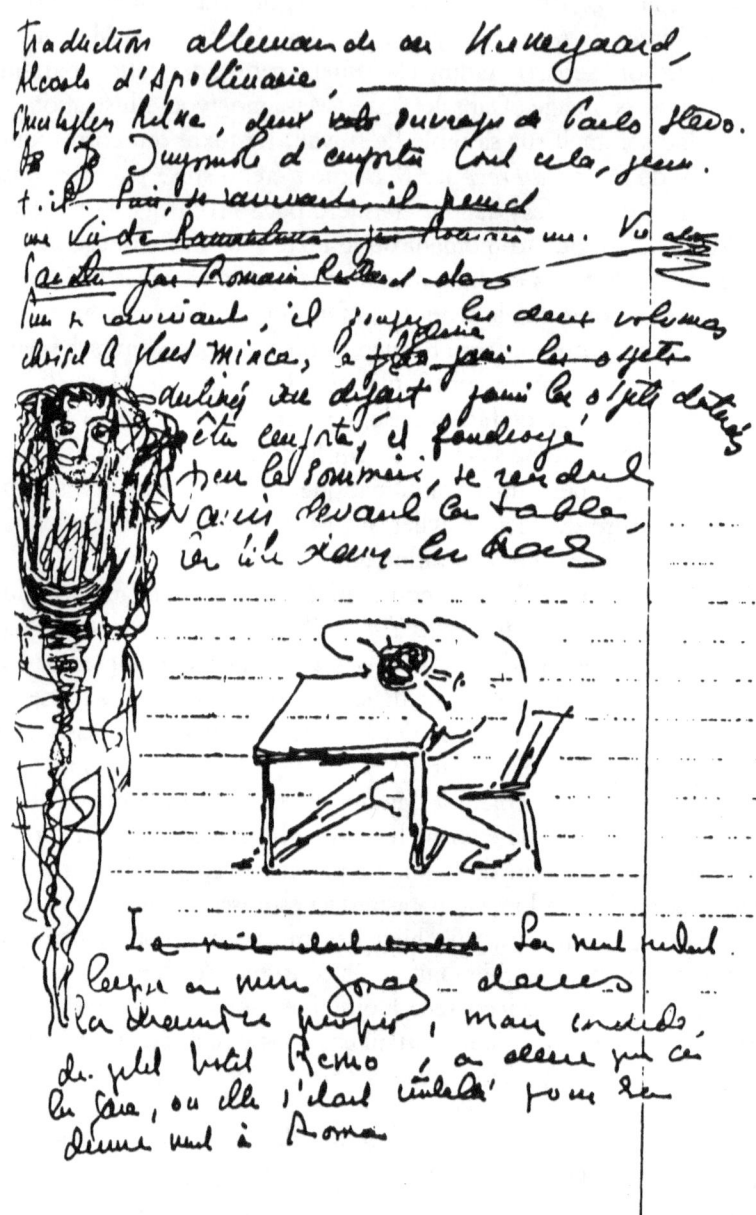

Illustration 1. *Denier du rêve*. "By permission of The Houghton Library" (p. 105)

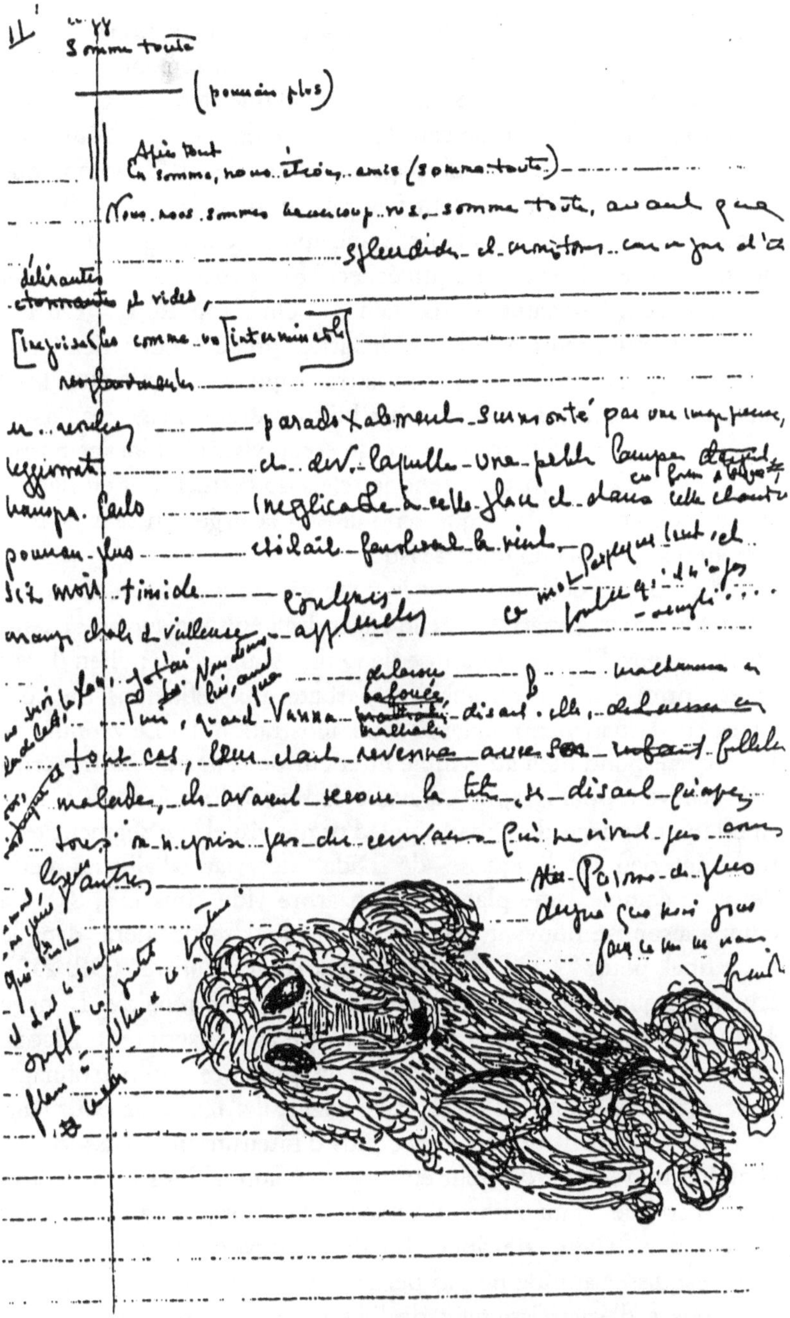

TEXTE ET IMAGES: L'ETAPE *DENIER DU RÊVE*

Illustration 2. *Denier du rêve.* "By permission of The Houghton Library" (p. 243)

gue egyptienne, barque funèbre esquissée après texte, nous propose l'un des exemples les plus probants de cet envahissement graphique (voir illustration 3). Plaquée sur le récit d'une faiblesse cardiaque de Roux, cette image du bateau fige le texte dans ce que Yourcenar nomme elle-même en bas de page un "faux départ". Notons que cette amorce textuelle ne sera pas reprise dans le texte définitif. L'interruption est due, d'ailleurs, à une aporie sémantique manifeste qui ne peut se solder que par un échec: "Et ça va mieux... Salement bien mieux... Salement mieux même... On s'apprête à... On fait l'effort de s'apprêter à... Faux départ... préparé pour rien" (ms DR, 130); puis dans la marge, en lettres capitales: "POUR RIEN RIEN RIEN". Le discours se referme sur lui-même et l'image, esquissée après l'échec verbal, marque donc du sceau visuel le blocage narratif: pirogue de la mort qui prend le relais du textuel tout en figeant son inachèvement. L'iconique rend ainsi à la page son sens et confère au texte inutile un intérêt visuel.

2° L'image dessinée avant le texte génère le texte, le devance. Véritable prolepse narrative, elle engendre l'épisode suivant: exemple entre tous, l'image grandiose de Dida, esquissée au milieu de ses roses, forme ainsi une transition parfaite aux réflexions du père Cicca sur la patience religieuse (voir illustration 4). Le croquis de Dida correspond bien au rythme intérieur de la narration. Le scripteur achève un paragraphe et, avant de reprendre son souffle, dessine le personnage de Dida, point d'orgue visuel. Le segment textuel, antérieur à l'esquisse de Dida, décrivait d'ailleurs cette dernière comme "une plante, ou un arbre vide" (ms DR, 83). La comparaison ne pouvant aboutir, le scripteur se décidera, dans le texte final, pour: "...elle ressemblait aux troncs d'arbre" (DR, 250). L'image-esquisse semble ainsi aider le discours à renaître. L'image accoucheuse vise à générer le texte, à faire agir le scripteur. L'icone maintient réelle la fiction, souligne la présence du personnage, l'ancre dans la réalité du texte. Par l'image, il s'agit donc pour l'auteur non seulement de saisir avec plus d'intensité mais aussi de rechercher un récit perdu pour en forger un autre. Dans cette utilisation picturale, l'intention première de Marguerite Yourcenar semble donc claire: dessiner afin de retrouver un texte écrit en 1934; esquisser afin de ne pas perdre une fiction en devenir. Après cette phase d'éclaircissement de l'intention auctoriale, il convient maintenant d'examiner les séquences d'images et de voir comment l'adjonction, au cours du processus de genèse, d'images similaires à

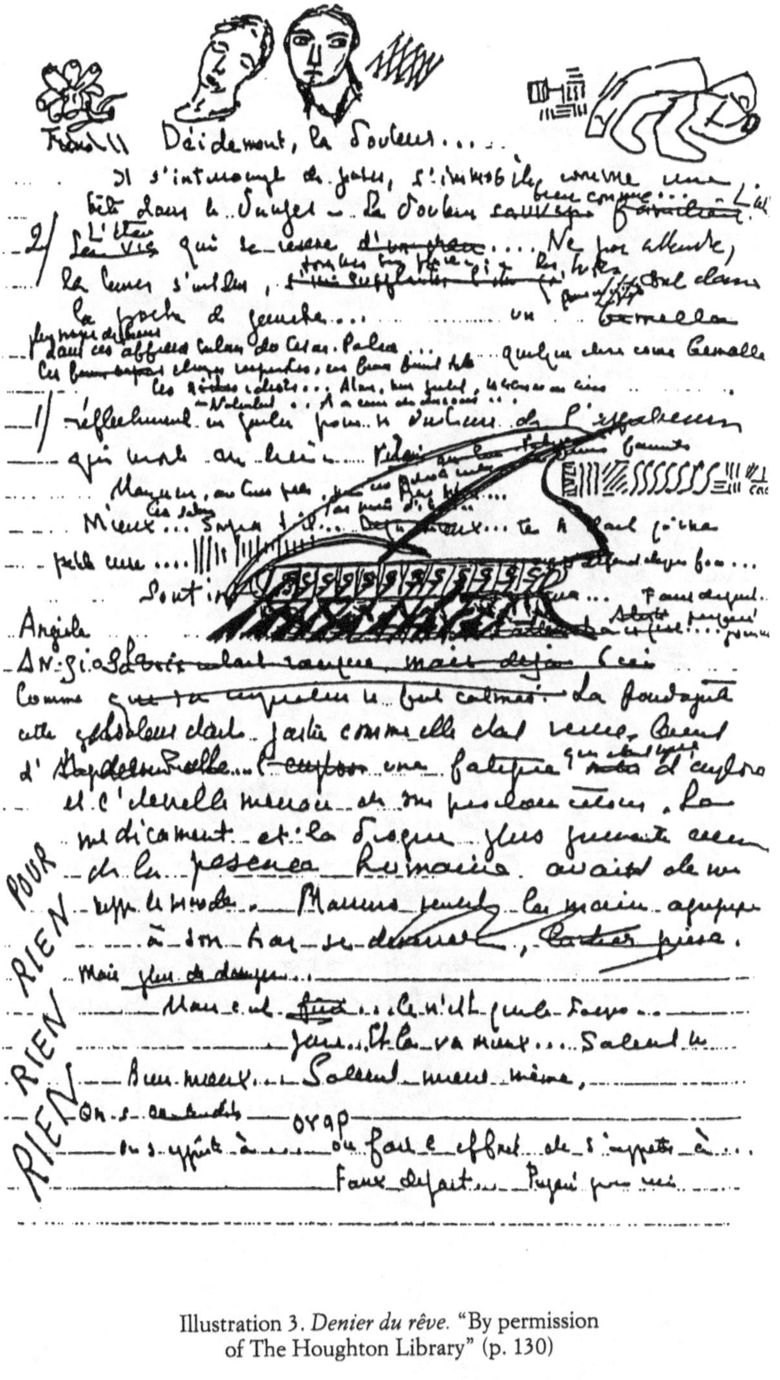

TEXTE ET IMAGES: L'ETAPE *DENIER DU RÊVE* 45

Illustration 3. *Denier du rêve.* "By permission of The Houghton Library" (p. 130)

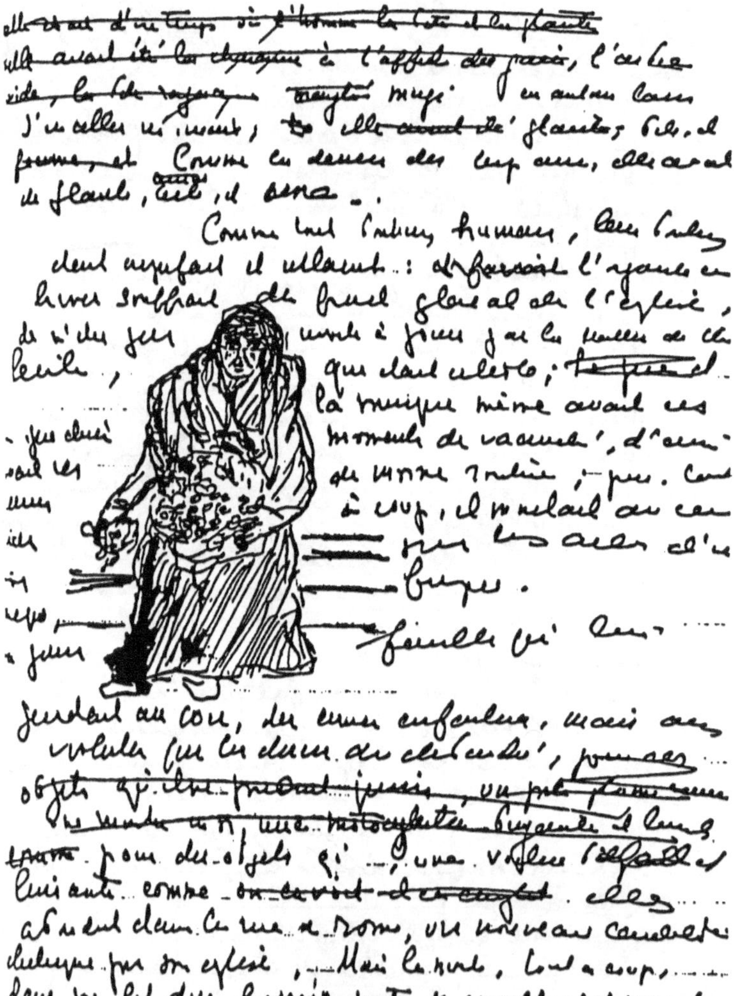

Illustration 4. *Denier du rêve.* "By permission
of The Houghton Library" (p. 83)

une première image ébauchée, provoque des occurrences et fait naître des paradigmes d'images.

B) Au niveau macrogénétique, des rapports de similitude entre images permettent en effet de situer des constantes iconiques. Deux familles d'images sont en fait notables dans le manuscrit de *Denier du rêve:* d'une part, les images extradiégétiques, lesquelles, extérieures à la fiction, réfléchissent sur l'acte de création; d'autre part, les images diégétiques qui participent à l'univers du récit. Les premières images se manifestent dans deux types d'occurrence: la main et le livre. La main, en premier lieu, instrument générateur du récit, main de l'artiste, main du créateur, souvent mentionnée par Yourcenar dans ses récits, surgit dans les toutes premières pages de cet avant-texte, constitué à ce stade, de bribes textuelles entièrement biffées, et appartenant à des champs lexicaux souvent opposés. Ces mains gigantesques de la page 19 (voir illustration 5) prennent ainsi le relais d'une genèse qui a du mal à s'ébranler. Ces mains, esquissées à de nombreuses reprises, cèdent peu à peu la place à l'image du livre, aussi symbole de création, et parsemé, à intervalles réguliers, dans la seconde partie du manuscrit. Ce livre qui devient, dans l'excipit, un motif constant, signifie bien la mise en forme visuelle du texte. Car il immobilise le récit en s'affirmant comme un temps de réflexion sur la diégèse. A son dessin se joint d'ailleurs, dans l'une des dernières pages du manuscrit, celui de la fleur qui symbolise, ainsi que nous l'indique Yourcenar dans son répertoire de symboles, au début du manuscrit, le domaine diégétique.

Et ces images diégétiques, prenant le relais des mains et des fleurs, surgissent alors, fascinantes, puisque donnant une réalité visuelle à des décors et des personnages de papier. Les fleurs d'abord, pont entre le diégétique et l'extradiégétique, et jetées, à tout moment, dans le manuscrit. A l'encontre de l'anarchie relationnelle entre images extradiégétiques et texte, ces images diégétiques entretiennent donc un lien logique avec le texte dans lequel elles se fondent. C'est même, à plusieurs reprises, une ébauche graphique qui génère le verbal. Ainsi, en 1934, Dida se remémorait l'enterrement de Fruttuoso en ces termes: "...et le pauvre Fruttuoso, traîné par son petit cheval maigre, s'en alla vendre des bottes d'œillets le long des grand'routes du ciel" (DR 1934, 187). En 1959, l'idée est légèrement modifiée, car rejetant l'apport métaphorique qui confère un côté poétique et idéal à la mort de Fruttuoso, M. Yourcenar insère

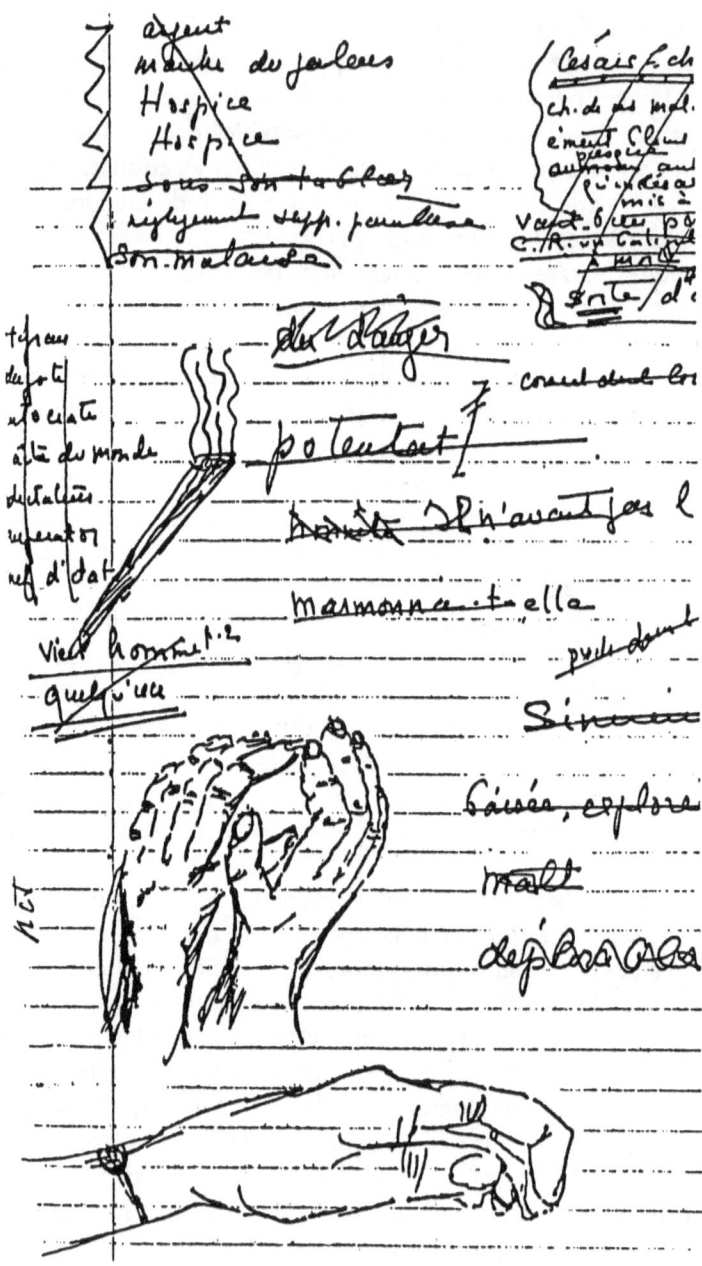

Illustration 5. *Denier du rêve*. "By permission of The Houghton Library" (p. 19)

dans sa phrase le réalisme le plus primaire en remplaçant les fleurs fraîches par une couronne factice: "...et Fruttuoso alla dormir au cimetière sous une couronne en fil de laiton qui durait plus et faisait aussi bon effet que de vraies fleurs" (DR, 253). A partir du croquis en contre-plongée de la tombe de Fruttuoso de la page 92 du manuscrit (voir illustration 6), l'auteur opère un gros plan puis dessine, plus loin, la couronne qui consacre le sème floral. Il est curieux de constater comment M. Yourcenar interrompt l'écriture de cette page manuscrite (ms 92) au moment où doit être décrit l'accident fatal de Fruttuoso. L'auteur censure le verbal et immobilise le textuel dans ce dessin de pierre tombale surmontée d'une couronne de fleurs. C'est ce détail de la couronne qui réactive la série de transformations verbales – transformations qui aboutiront au réalisme ironique du texte final. C'est la même fonction réaliste qui est attribuée au dessin de l'icône religieuse à la page 31 du manuscrit – icône rajoutée verbalement dans la description de la chambre de Marcella en 1959:

> Il (Alessandro) s'approcha du lit surmonté par une image pieuse clouée sans doute au mur par d'anciens locataires et devant laquelle une veilleuse allumée, inattendue à cette place et dans cette chambre, étoilait paradoxalement la nuit. (DR, 223-224)

Enfin, c'est le même processus de genèse de réécriture (l'image avant le texte) qui génère la description de Rome par Dida. Dans le manuscrit, le dessin représente Angiola dans l'affiche du film en vis-à-vis d'une grande esquisse de la Justice aveugle (voir illustration 7). Le texte manuscrit s'étend sur la vision de Dida: "...entre le cinéma qui occupait depuis dix ans le rez-de-chaussée à gauche ... et le café Impéro à droite..." (DR, 254). Enfin, l'image de Massimo, signe motivé dont il était fait mention plus haut, possède le même rôle de détonateur génétique: c'est à partir de l'esquisse du fantôme de Marcella et du dessin sommaire de la silhouette de Massimo, courbé sur la table, que s'élabore le verbal. Et ainsi surgit le rêve final de Massimo (DR, 278-279) inexistant dans la version originelle de 1934 et que l'apport iconique a fait naître.

Ainsi, de nombreuses images diégétiques parsèment ce manuscrit: associée aux fleurs, déjà mentionnées, l'image du denier met aussi en oeuvre la diégèse à l'état naissant. Son motif symbolique est du reste d'autant plus marqué qu'il se présente sous l'effigie de

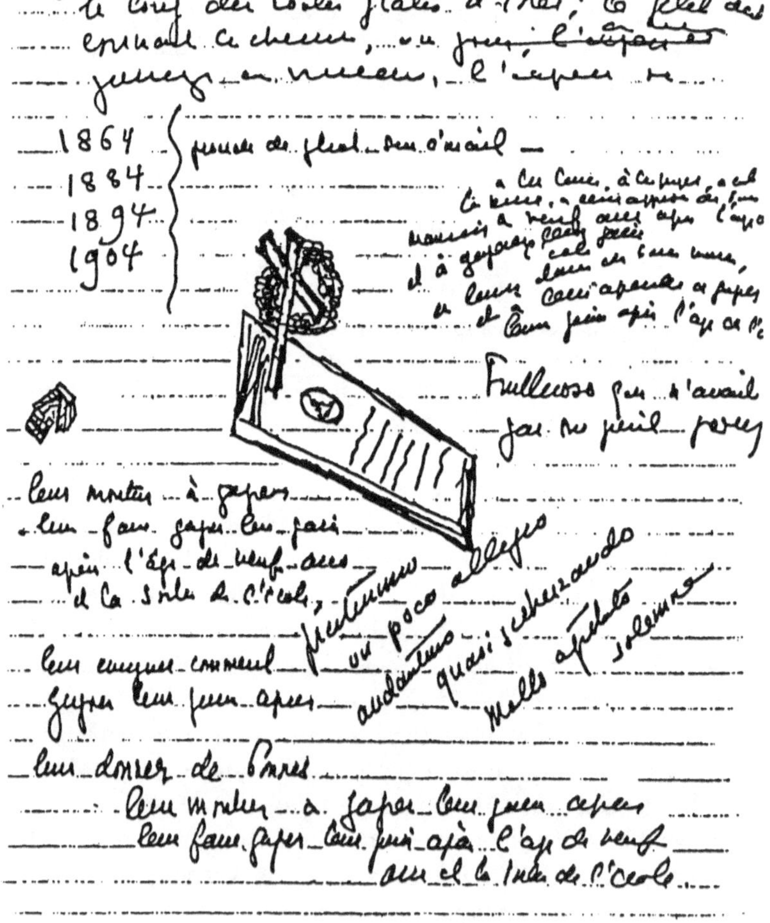

Illustration 6. *Denier du rêve.* "By permission
of The Houghton Library" (p. 92)

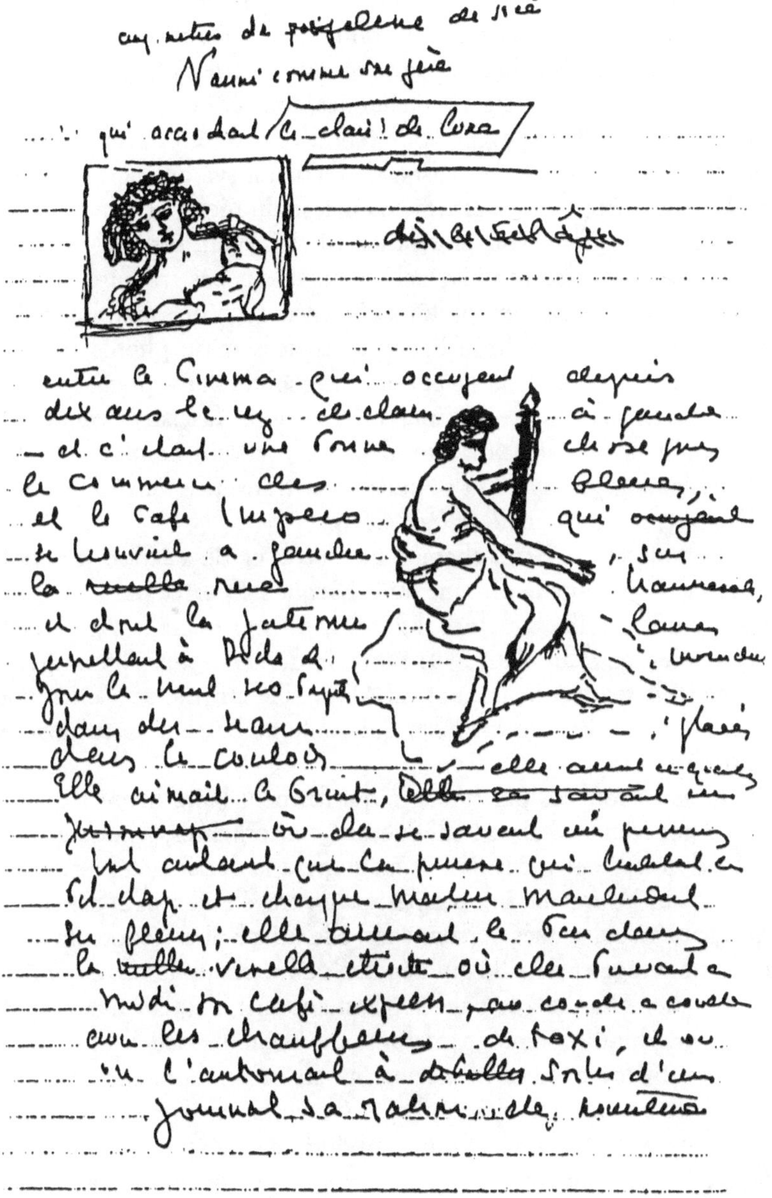

Illustration 7. *Denier du rêve.* "By permission of The Houghton Library" (p. 116)

Jules César. Et puis, et surtout, les lieux, miroirs de l'histoire, décors futurs de *Rendre à César,* fixent dans l'immobilité un moment particulier du récit, et traduisent on ne peut mieux ce monde de la diégèse: arrière-plan de campagne romaine, carte détaillée du quartier, palais vénitien, maisons siciliennes, tous ces éléments qui marquent le décor de l'intrigue confèrent à ce texte en devenir son caractère théâtral. Ainsi, la maison de Gemara, symbolisant l'enfance de Rosalia, s'impose et s'affirme en marge du récit par sa facture sereine et protectrice (voir illustration 8). [12] En fait, ces lieux en images, par leur caractère universel, ne semblent pas traduire un plus grand réalisme mais bien plutôt assigner au récit une marque mythique définitive. Il faudra à l'auteur un dossier de photos (dossier conservé à Harvard) de la période mussolinienne – photos provenant de *L'Illustrazione Italiana* (célébrations fascistes; clichés de Mussolini et de Garibaldi, vues de Rome; croquis de mode) – pour véritablement visualiser la période et la transcrire ainsi d'une manière plus réaliste dans *Rendre à César.*

Et puis enfin, à mi-chemin du décor et de l'action, symbole funèbre, l'image de la pirogue ou la barque emportée par une vague cataclysmique, d'une facture différente puisqu'en traits avec à-plats noirs, présage la douleur et la mort, la descente aux enfers qu'exprime ici le texte concomitant sur Mimi, fille infirme de Vanna (voir illustration 9). Fragile sur l'eau qui coule, le bateau ouvre ainsi les portes de la mort.

Mais ce sont les personnages qui forment l'apothéose iconique de ce génétique: d'abord silhouettes, marionnettes, traduction directe d'un cosmos mécanisé, ils magnifient la dérision exprimée par le texte. Si Yourcenar adopte parfois un tracé enfantin et schématique pour visualiser ses personnages, elle utilise plus fréquemment le dessin ouvragé et détaillé qui dépasse de beaucoup le texte qui l'accompagne. Ainsi, si à la page 55 du manuscrit, l'auteur met en présence graphique Vanna en costume de Comedia dell'arte, le verso de cette même page offre néanmoins un échantillonnage précis de son costume ... après déshabillage! (voir illustration 10). Le délire, non plus verbal, mais iconique – prélude au théâtral – emplit alors la genèse et contribue à son élaboration. Constatons aussi, dans

---

[12] N'oublions pas les attributs de l'abri carré tels qu'ils sont donnés par G. Durand dans *Les Structures anthropologiques de l'imaginaire:* la maison carrée (telle qu'elle est représentée dans le manuscrit) est un abri protecteur, défensif.

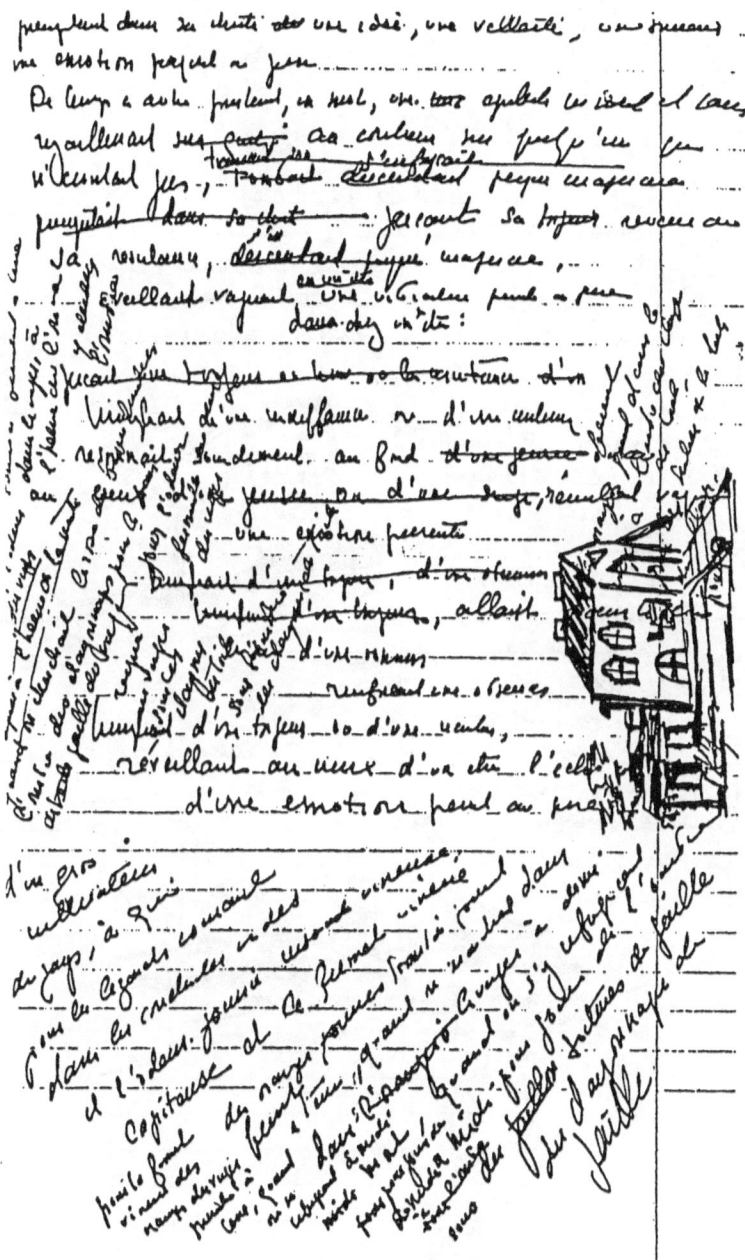

Illustration 8. *Denier du rêve*. "By permission of The Houghton Library" (p. 240)

Illustration 9. *Denier du rêve.* "By permission of The Houghton Library" (p. 139)

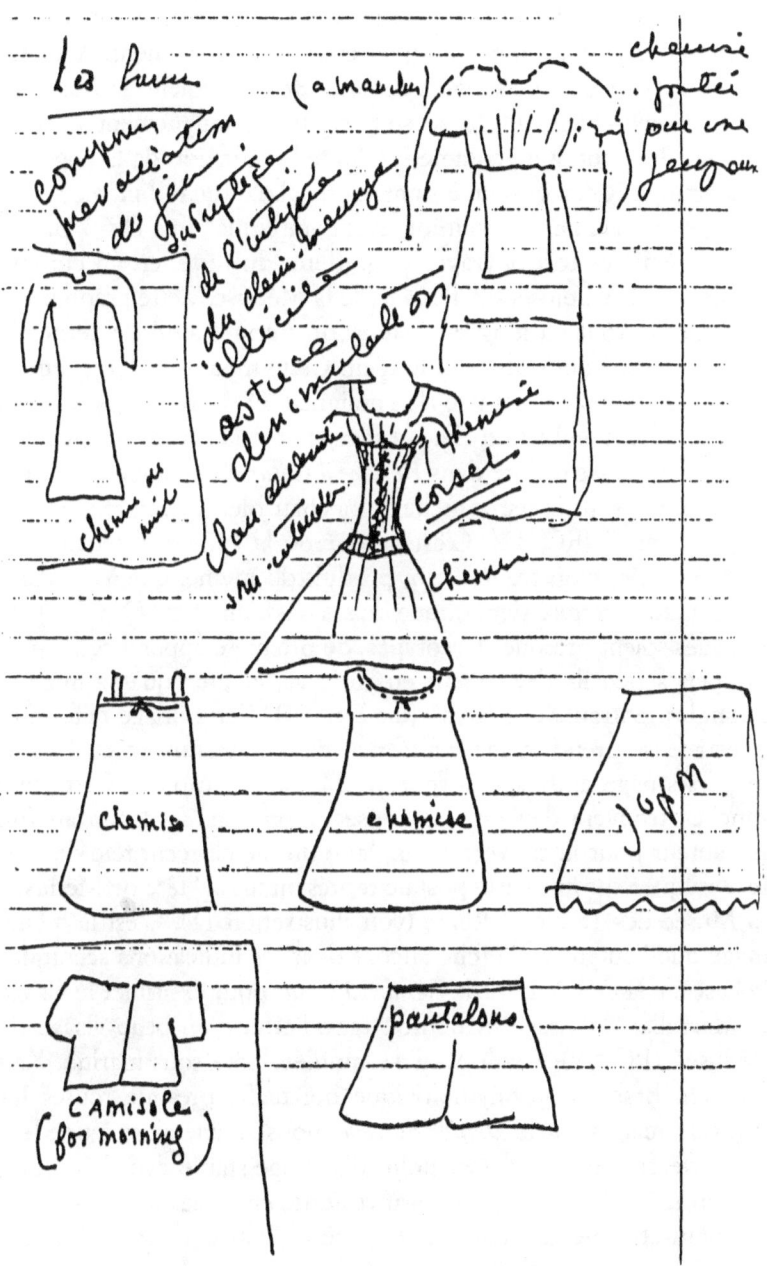

Illustration 10. *Denier du rêve.* "By permission of The Houghton Library" (p. 56)

cette utilisation iconique, la discrimination établie par l'auteur entre personnages féminins, dessinés avec plaisir et précision, et personnges masculins dont il n'est fait que référence verbalement. A aucun moment, Yourcenar ne songe à dessiner très nettement un Massimo ou un Roux – bien qu'elle se soit expliquée longuement dans le texte sur leur conduite comme l'indique la réflexion de la page 71: "Massimo et Roux, chacun à sa manière, aimait quand même la vie. C'est pour cela que c'est si idiot, et si compliqué" (ms DR, 71). Ces dessins féminins fort ouvragés se greffent, du reste, en un curieux processus de symbiose, sur l'image de la Méduse. Cette graphie obsessionnelle, tout au long du manuscrit, permet ainsi de cerner le mythe essentiel qui sous-tend le récit. Cette méduse émerge, en un premier stade, par l'esquisse de l'araignée. D'abord spirale florale, cette bouche d'ombre exprime la menace tentaculaire ressentie par Lina qui confesse encore dans *Rendre à César:* "Un crabe s'était accroché à moi sous le sein gauche... La chair bleue, déchirée, broyée jusqu'au sang" (RC, 32). C'est autour de la spirale obsédante de cette araignée, monstre féminin, produit du mythe, que Yourcenar réfléchit au caractère symbolique de ses personnages: "Que ces personnages soient presque stéréotypés, de première apparence ... puis que peu à peu ils deviennent eux-mêmes, et plus qu'eux-mêmes, les angles rentrants des êtres" (ms DR, 61). Cette image néfaste et monstrueuse prend forme peu à peu dans le manuscrit et devient un personnage anthropomorphe de Méduse décapitée. Cette tête tranchée trouvera d'ailleurs sa consécration dans le dessin annoté de l'auteur pour la couverture anglaise du même récit: tête de Méduse calquée sur une carte postale représentant la "tête de Méduse" du Musée des Termes à Rome (voir illustration 11). C'est la même image que l'auteur recherche encore dans les indications scéniques de la scène II de l'Acte II de *Rendre à César* pour exprimer le visage de Marcella: "le visage livide doit faire l'effet d'un beau visage de Méduse" (RC, 78). Cette Méduse mutilée, bête sous-marine, Kali aux cent bras, image mythologique qui tache presque toutes les pages du manuscrit de *Denier du rêve,* nous convie alors à une lecture différente du texte. Car point d'ancrage stable dans l'écriture, elle forme avec les autres images mythiques énoncées dès le postulat du manuscrit une constante de la genèse. Justice aveugle, déesse à trois têtes (voir illustration 12), Méduse, Pégase (voir illustration 13), toutes ces images polarisées convergent vers la même intention mythique qui clôt le texte sur une menace, sur un présage néfaste.

TEXTE ET IMAGES: L'ETAPE *DENIER DU RÊVE* 57

Illustration 11. *Denier du rêve*. "By permission of The Houghton Library"
Esquisse pour la couverture anglaise

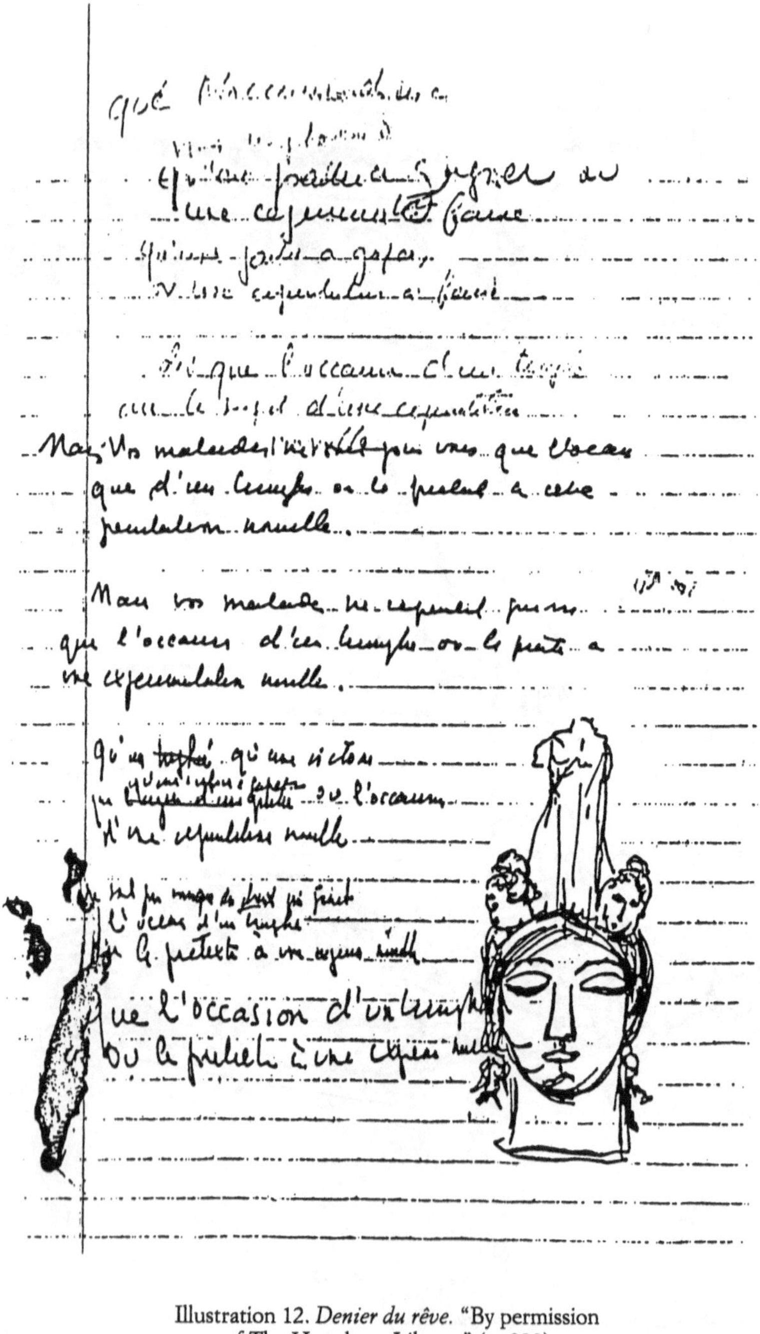

Illustration 12. *Denier du rêve.* "By permission of The Houghton Library" (p. 220)

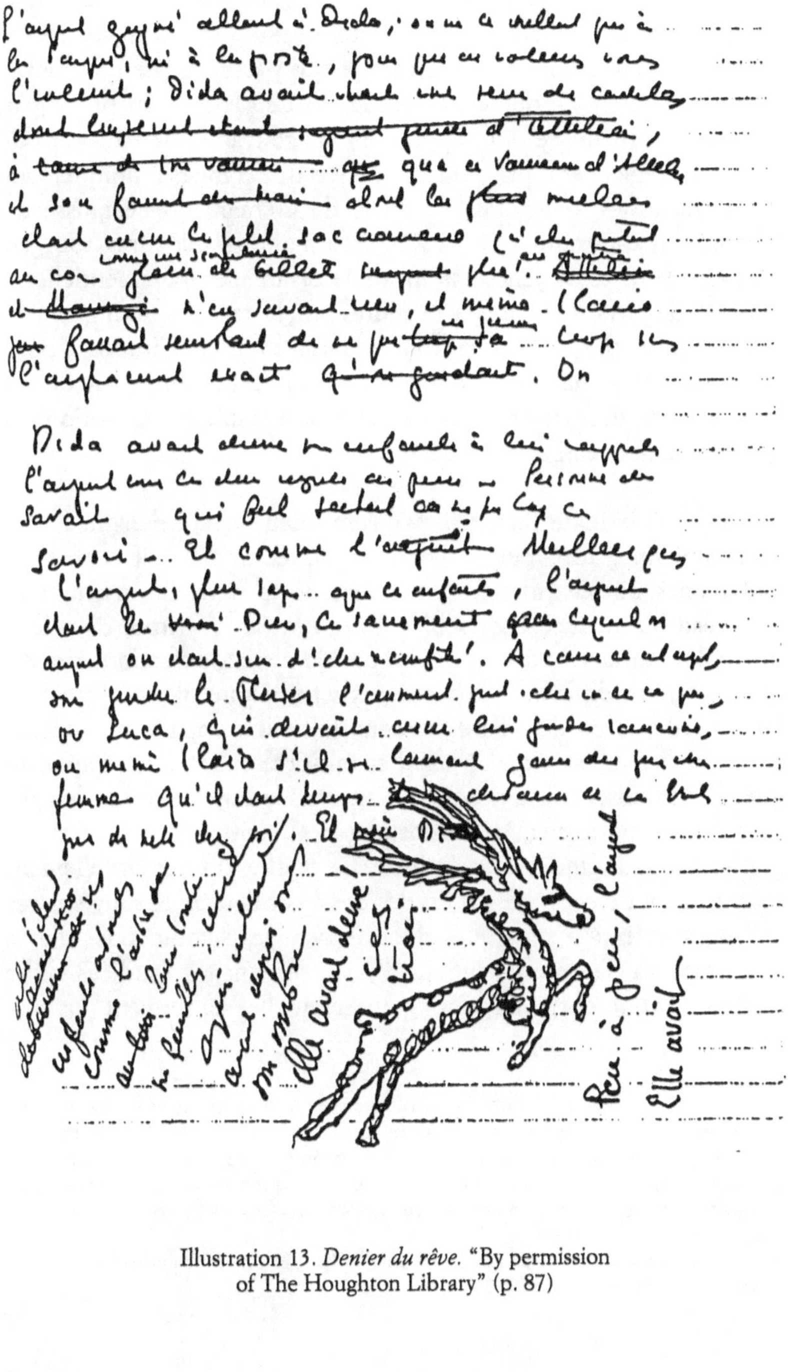

TEXTE ET IMAGES: L'ETAPE *DENIER DU RÊVE*

Illustration 13. *Denier du rêve.* "By permission of The Houghton Library" (p. 87)

Déjà, le croquis d'Angiola-Vénus s'exprimait négativement puisqu'il était accompagné de la Justice Aveugle. De même, la déesse à trois têtes, incluse en marge des bribes de paroles de Marcella, réactive le symbole funeste de la Méduse. A cette déesse répond d'ailleurs en écho une myriade de statues sans tête qui parsèment le manuscrit. Enfin, et surtout, l'esquisse de Pégase, fils de Méduse, surprend par son contour malingre qui l'oppose à l'image traditionnellement positive du Pégase antique. Ainsi, à l'encontre d'images uniquement paraphrastiques, telle que la maison de Gemara ou l'esquisse de Massimo n'apportant que des transformations mineures tout en illustrant le texte en genèse, nombre de ces images incrémentielles [13] opèrent des transformations majeures sur le texte et soulignent la dimension mythique du récit tout en faisant indice. L'image expose le mythe certes, mais aussi le réinterprète. Exhibitionniste, le dessin illustre alors un mythe qui connotera d'une manière beaucoup plus négative le nouveau texte de 1959.

Ainsi, si le texte final remanié sera mieux ancré dans la réalité mussolinienne, fort peu d'éléments de ce manuscrit, constitué d'ébauches de réécritures, témoignent de la nouvelle orientation, plus réaliste, du récit. Car seules les unités de réécriture dans leur intégralité auraient pu rendre compte de ces modifications génétiques. L'auteur dit avoir rendu son texte beaucoup plus réaliste; [14] et l'étude comparée des deux versions fait bien apparaître un plus grand réalisme historique. Mais le manuscrit, quant à lui, n'apporte guère de preuves convaincantes allant dans le sens des dires de l'auteur. Ainsi que le suggère le postulat de l'incipit du manuscrit, le mythe est à l'origine de la réécriture. Ce mythe, traduit visuellement tout au long de cette genèse en des dessins calculés, et souvent très ouvragés (déesse à trois têtes, Justice aveugle) semble ainsi aller à l'encontre de la spontanéité de l'écriture. Images étudiées donc (Rosalia, Dida), et qui laissent à penser qu'elles ne seraient pas sur-

---

[13] C'est Catherine Fuchs qui dans "Eléments pour une approche énonciative de la paraphrase dans les brouillons des manuscrits" reprend les transformations d'Harris et distingue: 1° les transformations incrémentielles qui ajoutent certaines qualifications; 2° les transformations paraphrastiques qui n'apportent que des remaniements mineurs. Nous prenons la liberté d'adapter ces catégorisations linguistiques au domaine du dessin.

[14] L'auteur souligne dans *Les Yeux ouverts* (p. 82) une plus grande attention à la réalité dans la version de 1959.

gies de l'inconscient. Comme si l'auteur, non content de piéger le lecteur dans son texte final en usant de sous-entendus, de flou, de demi-teintes, s'acharnait et décidait de livrer au lecteur un avant-texte tronqué, car trop achevé, trop pensé dans ses images mêmes. Car le mythe est là qui sous-tend l'histoire – et d'autant plus présent qu'il est mis en scène par une série d'images mythologiques qui conservent à l'intrigue et aux personnages leur caractère fictionnel. C'est ainsi que ce manuscrit légué à Harvard repose le problème du vrai et du faux: si la position du narrateur de l'avant-texte de 1958-1959 ne s'écarte guère de celle du narrateur de 1934 c'est que le manuscrit n'explique guère l'évolution jusqu'au définitif. Alors, le pasage à ce second niveau de vérité de 1958-1959 pourrait fort bien se traduire par le vecteur f $\rightarrow$ f. De plus, certains indices de ce manuscrit, décryptés par le lecteur, montrent clairement que la réécriture s'oriente vers le faux.

3° Narrataire (lecteur), manuscrit et texte final

En effet, plusieurs points du manuscrit laissent perplexe quant à la spontanéité de l'image et du verbal. En premier lieu, une mise en abyme du récit dans l'iconique est curieusement mise en oeuvre dans le processus de genèse. Roux, par exemple, se remémore, en présence de Massimo, une image parfaite pour une peinture idéale dont il rencontra le modèle il y a 40 ans sur une plage de Sicile: dans le manuscrit, l'image prend le relais de ce rêve érotique de l'artiste et le visualise. De même, cette "petite toile de jeunesse... qui représente un coin de Rome, un paysage de ruines très humaines..." (RC, 113) dont fait mention Massimo dans *Rendre à César,* est reproduite visuellement par Yourcenar au cours de la genèse. Réfraction iconique de l'expression verbale qui marque déjà une réflexion constante de l'auteur sur un texte en devenir. Cette explosion iconique du manuscrit, effacée du texte final, sera d'ailleurs verbalement prise en charge dans l'expansion du texte réécrit par Massimo quand "...se tournant vers l'adversaire, il repoussa la bande de journal sur laquelle, par contenance, il dessinait vaguement des cercles, des carrés, des palmes" (DR, 213). Le référent visuel – mis en abyme – devient ainsi le lieu et le moyen de l'enfantement verbal.

De plus, et à de nombreuses reprises, l'auteur, au cours de la mise en forme manuscrite, reprend inlassablement la même phrase, réflexion sur le langage en devenir: "Une image, un mot, une épithète insolite et sacrée se détachait, atteignait quelqu'un, hasardait... ramenant à la surface une émotion présente ou passée" (ms DR, 97). Répétant cette phrase constamment dans le manuscrit, l'auteur cherche à engendrer le texte, à faire démarrer la fiction. Et comme toute fiction naît d'un pacte entre le lecteur et son auteur, ce dernier va coder son discours et ainsi, non seulement retarder, mais aussi exciter la soif de comprendre du lecteur. De cette image mythique de Méduse dont il était question plus haut, un signe se dégage alors, permettant de comprendre le vrai sens du texte – d'où le vrai but de l'auteur dans son oeuvre: La Méduse-Gorgô c'est avant tout un masque – le masque de l'autre, de l'altérité.[15] Porter un masque équivaut bien à cacher, à se cacher: dissimulation, occultation si chère à l'auteur Yourcenar. Le manuscrit aura donc une grande valeur de témoignage puisqu'il permettra de pénétrer dans les méandres les plus secrets de la dynamique du texte, là où l'auteur use d'un code, dissimule, se dissimule. Ce manuscrit, qui devrait apporter plus de clarté et de précision, semble donc, tout comme le texte définitif, soumis à une auto-censure de l'auteur. Ce dernier, masquant par un mythe en images tout le texte en devenir, diffère à jamais le vrai. Se pose alors la question essentielle que soulève le manuscrit: pour qui ces dessins? Quand on sait que ces images n'existent pas sans "une conscience spectatorielle" (ainsi que l'expliquait Roland Barthes dans sa "Rhétorique de l'image") on est en droit de se demander non pas le pourquoi de ces dessins – ce qui semble alors assez clair – mais bien plutôt ce que l'écrivain veut que le lecteur y voie. Car Yourcenar trahit bien tout au long de ce manuscrit cette conscience aiguë – et qui ne la quitte jamais – d'être lue. Et c'est ainsi qu'elle s'efforce de créer en images un monde romanesque, à demi-rêvé, à l'aide d'un dessin qui signifie.

---

[15] Cette idée du déguisement de Gorgô est amplement développée par Jean-Pierre Vernant dans son analyse de la figure de Medusa: *La Mort dans les yeux*.
 Voir aussi le chapitre du livre de Frederick et Edith Farrel consacré aux masques de *Denier du rêve*: "Mirrors and masks in *Denier du rêve*".
 Quand on sait que *Denier du rêve* allait devenir pièce de théâtre, il n'est pas sans intérêt de rapprocher ce masque du masque théâtral. Ainsi, dans *L'école du spectateur*, Anne Ubersfeld précise la fonction du masque en ces termes: "Le masque dit un rapport particulier à la parole; la bouche étant cachée, c'est la source de la parole qui est dissimulée: de là une sorte de ritualisation, mais aussi de désindividualisation du discours" (231-232). C'est bien la même fonction du masque que nous retrouvons dans *Denier du rêve*.

Raffiné, tel que le dessin de mythe, il affiche la culture de l'auteur et sa distance par rapport à la véracité de l'histoire narrée; schématique, il fait parfois acte de symbole. Ainsi, cette page verso du déshabillage de Vanna, évoqué plus haut, est significative car non seulement l'auteur y répertorie les dessous féminins de son personnage (chemise, camisole, pantalons, etc...) mais encore elle nous y communique, dans le coin supérieur gauche de la page, une appréciation verbale qui confère aux images qui l'entourent un signe indéniable du caché, du différé: "provocation du jeu subreptice de l'intrigue du demi-mensonge illicite astuce dissimulation clandestinité sous entendu" (ms DR, 56). Ce corpus lexical, centré autour du même signifié, réfléchit l'image et lui confère son sens. Sous les habits des personnages se cachent certes leur chemise, leur jupon, leur corset; mais derrière la façade textuelle, se cache l'hésitation constante du sujet qui écrit. Le texte entier est ainsi mis en abyme en une dialectique de vrai et de faux – et incontestablement, c'est le faux qui prime.

Enfin, à une autre étape de la mise en forme manuscrite, l'auteur s'arrête et réfléchit au spontanéisme total du texte:

> Rien n'est spontané, et rien non plus n'est voulu...Un autre préjugé est celui qui veut qu'un livre écrit il y a quelques vingt cinq ans soit à jamais détaché de nous, appartienne pour ainsi dire à un monde où nous ne pouvons plus entrer. Je m'aperçois au contraire que tout ce qui a été nous continue à nous appartenir, que nos livres et par conséquent nos pensées d'autrefois demeurent pareils à des chambres quittées où il dépend de nous de rentrer et de rallumer la lampe. Nous y serons éternellement chez nous, et libre s'il nous plaît d'en disposer autrement les mêmes meubles. (ms DR, 185)

Le pas est alors franchi: l'auteur avoue sa dissimulation, son occultation, mais aussi ce constant changement du sujet qui va de pair avec la vie. Yourcenar revendique aussi dans ce passage son autorité déictique sur ses personages, qui lui appartiennent toujours, et ceci même après vingt cinq ans! Où finit alors cette autorité auctoriale?[16] Et n'est-ce pas pour la même raison que l'auteur, dans ce

---

[16] Il faut lire, à ce sujet, l'étonnante anecdote rapportée par C. Frederick Farrell et Edith R. Farrel dans "L'artiste: dieu d'un monde intérieur". Interrogée sur la suite qu'elle avait donnée à *Denier du rêve* dans "L'État-Civil des personnages", M.

même manuscrit, ébauche, à plusieurs reprises, l'État-Civil de ses personnages, scellant à jamais leur destin – ne laissant ainsi au lecteur aucune marge de rêve, de liberté dans la supputation du futur de ces "héros"? Si les images sont donc là pour éclairer le texte, elles le sont aussi pour orienter le lecteur vers une réflexion profonde sur la dissimulation et le mensonge. Certes, la vie mussolinienne est un mensonge; mais le lecteur est lui aussi soumis à ce mensonge constant de l'auteur qui, tout en avouant aimer la dissimulation, retire au lecteur, en affirmant sa puissance auctoriale, toute tentative d'extrapolation quant à l'avenir de ses personnages. Il ne reste donc plus au lecteur qu'à se laisser bercer par les vagues de ce récit et à jouir de cette manipulation auctoriale.

Le processus entier de réécriture peut ainsi être remis en cause comme méthode d'appropriation du lecteur par un auteur qui le confond. En 1933, lorsque Yourcenar écrit la première version, *Denier du rêve* est un récit prophétique, prolepse de l'histoire à venir – et le lecteur n'a peut-être pas assez bien compris l'importance et la vérité de cette prophétie. En 1958, lorsque l'écrivain reprend *Denier du rêve*, ce texte est conçu par le lecteur comme analepse – mise en perspective de l'histoire. Il suffira alors à l'écrivain d'ajouter quelques connotations plus réalistes sur la vérité de l'époque afin de conférer à ce roman tout le poids dont il aurait eu besoin dans la première version afin d'être plus remarqué. La position du lecteur a donc changé entre ces deux versions puisque d'une prophétie, le texte devient constat d'une réalité historique. Mais la lecture du nouveau récit doit donc conserver l'orientation f → f – et ceci bien que la préface de 1959 soulignât une plus grande attention à la réalité. Car l'étude du manuscrit révèle la démarche essentielle du scripteur, déchiré entre un besoin de vérité historique (de là ces références aux journaux de l'époque conservés dans le dossier photographique) et un désir de garder une face cachée aux choses en conservant le mythe comme référent génétique. Que s'est-il donc passé pour que le manuscrit révèle une tendance mythique quand le texte final de 1959, par rapport à celui de 1934, témoigne d'un plus grand appel au réalisme? Aucun autre avant-texte de *Denier du*

Yourcenar semblait convaincue, nous rapportent les Farrell, d'avoir tous les droits sur ses personnages. D'après elle, elle en était la seule propiétaire. Elle ne laissait ainsi aucun droit au lecteur, p. 18.

rêve, à un stade plus avancé de sa genèse, ne peut nous apporter de preuves de cette transformation. Mais cet échauffement verbal et graphique que nous a laissé Yourcenar, dans ce manuscrit de *Denier du rêve,* est donc infiniment précieux puisqu'il met en lumière ce processus de dissimulation de l'écrivain. Il montre ainsi combien l'auteur tient à conserver un masque. Et la plus belle représentation de cette face cachée n'est autre que l'héroïne Marcella, Méduse masquée, dont l'allitération en M pourrait fort bien répondre au M nominatif auctorial: M...comme Marguerite.

BIBLIOGRAPHIE DU CHAPITRE 1

Barthes, Roland. "Eléments de sémiologie". *Le Degré zéro de l'écriture.* Paris: Médiation, 1953.
———. *L'Aventure sémiologique.* Paris: Seuil, 1985.
Durand, G. *Les Structures anthropologiques de l'imaginaire.* Paris: Bordas, 1969.
Eco, Umberto. "Pour une reformulation du concept de signe iconique". *Image(s) et culture(s). Communications* (1988): 141-191.
———. *A Theory of Semiotics.* Bloomington: Indiana University Press, 1976.
Farrell, C. Frederick et Edith R. "L'Artiste: dieu d'un monde intérieur". *Marguerite Yourcenar et l'art. L'art de Marguerite Yourcenar.* S.I.E.Y. (1990): 13-21.
———. *Marguerite Yourcenar in Counterpoint.* Landham: University Press of America, 1983.
Faverzani, Camillo. "Dimensions mythologiques et historiques dans *Denier du rêve* de 1934". S.I.E.Y. *Bulletin* 6 (mai 1990): 63-79.
Fuchs, Catherine. "Eléments pour une approche énonciative de la paraphrase dans les brouillons des manuscrits". *La Genèse du texte: les modèles linguistiques.* CNRS, 1982.
Helbo, André. *Sémiologie des messages sociaux. Du texte à l'image.* Paris: Médiathèque. Edilig, 1984.
Hooks Shurr, Georgia. *Marguerite Yourcenar: a Reader's Guide.* Landham: University Press of America, 1984.
Mitchell, W. J. T. *Iconology. Image, Text, Ideology.* Chicago: University of Chicago Press, 1986.
Porcher, Louis. *Introduction à une sémiotique des images.* Paris: Didier, 1976.
Ubersfeld, Anne. *L'école du spectateur.* Paris: Editions sociales, 1981.
Van Der Starre, E. "Du roman au théâtre: *Denier du rêve* et *Rendre à César*". *Recherches sur l'oeuvre de Marguerite Yourcenar.* C.R.I.N. 8 (1983): 50-79.
Vernant, Jean-Pierre. *La Mort dans les yeux.* Paris: Hachette, 1985.
Yourcenar, Marguerite. "Mythologie". *Lettres Françaises* (1er janvier 1944): 41-46.

CHAPITRE 2

DU GÉNÉRIQUE AU GÉNÉTIQUE: SUBVERSION
DE LA NOUVELLE

C'est en 1934, date à laquelle sortait chez Grasset *Denier du rêve,* que Marguerite Yourcenar faisait également paraître son premier recueil de nouvelles: *La Mort conduit l'attelage.* C'est d'un vaste roman conçu en 1924 et dont le sujet devait s'étendre sur plusieurs siècles: *Remous,* abandonné dans sa forme primitive, qu'avait jailli ce premier recueil composé de trois récits courts: "D'après Dürer", "D'après Gréco", "D'après Rembrandt". Quatre ans plus tard, était publié son second recueil, connu encore aujourd'hui sous le titre de *Nouvelles Orientales.* Au modèle d'ambiguïté que se trouvait être *Denier du rêve,* oscillant constamment entre le vrai et le fictionnel, confirmé en cela par un manuscrit qui penchait entre le "presque-texte" et le "hors-texte", s'opposaient ces deux recueils de nouvelles dont le récit, le narrateur et le narrataire s'inscrivaient, sans doute possible, sur le vecteur fictionnel (fff).

Mais l'écrivain décida de retoucher ces deux ouvrages. Tout d'abord en 1956, elle reprit le "D'après Dürer" qui devint, neuf ans plus tard, *L'Oeuvre au noir.* Puis, en 1963, elle révisa son second recueil *(Nouvelles orientales)* qui acquit sa structure définitive en 1978. Enfin, et par un subtil retour aux sources, elle se repencha, au cours des années 1979-1981, sur la matrice narrative de son premier recueil dont les deux dernières nouvelles: "D'après Gréco" et "D'après Rembrandt" virent le jour en librairie en 1982 sous le titre *Comme l'eau qui coule* – l'un des derniers ouvrages de fiction publié du vivant de l'auteur. Ainsi, l'examen synoptique de l'oeuvre yourcenarienne révèle un motif intéressant: c'est le court (poèmes puis nouvelles)[1] qui a amorcé, il y a plus d'un siècle, cette énorme production littéraire. C'est aussi le court qui boucle, en 1982, le cercle narratif. Non seulement l'imposant parcours romanesque de Marguerite Yourcenar porte en filigrane ces germes raccourcis, noyaux au coeur de la genèse des formes alongées, mais encore ces textes courts traduisent, par leurs maints remaniements au fil des ans, l'évolution profonde de l'auteur.[2]

Il paraît donc captivant de considérer ces deux recueils de nouvelles comme points focaux dans l'articulation littéraire yourcenarienne, afin d'en dégager une vision particulière du court, remettant en question, non seulement cette notion de récit mais encore la fonction de l'écrivain en face de sa création et de son lecteur. C'est pourquoi, afin d'aborder avec la rigueur requise un sujet générique qui, encore aujourd'hui, pose des problèmes épineux, cette étude sera entreprise en deux temps:

1° Une première approche, générique, passera en revue, à partir de l'après-texte, les problèmes terminologiques soulevés par le titre apposés aux prise de position yourcenariennes sur le sujet et aux définitions actuelles du genre court. L'analyse de la conception en recueil et des occurrences structurelles permettra alors d'établir comment Marguerite Yourcenar souscrit aux lois du genre.

2° Une seconde étape sera focalisée sur l'étude génétique: c'est l'"avant-texte-réécriture", composé des brouillons, épreuves, copies de certaines de ces nouvelles ainsi que les remaniements apportés à ces récits, corrigés ou censurés lors de publications successives, qu'il faudra décrypter afin d'illustrer comment Yourcenar, de corrections en rééditions, et au fil du temps "qui coule", a pris conscience qu'elle débordait les limites du genre court – dépassement dans l'ordre, après tout, puisque tout texte subvertit son genre.[3]

---

[1] N'oublions pas que dans les premiers pas de sa carrière littéraire, Marguerite Yourcenar s'était fait remarquer par deux ouvrages poétiques: *Le Jardin des chimères* de 1921, et *Les Dieux ne sont pas morts* de 1922 – car tout commence par le poème, la forme la plus courte...

[2] Cette étude est la version allongée d'un article publié par la Société Internationale d'Études Yourcenariennes intitulé: "Des Nouvelles orientales à Comme l'eau qui coule: problématique du court chez Marguerite Yourcenar" dans *Marguerite Yourcenar et l'art/ l'art de Marguerite Yourcenar*, Université de Tours, 1990 (329-338).

[3] C'est Jean-Marie Schaeffer qui dans "Du texte au genre" développe cette idée de subversion génétique de tout texte par rapport à son modèle archétypal.

Cet "avant-texte/après-texte" permettra aussi de comprendre la position particulière de l'auteur en face de son lecteur.

1. Généricité et structure

L'examen paratextuel ainsi que métatextuel demande considération car il met fort bien en lumière la problématique générique. En effet, les propos que Marguerite Yourcenar a tenus lors de divers entretiens concernant les textes de ces nouvelles, engendrées à la même époque, demandent réflexion. L'auteur s'explique d'une part, dans *Les Yeux ouverts,* sur le rôle du romancier tel qu'elle le concevait en 1931 – romancier qui se doit de trouver son sujet dans la réalité afin de le transformer en fiction. En regard, la nouvelle ressemble bien à un pis-aller puisque Yourcenar confesse alors qu'à cette époque, ses connaissances historiques étant trop restreintes, elle s'était trouvée acculée au découpage de ce long roman qu'elle projetait sous le titre *Remous* en trois parties – trois récits courts qui formèrent en 1934 le premier recueil: *La Mort conduit l'attelage.* En fait, ce qui paraît intéressant dans ces dires, ce n'est pas tant une conception minimaliste de la nouvelle décelée par ces propos, que la différence qui s'opère déjà, dans l'esprit de l'auteur, entre "roman" et "nouvelle": le roman se rapproche de la réalité et de l'histoire tout en véhiculant des marques idéologiques précises; la nouvelle se dessine sur un fond symbolique et fictionnel beaucoup plus imprécis. *Les Nouvelles orientales* de 1938, donc écrites après *La Mort conduit l'attelage,* confirment l'écrivain dans sa position puisqu'elle y ajoute la notion essentielle de mythe: "Au fond, [conclut-elle dans ses entretiens radiophoniques avec Patrick de Rosbo] la notion même de mythe n'a joué pour moi un rôle vraiment essentiel qu'entre 1932 et 1936, c'est-à-dire qu'on la trouve surtout placée au centre dans trois de mes livres écrits durant cette période, *Feux, Nouvelles orientales,* et l'essai sur le rêve qui s'appelle *Les Songes et les sorts.* Mythe, symbole et vision onirique coïncident" (Rosbo, 146). Se débarrassant ainsi provisoirement, dans les années trente, du long roman obéissant aux lois de la temporalité, l'écrivain s'efforce de forger une nouvelle symbolique – fort éloignée de la réalité. La poésie qui émerge des lieux évoqués (l'Orient des *Nouvelles orientales* ou l'Espagne de *La Mort conduit l'attelage*) provient d'ailleurs de débordements métaphoriques et métonymiques – figures, par excellence, du symbolisme.

Roman, nouvelle... nouvelle, conte: c'est ce second segment terminologique que Yourcenar tente alors d'éclaircir dans le "Post-scriptum" aux *Nouvelles orientales* de 1978. La nouvelle, tout d'abord, s'affirme comme fruit de l'imagination, soit sur fond littéraire, soit sur fond historique. Marguerite Yourcenar s'écarte en cela des définitions génériques exogènes des théoriciens de la littérature qui voient à notre époque, dans la nouvelle, un instant réfracté de la réalité. Cette dénomination générique endogène, c'est-à-dire appartenant en propre à l'auteur, Marguerite Yourcenar tentera de la cerner un peu mieux en achoppant curieusement, dans la suite de ce "Post-scriptum", sur la terminologie du "conte" qui, selon elle, se manifeste comme "la réinterprétation d'un modèle établi". Ainsi en est-il de "La fin de Marko", texte repris d'un fragment de ballade et ajouté à l'édition de 1978; à l'encontre, s'affirme comme "nouvelle" "Le Dernier amour du prince Genghi" puisque le germe dont est tiré le texte provient d'un grand roman japonais du onzième siècle: le *Genghi-Monogatari*. Le "conte" travaillera donc sur une série de transformations à partir d'un moule (légende, fable) rigide; la "nouvelle" opérera par expansion en développant une séquence laissée dans l'ombre d'une anecdote historique ou littéraire. Ainsi, comprenant la complexité générique vers laquelle tend son discours métatextuel, Marguerite Yourcenar modalise alors son "Post-scriptum" afin d'expliquer en quoi chaque texte qui compose ce recueil oriental tend à s'insérer, soit dans la catégorie de la nouvelle, soit dans celle du conte – selon que la retranscription de légendes, fables ou apologues dont ces textes tirent leurs sources est plus ou moins fidèle, plus ou moins exemplaire: "(...) le titre *Contes et nouvelles* eût peut-être convenu davantage à la matière variée dont elles se composent (...)" (Post-scriptum, NO, 1215). Ainsi, quelque quarante années après la première parution de ces *Nouvelles orientales,* non seulement l'auteur, en tant qu'individu, a évolué, mais encore la généricité s'est modulée. Marguerite Yourcenar, comprenant ainsi l'inadéquation terminologique à la contextualité générique, propose quasiment au lecteur de substituer, au titre original de "Nouvelles", le double titre aux résonnances maupassantiennes de... "Contes et Nouvelles"! Car la dénomination générique actuelle de la nouvelle, caractérisée par son réalisme, démystifie ainsi le merveilleux que Yourcenar utilise encore généreusement dans ces dix formes courtes. A l'encontre, l'appellation de "conte" est recouverte de symbolisme et s'attache à réactiver les mythes. Marguerite Yourcenar, dans sa dernière prise de position paratextuelle – "Avant-propos de l'auteur" qui introduit les *Oeuvres romanesques* de La Pléiade – remet une fois de plus en cause le titre générique original, en ressentant, avec plus d'intensité, l'inadéquation de l'intitulé "Nouvelles" qui ne correspond pas à l'aujourd'hui du genre. Elle rectifie ainsi définitivement, en soulevant mieux encore la problématique du titre qui manque de justesse, en précisant: "(...) *Nouvelles orientales,* recueil de contes (...)", et plus loin: (...) et *Nouvelles orientales,* fait d'une série de contes de dates très diverses" (X, "Avant-Propos de l'auteur", Pléiade). Ce n'est donc plus un recueil de *Nouvelles orientales* qu'elle nous convie à lire, mais bien un ensemble de ... contes orientaux!

La dénomination générique auctoriale des trois textes courts qui composèrent, à l'origine, *La Mort conduit l'attelage,* semble moins problématique. Sans doute les deux narrations: "D'après Gréco" et "D'après Rembrandt", du recueil original, et retouchées dans *Comme l'eau qui coule,* répondaient-elles mieux aux dénominations génériques actuelles de la nouvelle. D'abord nommés commodément "récits" ("Note de l'auteur à *L'Oeuvre au noir*", 837), les textes prennent enfin l'intitulé de "nouvelles" (903) dans la "Postface" à *Anna, Soror....* C'est que la part d'imagination requise par la rédaction des formes raccourcies correspondait, par un heureux hasard, à la généricité contextuelles des années 1980!

Mais dans le cas des *Nouvelles orientales,* pourquoi alors, jusqu'au bout, conserver la dénomination "Nouvelles"? Sans aucun doute, les antécédents littéraires du genre servaient à Marguerite Yourcenar de référent stable: *Nouvelles exemplaires* de Cervantès; *Nouvelles asiatiques* de Gobineau. La constance auctoriale s'explique du reste d'autant mieux quand on sait combien Yourcenar tenait à cette composition en "recueil" qu'elle avoue avoir prise de Gobineau. L'examen des recueils révèle d'ailleurs le sentiment de parenté formelle des récits entre eux: dans les *Nouvelles orientales,* par exemple, tous les récits se répondent sur le thème commun de l'orient. La volonté de créer une série correspond bien à cette notion d'"ensemble" prônée par Marcel Arland, et qu'avant lui, Mérimée avait baptisée "Mosaïque". Remarquons, du reste, combien cet effort d'unité est constant. Ainsi, même dans le dernier texte des *Nouvelles orientales:* "La Tristesse de Cornélius Berg", aux accents plus hollandais qu'orientaux, Yourcenar reprenant, sur une note pessimiste cette fois, le thème pictural de la première nouvelle:

"Comment Wang Fô fut sauvé", préserve l'unité du recueil.[4] C'est aussi par souci d'unité que Marguerite Yourcenar cherche à consolider les trois nouvelles de *La Mort conduit l'attelage* en leur assignant, par ces titres, un lien pictural: "D'après Dürer", "D'après Gréco", "D'après Rembrandt". De cette cohésion picturale ne sera conservée, dans *Comme l'eau qui coule* de 1982, qu'une vague thématique. Yourcenar y reprend (à l'exclusion de la première nouvelle refondue dans le long roman de *L'Oeuvre au noir*) cette opposition entre la vie et la mort, en trois nouvelles: *Anna, Soror...* (tirée du "D'après Gréco" de 1934); *Un Homme obscur* (puisant ses sources au "D'après Rembrandt"); et *Une Belle matinée,* expansion finale d'*Un Homme obscur*. Dans la postface de 1982 à *Comme l'eau qui coule,* Marguerite Yourcenar assure encore le lecteur de son souci permanent: conserver l'unité thématique et cyclique de ses recueils. Explicitant l'un des ajouts à *Anna, Soror...,* elle s'exprime en ces termes:

> (...) ce court et passif épisode charnel ne souligne que davantage, à mes yeux, l'inaltérable fidélité du coeur. L'incident sert à rappeler l'étrange état qui est celui de toute existence, où tout flue comme, l'eau qui coule, mais où, seuls, les faits qui ont compté, au lieu de se déposer au fond, émergent à la surface et gagnent avec nous la mer" (Postface CEC, 911)

Consciente d'avoir enfin trouvé dans "la vie qui passe" le thème unificateur à ces trois nouvelles, Marguerite Yourcenar recourt, afin de marquer définitivement du sceau thématique ce recueil, à la picturalité des arts plastiques. En page de garde du manuscrit de 1981, une "aquarelle" accompagnée des annotations minutieuses de l'auteur, magnifie l'idée de l'ensemble (voir illustration 1). L'obstination yourcenarienne à rechercher une unité au recueil et à nommer "nouvelles" l'ensemble textuel permet cependant de comprendre combien le scripteur a conscience d'un modèle archétypal auquel il se réfère. Laurent Jenny, dans "La Stratégie de la forme", confirme d'ailleurs ce point, en postulant: "Les archétypes de genre, pour abstraits qu'ils soient, n'en constituent pas moins des structures textuelles, toujours présentes à l'esprit de celui qui écrit" (264). Exa-

---

[4] Voir à ce propos, l'article de Maurice Delcroix qui recherche l'unité du recueil dans: "Nouvelles orientales: composition d'un recueil".

Illustration 1. Page de garde de *Comme l'eau qui coule*. ms. ts. 1981. Aquarelle annotée – BMS Fr 372 (1304) – Harvard University

minons donc à présent, en fonction des motifs archétypaux du genre court (incipit, excipit, récit enchâssant, enchâssé, etc...) les éléments structuraux du texte final yourcenarien qui font système.

Dans tous ces "phéno-textes",[5] des redondances s'imposent qui marquent fortement la structure narrative. Le cadre, tout d'abord, fort classique dans les *Nouvelles orientales* puisque l'auteur n'hésite pas, à plusieurs reprises ("Le Sourire de Marko"; "Le Lait de la mort": "L'Homme qui a aimé les Néréides") à utiliser cette technique traditionnelle de l'enchâssement. Fidèle à la plus pure tradition du récit interposé, Marguerite Yourcenar use donc souvent d'un narrateur intradiégétique qui relate les faits d'un récit encadré. Ainsi, l'ingénieur Jules Boutrin narre à son compagnon de cabine, la triste histoire du "lait de la mort"; de même, c'est encore par le récit encadrant d'un "ingénieur français" que démarre la légende du "Sourire de Marki". On est en droit de s'interroger sur cette fréquence narrative, sur cette insistance à réitérer la même structure d'enchâssement (récit encadrant/encadré) dans le recueil de "nouvelles". Dans son article intitulé: "La Survivance du cadre dans la nouvelle moderne", Carmen Camero-Perez semble penser que l'enchâssement, tel que le pratique Marguerite Yourcenar, est un jeu structurel qui sert à distraire le lecteur.[6] Il nous semble, au contraire, que l'auteur, dans les *Nouvelles orientales,* cherche à se libérer de la lourde tâche de "narrer" et se décharge ainsi de cette mission sur un narrateur qui prend le relais du récit. Ce n'est donc pas dans un souci de plaire au lecteur mais, à l'origine, dans un besoin de renouveler une forme classique si usitée (l'enchâssement) en la modalisant par un contexte qui réactualise. C'est en effet par deux fois "l'ingénieur" (!) qui raconte la légende... alors que le poète aurait sans doute mieux fait l'affaire! Mais l'écrivain sent bien qu'utiliser un narrateur par définition matérialiste et bien ancré dans la réalité (l'ingénieur) est une manière habile de rapprocher de la réalité des légendes qu'un poète aurait retranscrit avec des accents plus lyriques, plus classiques. L'utilisation de l'enchâssement permet ainsi à

---

[5] C'est dans "Sémanalyse et production du sens que Julia Kristeva oppose le "phéno-texte" comme produit fini d'un énoncé ayant un sens, au "géno-texte".
[6] C'est dans "La Survivance du cadre dans la nouvelle moderne" que Carmen Camero-Perez développe ce point de vue en affirmant que la technique d'enchâssement sert à distraire et à tenir en éveil les lecteurs.

Yourcenar de rendre sa narration moins rigide. Ce n'est pas elle qui parle mais le narrateur; libre à lui de raconter comme bon lui semble. Cette libération du personnage, Marguerite Yourcenar l'avait d'ailleurs rendue systématique dans son premier recueil de nouvelles, et en particulier dans le "D'après Gréco" qui deviendra en 1981 *Anna, Soror...*. Elle avoue, dans la postface de la nouvelle, avoir vivement ressenti, pendant la rédaction, combien elle se perdait entièrement dans ses personnages. Et c'est peut-être pour cette raison que le récit par enchâssement n'était pas nécessaire dans les trois récits de *La Mort conduit l'attelage*. A l'encontre, la structure plus rigide des légendes et fables qui composent les *Nouvelles orientales* demande un support narratif supplémentaire, lequel, tout en distançant l'auteur du récit rapporté, le rapproche affectivement d'un narrateur choisi d'avance. D'où la trace orale de la légende par l'intermédiaire d'un narrateur qui prend le relais de la narration.

En second lieu, et en focalisant l'attention sur la microstructure de ces textes afin d'en dégager ce que Philippe Hamon apelle "les moments de scansion du texte" ("Clausules", 495), ces moments privilégiés qui sont les points repérables des marques du genre, ce qui frappe d'emblée, dans la synopsis de ces deux recueils, c'est la prééminence d'un rythme binaire qui s'affirme comme constante structurelle. Ainsi tirée de "Comment Wang-Fô fut sauvé" se dégage la structure binaire: "Tu es comme l'été; je suis comme l'hiver. Tu as mille vies; je n'en ai qu'une" (NO, 1144); ou s'élargit la figure poétique: "(...) les couleurs de tes peintures s'avivaient avec l'aube et pâlissaient avec le crépuscule" (NO, 1145); parfois elle annonce une menace: "Le royaume de Han n'est pas le plus beau des royaumes, et je ne suis pas l'empereur (...). Toi seul règnes en paix sur des montagnes couvertes d'une neige qui ne peut fondre et sur des champs de narcisses qui ne peuvent pas mourir" (NO, 1146). De même, du "Sourire de Marko", une litanie scandée révèle cette binarité: "Il est mort comme une taupe pourrie, comme un chien crevé (...). Il faut plus d'une tempête pour noyer Marko, dit-elle, et plus d'un noeud pour l'étrangler" (NO, 1154). Enfin, cet extrait de "L'Homme qui a aimé les néréides" affirme cette bipolarité de la vie où les contraires s'affrontent toujours: "Ces néréides de nos campagnes sont innocentes et mauvaises comme la nature qui tantôt protège et tantôt détruit l'homme" (NO, 1180). De cette recherche rythmique découle une construction théâtrale qui avance par phrases scandées, ponctuées: une construction qui marche par petits chocs. Raymonde Debray-Genette a excellemment parlé, dans ses essais sur Flaubert, de l'impression de "consécution" plutôt que de conséquence qui surgit à la lecture d'"Un coeur simple". De même, sont dépouillées de cette psychologie traditionnelle les nouvelles yourcenariennes afin de mieux produire cet effet de sens. Ainsi, dans *Anna, Soror...*, l'évolution du récit s'effectue par à-coups perspectifs: "Il s'en voulut de ne pas assez l'aimer. Ils reprirent leur vie d'autrefois" (CEC, 870). Cette structure théâtrale par à-coups impose donc la marque fondamentale de généricité à ces textes courts. Une autre marque qui s'inspire plus encore du modèle archétypal prévaut dans les deux grands lieux stratégiques du texte: le début et la fin. Il est en effet frappant de constater que Marguerite Yourcenar ne peut se détacher du rituel du conte et de ses procédures d'entrée-en-matière: ainsi, l'incipit d'*Anna, Soror...*: "Elle était née à Naples en l'an 1575 (...)" (CEC, 853); ou l'appel au conteur du "Lait de la mort": "Racontez-moi une autre histoire" (NO, 1158) afin de générer un conte qui débute ainsi: "Ils étaient trois frères (...)" (NO, 1160) – incipit qui n'est pas sans rappeler la structure mère; "Il était une fois..."; et enfin, de "La Veuve Aphrodisia": "On l'appelait Kostis Le Rouge parce qu'il avait les cheveux roux" (NO, 1193), signal démarcatif du genre – et dont la cellule intertextuelle pourrait bien être: "Il était une fois une petite fille de village; (sa mère) lui fit faire un petit chaperon rouge, qui lui seyait si bien, que partout on l'appelait le Petit Chaperon Rouge".[7]

Enfin, notons le traitement que Yourcenar réserve à l'excipit de ces récits courts. La clôture de ces textes (qui rappellent le corpus de contes déjà lus), est marquée par des clausules morales: "Il y a mères et mères" (NO, 1167); "Il a manqué à L'Iliade un sourire d'Achille" (NO, 1157); ou lyriques: "Partons mon maître, pour le pays au delà des flots" (NO, 1149). Ces fins surcodées sont bien évidemment influencées par l'archétype du conte qui favorise cette notion de clôture. Ainsi, dans *Un homme obscur*, cette fin prévisible: "Il reposa la tête sur un bourrelet herbu et se cala comme pour dormir" (CEC, 1000), était déjà programmée par l'incipit: "La nouvelle du décès de Nathanaël dans une petite île frisonne fit peu de bruit quand on la reçut à Amsterdam" (CEC, 903). L'auteur traduit ici son souci constant: conserver le symbolisme fictionnel de ces récits courts, en adoptant les traits structuraux traditionnels du conte.

---

[7] Charles Perrault, *Contes*, Paris: Garnier, 1967 (113).

Car de cette étude structurelle yourcenarienne des indices se dégagent donc, indices qui peuvent être déterminants dans la relation entre narrateur, narrataire et auteur: 1° une attraction pour le récit encadrant/encadré – laissant champ libre au personnage-narrateur; 2° une structure théâtrale par "à-coups" sur une constante rythmique binaire, témoignant du travail lyrique du scripteur sur le discours; 3° un incipit influencé par les modèles archétypaux du conte – d'où l'apport fictionnel; 4° un excipit qui, confirmant la circularité du texte par une fin close et déjà programmée, oriente le lecteur vers une lecture rétroactive du conte. Mais comment ces constantes se présentent-elles dans le texte en réécriture? Et que nous apprennent les brouillons sur l'expression du court dans la relation entretenue par le scripteur, le destinataire et le lecteur? Examinons, à présent, le texte en ses métamorphoses.

2. Subversions génétiques

Une étude des séries de l'écriture va permettre, en relevant les occurrences, de mettre en système les opérations génétiques et de dégager une vision évolutive de l'auteur non seulement en face du monde mais aussi en face de sa création et de son lecteur. Cette reconstitution s'effectuera à l'aide de deux sources: 1° Harvard ne possédant pas le manuscrit originel des *Nouvelles orientales,* c'est sur les différentes strates de réécriture, essentielles dans l'approche génétique de ces nouvelles, que se focalisera l'étude: rééditions successives (1963; 1978; 1982), épreuves annotées et corrigées de la main de l'auteur (Bowdoin College, dans le Maine, possède aussi un exemplaire annoté des *Nouvelles orientales* de 1963 qui fut consulté); 2° le brouillon dactylographié et autographe, comprenant de nombreux "collages" de *Comme l'eau qui coule* (en particulier *Un homme obscur* et *Anna, Soror...*) serviront de point d'appui à l'étude des métamorphoses; 3° le manuscrit autographe d'*Une Belle matinée* (texte créé sur l'expansion de la fin d'*Un homme obscur*), légué en 1986 à la Houghton Library, et qui remettra en cause le statut du lecteur. L'examen génétique acquiert, d'ailleurs, encore plus de sens, quand on sait combien Yourcenar a modalisé le processus de réécriture: il ne s'agit pas tant de réécrire, affirme-t-elle, que d'ajouter quelque chose de neuf. Qu'ajoutent donc ces étapes de l'écriture à l'expression d'un genre et que révèlent-elles dans l'équilibre de l'acte discursif entre le vrai et le faux?

La reconstitution des parcours de l'écriture n'est pas simple quand on sait que l'auteur a travaillé, d'une part, par expansions, de l'autre par rétractions. D'où une multiplicité de traits génétiques qu'il convient de canaliser d'une manière cohérente.[8] Les suppressions, d'abord, sont considérables puisque l'auteur n'hésita pas à supprimer certaines nouvelles d'une version à l'autre, quitte à les remplacer par d'autres textes plus récents. De *La Mort conduit l'attelage* de 1934 (qui comprenait "D'après Dürer", "D'après Gréco", "D'après Rembrandt") on se souviendra comment Marguerite Yourcenar écarta dans la republication du recueil, corrigé sous le titre *Comme l'eau qui coule* en 1982), la première nouvelle intitulée: "D'après Dürer". L'écrivain en tira, comme on sait, le long roman de *L'Oeuvre au noir,* publié en 1968. Quant aux deux autres nouvelles, "D'après Gréco" et "D'après Rembrandt", elles furent donc corrigées et republiées sous les titres respectifs de *Anna, Soror...* et *Un homme obscur.* Pour ce qui est des dix nouvelles orientales de 1938, Marguerite Yourcenar en supprimera plusieurs, sans grande justification. La traduction anglaise du recueil par David Freeman, datant de 1937, comprenait d'ailleurs deux nouvelles (*My Pekingese* et *Witchcraft*) qui ne seront pas reprises dans les recueils ultérieurs. M. Yourcenar, d'habitude si avide d'explications quant à ses gestes auctoriaux, n'explique d'ailleurs pas ces deux suppressions. L'anéantissement de la seconde nouvelle "Witchcraft", qui avait paru en 1933 sous le titre "Maléfice" au *Mercure de France* est d'autant plus surprenant que Marguerite Yourcenar continua de s'intéresser vivement à ce sujet de magie qu'elle développait dans cette nouvelle. Elle songera plus tard à intégrer "Maléfice" au second volume de la Pléiade (volume qui vient d'être publié). Enfin, de l'édition de 1938, M. Yourcenar supprimera, en vue de la republication en 1963, "Les Emmurés du Kremlin", conte russe qu'elle considérera trop mal venu à l'époque de la republication. Elle transformera aussi largement la fin de "Kali décapitée" et changera deux titres de

---

[8] Edith et Frederick Farrell, dans leur article intitulé: "Marguerite Yourcenar: the Art of Re-writing" dégagent, à partir de l'ensemble de la production yourcenarienne, trois catégories de décision prises par l'auteur lors de la réécriture: 1° réajuster sa perspective; 2° réviser le style; 3° réaffirmer ses positions. Bien que la seconde catégorie soit non négligeable dans la réécriture des nouvelles, c'est néanmoins la première catégorie, transformationnelle, qui semble primer dans les retouches de ces nouvelles.

nouvelles: "Le Chef rouge" devient "La Veuve Aphrodisia". [9] Quant aux "Tulipes de Cornélius Berg", nouvelle hollandaise qui clôt le recueil de 1938, Marguerite Yourcenar éprouve beaucoup de difficultés à la conserver pour la réédition de 1963, ne la trouvant pas assez "orientale", pour participer activement au ton du recueil. Elle la conservera cependant en signalant dans le "Post-scriptum" qui accompagne cette édition de 1968 que cette nouvelle, réflexion sur le peintre et son art, fait pendant à la première nouvelle: "Comment Wang-fô fut sauvé". Afin de montrer en quoi la tristesse de ce peintre hollandais correspond au sauvetage de Wang-fô, M. Yourcenar transforme le titre initial de cette nouvelle: "Les Tulipes de Cornélius Berg en: "La Tristesse de Cornélius Berg". Enfin, la dernière édition des *Nouvelles orientales* présentera un ajout: "La Fin de Marko Kraliévitch", tiré d'une ballade serbe et écrit en 1978. Quant on sait que "Kâli décapitée" fut publié pour la première fois dans *La Revue européenne* en 1928, et que *La Fin de Marko* a paru dans *La Nouvelle revue française* en 1978, c'est sans surprise que l'on constate les transformations génétiques opérées sur des textes auxquels il aura fallu cinquante ans pour atteindre la perfection de "l'ensemble". [10]

En premier lieu, l'étude du manuscrit de *Comme l'eau qui coule* de 1981 comparé à l'édition de *La Mort conduit l'attelage* et les versions successives des *Nouvelles orientales* révèlent que les constantes structurelles, que nous avions dégagées dans la première partie, existaient dans les épreuves originelles: techniques d'enchâssement, formules archétypales qui permettent d'embrayer un texte ou de le clore, tout cet appareillage discursif faisait partie des textes primitifs de 1934 et 1938. De même, l'accélération du récit par "à-coups" était très marquée dans le noyau narratif primaire d'*Anna, Soror...* de 1934: "D'après Gréco". Mais il est remarquable aussi que les ré-écritures aient rendu moins systématiques ces constantes: quelles transformations ces "géno-textes" ont-ils donc subies, et pourquoi?

Les suppressions, d'abord. Souvent le scripteur supprime la moralité du récit et fait ainsi du conte une nouvelle. Comprenant

---

[9] Voir à ce propos l'article génétique de Frederick et Edith Farrell, "Title as image" analysant le glissement du titre "Le Chef Rouge" (1938) à "La Veuve Aphrodisia" (1963) comme passage symbolique du Rouge au Noir.

[10] La structure de l'ensemble des *Nouvelles orientales* de 1938 se présentait comme suit:

sans doute l'évolution du genre, et réprouvant la systématisation de ces excipits moralisateurs des années trente, l'auteur les remplace par des propos plus implicites, plus flous: ainsi, dans "Kâli décapitée", l'écrivain supprime la fin philosophique beaucoup trop moralisante. Souvent aussi, cette soif de maximes reprend Marguerite Yourcenar qui ne peut s'empêcher, par exemple lors de la réécriture d'*Anna, Soror...* en 1981, de reconstruire un aphorisme: "Ils (les moines) se refusaient à croire qu'il y eût une loi pour l'homme, lequel n'est grand que libre et complet" (ms CEC, 14). Mais comprenant que cet affet de maximes qu'elle avait amplement utilisé en 1929 lors de la rédaction d'*Alexis* n'a plus cours dans une "nouvelle" de 1981, elle substitue finalement à cette vérité générale une anecdote historico-réaliste: "(les moines) complotaient, disait-on, avec les pirates turcs qui jetaient l'ancre au fond des criques" (ms CEC, 14).

1. Kâli décapitée
2. Comment Wang Fô fut sauvé
3. Le Sourire de Marko
4. L'Homme qui a aimé les Néréides
5. Le Lait de la mort
6. Notre-Dame des hirondelles
7. Le Dernier amour du Prince Genghi
8. Les Emmurés du Kremlin (suprimé en 1963)
9. Le Chef rouge (titre modifié en 1963)
10. Les Tulipes de Cornélius Berg

La traduction anglaise de 1937 ne comprenait ni "Les Emmurés du Kremlin" ni "Le Chef rouge". Par contre, le recueil anglais offrait deux nouvelles qui n'existent pas dans la version française: "My Pekingese" et "Witchcraft".

L'édition française de 1963 (deuxième édition révisée) se composait de:
1. Comment Wang Fô fut sauvé
2. Le Sourire de Marko
3. Le Lait de la mort
4. Le Dernier amour du Prince Genghi
5. L'Homme qui a aimé les Néréides
6. Notre-Dame des hirondelles
7. La Veuve Aphrodisia (titre modifié)
8. Kâli décapitée (conclusion altérée)
9. La Tristesse de Cornélius Berg (titre modifié)

L'édition de 1978 (quatrième édition avec un post-scriptum) comporte un ajout à l'édition de 1963: "La Fin de Marko Kraliévitch".

Enfin, dans un classeur intitulé *Sources II* (et dont il sera question dans le chapitre IV) Marguerite Yourcenar note, dans ses "Projets de 1973", que la nouvelle "La tristesse de Cornélius Berg" ne devrait pas figurer dans les *Nouvelles orientales*. L'auteur songe alors à ajouter cette nouvelle à la fin d'*Une Belle matinée* concevant donc ces deux recueils comme un tout – un ensemble dont certains éléments sont interchangeables.

Cet implicite né d'une hésitation constante de l'acte discursif est d'autant plus remarqué que déjà les titres mêmes de ces nouvelles font l'objet d'un va-et-vient permanent de l'auteur, raturant, biffant, transformant le titre initial. Et les premières hésitations de ce travail de "terrassements successifs" [11] rendent significative la difficulté de l'entreprise – témoin le brouillon dactylographié de la page de titre d'*Un Homme obscur* qui traduit les tergiversations de l'auteur au moment de la réécriture du récit en 1981.

A l'intérieur de ces paradigmes hésitatifs, des noyaux de fixation émergent, en particulier autour des portraits des personnages. La première transformation génétique opérée sur ces personnages consiste à effacer les marques physiques disgracieuses ou culpabilisatrices. Ainsi sont biffées les marques physiques affligeantes de "L'Homme qui a aimé les Néréides": Yourcenar supprime, en vue de l'édition de 1963, les détails déplaisants insérés dans la première version:

> [La pomme d'Adam trop grosse qui encombrait son gosier devait être si gênante qu'on se figurait qu'il allait d'un moment à l'autre se mettre à la vomir]. D'incontestables traces de beauté se voyaient encore sur son visage <hâve> et vacant [et défigué par la faim] comme [les cicatrices d'une espèce de petite vérole sublime] <l'affleurement sous un terrain ingrat d'une statue antique brisée>. (NO, 1938, 47; NO 1978, 80) [12]

Ainsi, faisant preuve d'une grande mansuétude envers ses personnages, Yourcenar les enjolive progressivement au fil des réécritures. Les silhouettes féminines sont particulièrement retouchées: les nymphes ne sont plus de "malignes filles" (NO 1938, 72) mais des "fées"; la suppliciée du "Lait de la mort" bénit, dans la dernière édition, les deux frères qui l'ont emmurée vive – pardon qui trahit une générosité d'âme inavouée dans les éditions précédentes! Quant à Anna, qui en 1934 "se réjouissait que sa beauté fût morte à force de macérations et de souffrances" (MCA, 159), elle est, dans le manuscrit de 1981, "toujours désirable" (ms CEC, 69)! La peinture des femmes devient donc plus douce, sanctifiée même, et cette ca-

---

[11] Marguerite Yourcenar, "Note de l'auteur" à *L'Oeuvre au noir,* Pléiade, Gallimard, 1982 (839).

[12] Les signes de transcription sont ceux couramment acceptés: [ ] = suppression; < > = ajout.

ractéristique féminine s'accroît au fil des réécritures. Ainsi s'avère caractéristique ce changement de focalisation d'*Anna, Soror...*: si l'édition de 1934 mettait en valeur Don Alvare, c'est par contre sur Valentine que débute le manuscrit de 1981. Marguerite Yourcenar focalise ici son regard sur le personnage maternel et le modère en atténuant sa rigueur; elle ajoute au manuscrit de 1981: "Personne ne savait qu'elle faisait passer du linge et des boissons réconfortantes aux prisonniers dans les cachots de la forteresse" (ms CEC 1981, 10). Par ce don subtil de pastelliste, l'auteur modalise ainsi le personnage en le particularisant. C'est en vue des mêmes résultats que sont atténuées les ardeurs charnelles d'Anna dans le manuscrit de 1981: tout le discours sexuel est raturé, censuré du manuscrit et la déculpabilisation qui résulte de ces rejets nimbe le personnage de ce flou, de cette indécision qui, de plus en plus marquée au cours des réécritures, correspond à un changement d'attitude général de l'auteur, non seulement devant sa création mais aussi devant la vie même. Ainsi Marguerite Yourcenar confesse, en 1981, s'être assurée au cours des réécritures: "(...) d'enlever au récit ce qu'il pouvait avoir de trop construit, lui laissant ce flottement qu'a la vie jusqu'au bout" (Postface CEC, 1031).

Une autre occurrence correctrice se manifeste dans la dévalorisation troublante des "messagers de la foi": ainsi en est-il du "vicaire d'Acropoli qui officiait la messe" (ms CEC, 109) pour Anna et Miguel, et dont Yourcenar raye progressivement la dignité pour atteindre à l'image définitive: "Le curé d'Acropolo, homme grossier, souvent un peu gris de vin, officiait pour eux" (CEC, 863). De même, se précise la dégradation progressive du statut religieux dans les diverses réécritures des *Nouvelles orientales:* Yourcenar métamorphose le "jeune prêtre" du "chef rouge" en "prêtre ivre du vin de la messe" (NO, 1195); et du pope, dont Aphrodissia est veuve depuis six ans, l'auteur accentue le grotesque en lui ajoutant, au texte de 1963, une silhouette ridicule et une exagération comique.[13] La fis-

---

[13] Certes, certains détails confrontés font système. Néanmoins, il arrive que ceux qui prévalent dans un texte, se trouvent infirmés dans l'autre: ainsi, les connotations religieuses, augmentées dans les *Nouvelles orientales* et dans *Anna, Soror...*, sont grandement atténuées dans *Un Homme obscur*. Maurice Delcroix, dans son article: "M. Yourcenar et la transgression des stéréotypes", dégage clairement cette altération génétique. Cette mutation correspond d'ailleurs bien à celle que nous avions notée dans *Denier du rêve* où les connotations religieuses de 1934 s'effaçaient pour laisser la place à un monde plus vil, plus corrompu.

sure religieuse que crée le flux tardif d'images rabelaisiennes n'est pas sans conséquences. L'empreinte burlesque et immorale appliquée aux religieux concourt encore plus à atténuer la culpabilité des personnages féminins.

Enfin, notons comment la recherche du "flou" – qui contribue à créer une symbolique volontairement ouverte et générale – réfrène l'auteur dans ses élans narratifs – c'est-à-dire les effets dramatiques dont ses textes étaient à l'origine emplis. Ainsi, moins de gestes dramatiques extrêmes, une émotion plus contenue sont de règle pour les personnages "réécrits": Anna est tout d'abord "évanouie, sanglotant sur un souvenir" (MCA, 159); le manuscrit nous offre une Anna "abandonnée, gémissant sur un souvenir" (ms CEC, 65); puis l'auteur raye l'expression et nous propose en dernier recours l'image d'une "[Anna] prostrée sur un souvenir" (ms CEC, 65).

Mais l'assouplissement du texte n'est pas sans conséquences. D'une part, il permet à l'auteur de réactiver des détails historiques qui n'avaient pu prendre forme au moment de la rédaction originelle – témoins de cette flexibilité, les ajouts caractéristiques sur l'environnement socio-culturel d'*Anna, Soror...* dans lesquels Yourcenar, par le biais de l'histoire, exprime ses réflexions sur le passé; d'autre part, la flexibilité permet à l'auteur de montrer son scepticisme croissant à l'égard de la condition humaine, tout en libérant la parole du texte. Le flot de paroles (diatribes politiques, réflexions philosophiques) auquel s'abandonnent les personnages des textes définitifs produit un étrange effet de subversion du genre en rallongeant les "nouvelles". Par l'extension du texte, l'auteur s'écarte du genre en ne se pliant plus aux règles de condensation qui sont le propre de la nouvelle et du conte. Car si Yourcenar supprime certaines nouvelles des éditions originelles, elle rallonge, dans le cas des *Nouvelles orientales,* systématiquement les nouvelles restantes; quant à *La Mort conduit l'attelage,* si elle met de côté le "D'après Dürer" pour en faire un roman, elle ajoute néanmoins à l'*Homme obscur,* une suite: *Une Belle matinée.* Dans l'expansion phrastique des *Nouvelles orientales,* caractéristiques de la subversion, l'ajout du texte de 1938 du "Lait de la mort" nous révèle comment, par l'intermédiaire du conteur, M. Yourcenar livre, en 1963, ses opinions sur la politique du monde:

<Les Italiens insultent les Slaves, les Slaves les Grecs, les Allemands les Russes, les Français l'Allemagne, et presqu'autant, l'An-

gleterre. Tous ont raison, j'imagine. Parlons d'autre chose...>
Qu'avez-vous vu hier à Scutari, où vous étiez allé inspecter je ne
sais quelles turbines? (NO 1963, 54)

Si une étude comparée des différentes versions des *Nouvelles orientales* permettait en fait de constater l'allongement, au cours des éditions successives, de la plupart de ces récits, il n'est pas non plus sans intérêt de remarquer combien cette expansion phrastique semblait ralentir le rythme et dynamiser un texte ressenti par trop rigide – comme en témoigne cette expansion textuelle extraite du "Dernier amour du Prince Genghi": le texte de 1938 nous présentait sèchement la femme de Genghi:

> Sa femme, [la princesse du Palais des Violettes] l'avait précédé dans un de ces paradis <où vont les morts qui ont acquis quelque mérite au cours de cette vie changeante et difficile, et Genghi se tourmentait de ne pouvoir> se rappeler exactement <son sourire ou encore> la grimace (...). (NO, 1963, 73)

Mais plus encore, c'est dans le recueil *Comme l'eau qui coule* que se fait le mieux sentir ce refus des marques coercitives du court: du "D'après Rembrandt", Yourcenar prolonge, trente ans plus tard, et en cinquante pages, l'agonie de cet "homme obscur" dans une île frisonne. Il est aussi à noter, que dans ces retouches de 1981, les dialogues sont les points focaux de la réécriture: transformations paraphrastiques, et qui n'apportent que des changements mineurs de sens, mais allongeant néanmoins sensiblement la nouvelle. Il est aussi curieux de remarquer que, comme pour *Denier du rêve*, la sensibilisation du scripteur à l'histoire et à ses personnages passe par l'expansion dialogique – comme si, par le dialogue, l'auteur non seulement ressentait plus intensément ses personnages, mais encore leur donnait vie... Mais c'est surtout *Une Belle matinée* qui s'écarte le plus de la forme classique du court yourcenarien. Car n'oublions pas qu'entre la rédaction des premières nouvelles des années vingt, à l'ultime nouvelle, écrite lors d'une traversée transatlantique en 1981, plus de cinquante ans ont passé. Et l'évolution de la forme auctoriale se mêle étroitement à celle du genre. Ainsi, dans la brève nouvelle, nommée "fantaisie" par Yourcenar, le petit Lazare, fils de Nathanaël (cet "homme obscur"), investi de toutes les vies passées, part vers son futur – où ce n'est plus "la mort qui conduit l'attelage", mais où, comme le conclut l'auteur: "la mort conduit l'attelage, mais la vie aussi" (Postface CEC, 1038). Message ouvert, forme ouverte, remettant en question, par son inachèvement même, toutes formes antérieures. A l'excipit bien clos des nouvelles et contes yourcenariens, la dernière fantaisie s'achève donc sur la route des comédiens, sur leur voyage vers la vie, vers le rêve, vers l'au-delà. Le manuscrit d'*Une Belle matinée* est d'ailleurs le seul "avant-texte écriture" parmi tous les récits courts. Il possède donc un statut particulier. D'une part, il transcrit nettement une volonté poétique de la part du scripteur: la marge est conservée; l'écriture est régulière et l'effort typographique de mise en page est évident. D'autre part, toutes les métamorphoses génétiques signalées dans les nouvelles précédentes trouvent ici leur consécration. Les substitutions manuscrites systématisent, dans cette ultime écriture courte, les intentions auctoriales: perception du monde toujours plus négative puisque "les gentillesses" (ms BM, 2) des Messieurs envers le petit Lazare (se transformant ensuite en "brèves cajoleries qui ne tiraient pas à conséquence" (ms BM, 2) disparaissent de la version finale; descriptions scéniques toujours plus réalistes car "les enfants" se métamorphosent en "gros fermiers" (ms BM, 3) et Lazare qui, dans le manuscrit, faisait rire les gens (ms BM, 37), les fera pleurer dans le texte final. De plus, les dialogues prennent, entre la genèse et la version publiée, de l'ampleur. Et puis, le même glissement sémantique, repéré dans les réécritures des nouvelles antérieures – compassion envers les femmes – est aussi à noter: ainsi, la réplique sexiste de Lazare que propose le manuscrit autographe: "C'est un drôle de bétail que les filles" (ms BM, 20) prend une tournure beaucoup plus inoffensive dans le texte publié où "garçons et filles sont bétail de même espèce" (BM, 1023).

Enfin, l'étude structurelle de l'ensemble des nouvelles avait dégagé une constante narrative par "à-coups". Il est curieux, cependant, que cette construction par vagues narratives soit beaucoup plus systématiquement marquée dans les versions primitives que dans le texte final. Cette atténuation, cette malléabilité qu'opposent les textes définitifs aux textes originaux trahissent bien l'effacement progressif de l'auteur en face de ses personnages. Ainsi Yourcenar admet, dans la postface à *Comme l'eau qui coule,* que certaines incertitudes subsistent quant aux personnages dont l'auteur ne connaît pas les motivations. Elle confesse aussi, et surtout, avoir goûté avec *Anna, Soror...:* "(...) le suprême privilège du romancier, celui de se perdre tout entier dans ses personnages, ou de se laisser posséder par eux" (Postface CEC, 1028). Se libérant des techniques narratives gidiennes, l'écrivain recherche, dans ces différents paliers de réécriture, à décrisper un texte originel jugé, aujourd'hui, par trop "resserré". Ainsi conclut Yourcenar sur la réécriture d'*Anna, Soror...:* "Presque toutes mes corrections de 1980 ont consisté à assouplir certains passages" (Postface CEC, 1031). Cette libération permet la production d'un texte à la fois lisse et inquiétant, fluide et suggestif. Et c'est alors un personnage libéré qui aura main mise sur l'histoire à telle enseigne que lorsque Yourcenar se repenchera, à la fin du manuscrit d'*Anna, Soror...,* sur cette expérience d'écriture, elle achoppera sur cette appartenance de l'oeuvre à son auteur. Par un subtil travail de transformations autographes, elle écrit ainsi à la page 6 de la postface manuscrite:

"...dans ce que [je dois pompeusement appeler] mon oeuvre"
qu'elle raye et remplace par:
"...dans ce que [j'appelle bon gré, mal gré, mon oeuvre]"
pour enfin y substituer:
"...dans ce que je n'ose pompeusement appeler mon oeuvre".
(Postface CEC, 1027)

Ce doute de l'auteur sur l'appartenance auctoriale constitue donc ici une appréhension de l'acte discursif, différente de celle qui nous était livrée par la genèse de *Denier du rêve*. Car, dans ces récits fictionnels /f/ où le narrateur raconte des événements qu'il sait fictifs /f/ à un narrataire-lecteur qui ne voit dans ces récits courts que des récits imaginaires /f/, l'écrivain se trouve acculé à deux formes narratives, d'où deux conceptions génétiques. D'une part, une écriture rigide, celle des *Nouvelles orientales* à la facture très classique: l'auteur fait alors souvent appel à un narrateur intradiégétique afin de suppléer à ses manques réalistes; et il transcrit fréquemment ses opinions socio-politiques par une expansion phrastique caractéristique. Ce genre de "nouvelles", où la réécriture tente des essais timides de subversion, reste fort proche de la ligne classique du "conte" par les traits archétypaux conservés: respect de la composition en recueil; signes démarcatifs que sont le début et la fin. D'autre part, l'écriture libérée, celle de *La Mort conduit l'attelage* devenue *Comme l'eau qui coule,* fait apparaître, par le dépliement des brouillons, une forme progressivement altérée – d'*Anna, Soror...*, à l'excipit encore clos, à *Une Belle matinée*, à la fin ouverte. Cette libération provient d'une conception génétique différente de celle des *Nouvelles orientales*. Car l'auteur se dit frappé d'une "vision" (dans le cas d'*Un Homme obscur*), et se sent possédé par les personnages de Nathanaël, d'Anna et de Miguel. C'est alors dans cet état proche de la métempsycose – qui sera repris dans les *Mémoires d'Hadrien* – que l'auteur dévie les nouvelles de leur axe narratif primitif, les libère en leur conférant un effet de réel, une simplicité stylistique et une ouverture finale.

Un curieux effet se produit alors à la lecture de ces manuscrits – et en particulier de celui d'*Une Belle matinée*. Si l'auteur nous a assuré, à plusieurs reprises, dans ses postfaces à *Anna, Soror...*, à *Un Homme obscur* et à *Une Belle matinée*, avoir écrit ce recueil dans un délire visionnaire, possédé par ses personnages, il semble néanmoins fort bien contrôler la genèse du manuscrit d'*Une Belle matinée*. En effet, au milieu de ce manuscrit écrit d'une seule coulée pratiquement sans rature, le scripteur a dessiné un magnifique carrosse (voir illustration 2). Ce dessin, si minutieusement reproduit aux pages 42 et 43 de ce petit cahier, est essentiel: il s'offre comme la substitution de deux paragraphes de la fin du "D'après Rembrandt" de 1934 – description de la carriole (inspirée de Cervantès) transportant les comédiens, conduite par le personnage symbolique de la mort. La biffure verbale du texte de 1934 fait place, dans le manuscrit de 1981, au graphique. Mais comme le carrosse esquissé est en panne (car qui conduit l'attelage? La mort ou la vie?), une mutation sémantique semble avoir été opérée entre "la mort" de 1934 à "la vie" de 1981. Dernier sursaut d'espoir qui n'est pas sans conséquence quand on sait les circonstances du legs de ce manuscrit – explicitées dans la note, datée du 23 mars 1986, et faisant don de ce manuscrit à Harvard. Dans cette note préfacielle, Yourcenar relate comment ce petit cahier qu'elle avait offert à Jerry Wilson, lui avait été retourné après la mort de ce dernier. Elle insiste alors dans sa lettre sur l'importance du croquis de ce "poor broken down carriage" et marque ainsi du sceau de son contrôle auctorial le manuscrit d'une nouvelle appartenant à un recueil dit "libéré". Car rappelons-nous comment Yourcenar avait postulé, dans les postfaces, l'autonomie de ses personnages, en reconnaissant son impuissance. Le contrôle que révèle ce dessin de carrosse de la dernière nouvelle, renforcé en cela par la lettre accompagnant ce manuscrit autographe,

Illustration 2. *Une Belle matinée*. Ms. pp. 42-43. By permission of The Houghton Library

est donc conséquent. Il s'oppose aux prises de position préfacielles (les personnages et le récit sont-ils aussi libres que l'auteur le laisse entendre?) Enfin, ce croquis de l'attelage, mis en valeur par la note introductrice, remet en perspective tout le parcours romanesque de l'écrivain. Car ces trois récits de *La Mort conduit l'attelage,* conçus au début des années vingt, sont repris dans ce récit – l'un des derniers ouvrages fictionnels de M. Yourcenar. De la mort à la vie, du rêve à la réalité, c'est le même thème que reprend l'auteur dans son dernier récit de fiction, bouclant ainsi, et après plus de cinquante ans, le cercle romanesque. Et l'examen de ce manuscrit illustre le pouvoir de contrôle constant de l'écrivain dans le processus d'élaboration romanesque. L'étude génétique remet alors en cause l'impuissance déclarée de l'auteur en face de sa création fictionnelle tout en mettant en lumière sa lucidité au moment de l'écriture – ou de la réécriture.

Marguerite Yourcenar révèle donc, une fois encore, cette conscience aiguë d'être lue – jusque dans la genèse du texte. Brouillant les pistes génétiques, entre le délire et la lucidité, l'auteur fait de ces nouvelles un modèle d'ambiguïté aussi bien générique que génétique. Car enfin, que ces récits trahissent une problématique générique indéniable, par les convictions intimes du scripteur qui déplace le récit court, certes. Mais la loi génétique qui sous-tend la genèse de ces récits est aussi fort complexe. Oscillant entre l'impuissance auctoriale avouée dans le paratexte et le contrôle lucide signalé dans le dernier manuscrit, le scripteur propose ainsi une lecture différente du parcours romanesque. Possédé dans le processus d'écriture primitif (1925), puis contrôlant la genèse du dernier manuscrit (1980), l'auteur semble ici nous faire un signe. Et c'est ce contrôle ultime qui permet à l'écrivain d'enfanter sa dernière nouvelle – créativité qui ne passe plus par l'envoûtement des jeunes années mais qui inclut le lecteur à venir dans son processus de genèse. Et ainsi, ce lecteur, examinant le manuscrit d'*Une Belle matinée,* comprendra alors comment l'auteur a conçu son oeuvre comme une cathédrale proustienne où la dernière nouvelle fait écho, à travers le temps, à la première, bouclant à jamais le cercle romanesque.

L'examen comparé du texte final et de l'avant-texte-réécriture et écriture laisse alors apparaître, sur la courbe ondoyante du vrai et du faux, que le problème essentiel de la création yourcenarienne dans la nouvelle s'avère bien un problème d'énonciation. Certes, l'histoire est fictionnelle (f), et le lecteur lit ces nouvelles comme des oeuvres de fiction (f). Mais c'est le second jalon du vecteur narratologique qui pose ici problème. Que l'auteur (l'énonciateur premier) délègue ses pouvoirs à un narrateur second (l'énonciateur second) dans les *Nouvelles orientales,* ou bien qu'il conserve en filigrane son statut de narrateur premier (dans *Comme l'eau qui coule*), il est toujours conscient d'être lu – et modèle son récit en fonction d'une lecture future. C'est ce même problème d'énonciation, mais largement amplifié, que va soulever le manuscrit autographe des *Mémoires d'Hadrien.*

BIBLIOGRAPHIE DU CHAPITRE 2

Bernier, Yvon. "Itinéraire d'une oeuvre". *Etudes Littéraires,* Vol. 12, n° 1 (avril 1979): 10-20.
Camero-Perez, Carmen. "La Survivance du cadre dans la nouvelle moderne". *Littératures.* (Printemps 1990): 105-112.
Debray-Genette, Raymonde. *Métamorphoses du récit.* Paris: Seuil, 1988.
Delcroix, Maurice. "Marguerite Yourcenar et la transgression des stéréotypes". *Marguerite Yourcenar. Une écriture de la mémoire. Sud* hors série (1990): 127-140.
――――. "Les Nouvelles orientales: construction d'un recueil". *Marguerite Yourcenar. Actes du colloque international Valencia.* (Valencia: U. de Valencia, 1984) 61-72.
De Rosbo, Patrick. *Entretiens radiophoniques avec M. Yourcenar.* Paris: Mercure de France, 1972.
Farrell, Frederick C. et Edith R. "Marguerite Yourcenar: The Art of Rewriting". *L'Esprit créateur.* Vol. XIX, n° 2 (Summer 1979): 36-46.
――――. "Tittle as image: M. Yourcenar's "Le Chef rouge" / "La Veuve Aphrodissia". *Romanic Review* March 1983): 233-244.
Hamon, Philippe. "Clausules". *Poétique* 24 (1975): 495-526.
Hay, Louis. "Le Texte n'existe pas. Réflexions sur la critique génétique". *Poétique* 62 (1985): 147-159.
Jenny, Laurent. "La Stratégie de la forme". *Poétique* 27 (1976): 257-281.
Kristeva, Julia. *Essais de sémiotique poétique.* Paris: Seuil, 1972.
Schaeffer, Jean-Marie. "Du texte au genre. Notes sur la problématique générique". *Poétique* 53 (1983): 3-18.
――――. *Qu'est-ce qu'un genre littéraire?* Paris: Seuil, 1989.

CHAPITRE 3

À LIVRE OUVERT DE MARGUERITE À HADRIEN

Dans une note rétrospective qui clôt le manuscrit des *Mémoires d'Hadrien,* Marguerite Yourcenar confesse: "Aujourd'hui, le 26 décembre, j'ai écrit la dernière ligne des *Mémoires d'Hadrien.* Ouvrage terminé, sauf pour quelques corrections, çà et là, de deux ou trois lignes, et la copie d'une trentaine de pages. Et terminée aussi ce qui fut somme toute la plus grande aventure de ma vie". Grande aventure en effet, et énorme labeur que confirme cet avant-texte conservé à Harvard. Au manuscrit autographe déployant les diverses étapes d'écriture viennent se greffer des notes documentaires et circonstancielles, lesquelles, dépassant de très loin le "Carnet de notes" du texte final, permettent d'appréhender l'immense travail de recension effectué par l'auteur: nombre de personnages imaginaires; pourcentage d'éléments érotiques; part de réflexions personnelles; etc... L'avant-texte propose ainsi des pistes neuves sur la genèse du texte qui remettent en cause, une fois de plus, les liens qui unissent histoire et scripteur, narrateur et lecteur.

1. LE MANUSCRIT: DESCRIPTIF

Dès les années vingt, Marguerite Yourcenar avait pensé à la genèse d'Hadrien puisque dans son recueil de poèmes: *Les Dieux ne sont pas morts,* un poème intitulé "L'Apparition" célébrait déjà Antinoüs.[1] De 1924 à 1929, Marguerite Yourcenar avait ensuite rédigé plusieurs versions d'Hadrien. Elle avait même proposé une

---

[1] Voir à ce propos l'article d'Yvon Bernier qui expose les différentes étapes de la genèse des *Mémoires d'Hadrien.*

version dialoguée: *Antinoos* à Fasquelle qui l'avait refusée.² Cependant, le nom d'Hadrien avait refait surface dans un essai publié en 1944 aux *Lettres Françaises:* "Mythologie". Ces premières ébauches dialoguées furent, semble-t-il, détruites. Ce n'est qu'en 1936 que Marguerite Yourcenar écrivit, sous la forme actuelle de la lettre, les 15 premières pages d'Hadrien. Elle y ajouta, en 1937, une séquence importante sur la maladie et les exercices du corps. Ce segment amorcera la première partie du texte final: "Animula". En 1939, ces quelques pages manuscrites furent oubliées par Marguerite en Europe. Ce n'est qu'en janvier 1949³ que lui furent retournés aux États-Unis ces documents de travail réveillant son vieux rêve: rédiger les mémoires de l'empereur.

Original, cet avant-texte des *Mémoires d'Hadrien* l'est sur plusieurs points: d'une part (et à l'encontre des textes de nouvelles ou de *Denier du rêve*), ce texte, écrit d'un seul jet, n'a jamais subi de retouches ultérieures à la publication. De l'autre, cet avant-texte, volumineux, propose des composantes variées: 1° des unités rédactionnelles,⁴ segments de texte rédigés d'un seul élan, et datés; 2° des renseignements extra-textuels: recherches effectuées; notes circonstancielles conservées dans un carnet de bord qui accompagne le manuscrit relié; 3° des indications de scription qui truffent les marges du manuscrit d'indices importants; 4° des tracés graphiques – calligrammes suspendant l'instance narrative et révélant une conception du manuscrit – œuvre d'art (déjà notable dans les manuscrits de *Denier du rêve* et d'*Une Belle matinée*).

Les 228 feuilles manuscrites reliées et rédigées au verso de papiers divers ne comportent pas de pagination d'ensemble. Une nu-

---

² Voir, à ce propos, la lettre du 28 juin 1926 adressée par Marguerite Yourcenar à Fasquelle sous le nom Marg Yourcenar – et reproduite à la page 189 de la biographie de Josyane Savigneau.

³ L'édition Pléiade cite décembre 1948 comme date de l'arrivée de la malle contenant le début des *Mémoires d'Hadrien* à "Petite Plaisance". Néanmoins, le carnet (Archives Gallimard) consulté par Josyane Savigneau (et cité dans sa biographie à la page 187) ainsi que le carnet (fonds Harvard) qui fait suite au manuscrit rendent compte de janvier 1949 comme date légitime de l'arrivée de la malle aux U.S.A.

⁴ Nous empruntons cette terminologie à Jean Bellemin-Noël qui dans son article: "Reproduire le manuscrit, présenter les brouillons, établir un avant-texte" divise les bruillons en: 1° unités rédactionnelles; 2° renseignements extra-textuels; 3° indications de scription; 4° notes de régie. Nous avons cru bon, dans l'étude précise d'Hadrien, de grouper les troisième et quatrième catégories. Nous en avons ajouté une autre dont J. Bellemin-Noël ne fait pas état mais qui est présente dans les *Mémoires d'Hadrien:* le tracé graphique.

mérotation autographe, le plus souvent de la même encre que le texte, délimite cependant les unités rédactionnelles consécutives. Ce document constitue le manuscrit à proprement parler: il se compose de plans (comportant des schémas), d'unités rédactionnelles et du "Carnet de notes". Un petit carnet noir, intitulé: "Notes-Mémoires d'Hadrien", accompagne ce manuscrit. Son examen n'est pas négligeable. Il offre, en effet, des informations précieuses sur la genènese (notes circonstancielles différentes du "Carnet de notes" publié) et sur les recherches effectuées par l'auteur. Il sera donc intégré dans cette étude comme faisant partie intégrante de l'avant-texte.

Quelques remarques préliminaires s'imposent. En premier lieu, l'intitulé: "manuscrit", en page de garde, demande réflexion. Il s'agira bien d'examiner plusieurs unités, plusieurs séquences génétiques. En second lieu, il convient de remarquer la datation précise sur les feuillets manuscrits. Il arrive même que Grace Frick (amie et traductrice de Yourcenar) prenne le relais de l'auteur et ajoute, en marge, la date de genèse. La description de l'état des feuillets est aussi fréquente: écriture originelle; seconde rédaction; copie; etc... Enfin, la référence spatiale est constante: Santa Fé, Asheville, Mount Desert, Hartford. Ce souci de mentionner le lieu, toujours présent chez l'auteur, est corroboré par la provenance même de ces feuillets utilisés lors de la rédaction: papier à en-tête du Battery Park Hotel de Caroline du Nord; papier à lettre de l'hôtel Manger à Boston; ou du "Hysom Cottage" à Mont Désert – points de repère spatiaux qui s'avèrent autant de preuves irréfutables du passage. C'est, à n'en pas douter, à cet amoncellement de précisions spatiales que tient, en partie, l'originalité de cet avant-texte, entièrement tributaire de la mobilité de l'écrivain.[5] Enfin, à la suite de ces plans originaux (qui constituent le début du manuscrit), et afin d'introduire les unités rédactionnelles, Marguerite Yourcenar utilise le titre: "Brouillons".[6] Cet intitulé nous semble primordial puisqu'il permet de comprendre l'aspect préhistorique du document. Si le terme "brouillon" signifie bien "embrouillé", il est aussi synonyme de primitif – d'où l'aspect intime et secret de ces fragments. Ainsi, l'avant-texte va permettre, non seulement d'évaluer la genèse dans

---

[5] Voir à ce sujet l'étude d'Yvan Leclerc qui met en parallèle l'écrivain en partance et l'écriture errante dans: "Notes de voyage".

[6] Page 41 du manuscrit. La pagination est mienne.

ses circonvolutions, mais encore d'étudier les intentions de l'auteur. Riches de promesses, les diverses phases complexes de cet avant-texte peuvent alors être délimitées comme suit:

Parties Titres/Dates/Lieu	Manuscrits 1949/1951 Sous-parties	Pages-Texte Pléiade
I. Plans originaux (Janvier 1949 Avril 1949 été 1949 printemps 1951)	A) Plans grecs et latins B) Recopie de l'inscription Statue de Bacchus-Athènes C) nouveau plan en français D) série thématique (grec, latin, français) E) "Varia"-thèmes en français	
Janv. 1949/Santa Fé	F) ébauche de schéma structurel G) "Erotica"	295
North Carolina	H) p. 12bis. Papier à en-tête Battery Park Hotel	296-Animula
Octobre 1949	I) Plan structural J) Calligramme I K) p. 191. "Présence de l'amour"	
Novembre 1950	L) Plan structural M) Calligrammes II, III.	
Juillet 1949 Mont Désert	N) thèmes projets	
Avril 1950 Somesville, Maine	O) Analyse-réflexions auctoriales Papier à en-tête Hysom Cottage	
Juin 1949	P) Plans. Série de phrases auto-diégétiques Q) Syntagmes/ Saeculum Aureum III (au crayon)	
Décembre 1950	R) Série Sacrificum avec mention marginale: "terminé 26 décembre" S) Plan Patientia I avec mention marginale: "amalgamé à Disciplina le 8 novembre".	
15 novembre 1950	T) Série thématique à intégrer avec mention: "Terminé 6 janvier 1951". U) Sujets/ thèmes (en grec)	
II. Brouillons (janvier 1949) (trip I. Hartford) Santa Fé/Janv. 49	A) pp. 1-54: Animula Varius	290-306 307-310
Tennessee 1949	B) pp. 56-134: Varius 1. pp. 56-119	310-322

Parties Titres/Dates/Lieu	Manuscrits 1949/1951 Sous-parties	Pages-Texte Pléiade
	2. pp. I-XIII: 2ème rédaction	
	pp. 107-119	320-322
	3. pp. 122-134; au crayon	323-329
	pp. I-VI: 2ème rédaction	325-327
	pp. 129-132 (repris à l'encre)	
	C) Fin Varius pp. 73-88 (nouvelle pagination)	329-335
III. Fin saeculum		
(2ème rédaction) New York/1950	A) p. I	447-448
	B) pp. IIV: "L'embaumement" + 1 page premier brouillon	440-441
IV. Brouillons mars 1951	A) Carnet de notes (dactylographié)	519-541
	B) Chapitre des Guerres Daces (éliminé de Tellus Stabilita) (dactylographié)	

Dates et/ou Etat du carnet	Notes, Mémoires d'Hadrien (1949-1951) (carnet autographe et dactylographié)
Dactylographié	A) mentions de noms historiques
autographe et dact.	B) Faits définitivement omis
idem	C) Faits historiques modifiés ou faits imaginés
dactylographié	D) Lettre d'Arrien. Commentaire auctorial
idem	E) Composition générale
idem	F) Eléments érotiques homosexuels Rapport Kinsey
autographe	G) Scènes développées
Juillet 1949	Projet
Décembre 1949	Plan
janvier 1951	Notes
autographe Mont Désert, 26 déc. 50	H) Commentaires: "La plus grande aventure de ma vie"
autographe	I) Statues, bas-reliefs, médailles
dactylo/autographe La Tour de Peilz Août 1951	J) Journal des *Mémoires d'Hadrien* avec notes de Yale

DATES et/ou Etat du carnet	NOTES, MÉMOIRES D'HADRIEN (1949-1951) (carnet autographe et dactylographié)
dactylographié	K) détails définitivement omis
idem	L) groupe premiers lecteurs
idem	M) répartition des copies numérotées I-IV
idem	N) nouvelles corrections
autographe, oct. 51	O) "questions qui continuent à se poser" signature/genre
idem	P) devises, monnaies, portraits
idem	Q) réponses à Picard
idem	R) Calligramme

Le déploiement de cet arrangement avant-textuel permet de noter:

1° Les unités rédactionnelles ne représentent qu'un tiers du texte publié. Elles correspondent très précisément aux deux premières parties des *Mémoires d'Hadrien:* "Animula" et "Varius" + quelques tentatives sur "Saeculum." Quand on sait que *Mémoires d'Hadrien* comporte six parties, on peut s'étonner de voir, d'une part, que seule cette mince partie de l'avant-texte ait été livrée au lecteur; et d'autre part, que le reste du manuscrit autographe ait disparu.[7]

2° Cet avant-texte est néanmoins constitué de nombreuses unités qui furent abandonnées par la suite. Il comporte aussi des renseignements extra-textuels importants puisqu'ils rendent compte de la méthode de genèse. Ainsi l'auteur a commencé la rédaction sur la route de Santa Fé (11 février 1949 – 4 heures du matin, ainsi que mentionné page 7 de l'avant-texte) et a immédiatement entrepris un schéma structural. Yourcenar travaille donc par plans qu'elle modifie au fur et à mesure qu'avance la rédaction de la lettre.

3° Cependant, la méthode utilisée est, on ne peut plus, paradoxale. Car si, dans certains passages, Yourcenar nous inonde de notes de régie, de précisions sur l'état du manuscrit, à d'autres, néanmoins, elle oublie des pages (déchirées?) ou nous offre des fragments sans commentaire. Aussi les séquences se succèdent-elles sans continuité. L'anarchie de l'information est à noter puisqu'elle

---

[7] Notons que ces deux premières parties ainsi que "Tellus Stabilita" (troisième partie) avaient fait l'objet d'une prépublication aux éditions de La Table Ronde en juillet, août et septembre 1951. (Voir la Bibliographie, en annexe à ce livre, rubrique II, 5 B).

trahit le double mouvement de l'auteur, toujours écartelé entre la mise à nu et l'occultation.

4° Enfin, les pages-calligrammes (latines) qui représentent les chapitres du livre ou qui qualifient les personnages, tracées en gros caractères romains, traduisent une conception tout esthétique du manuscrit. L'auteur Yourcenar semble, en effet, concevoir le manuscrit, non pas comme différentes strates de rédaction qu'elle laisserait au lecteur, mais bien plutôt comme une oeuvre contrôlée – parachevée par des dessins qui en constituent l'originalité et le prix. La dernière page qui accompagne ce manuscrit (voir illustration 1) témoigne de cette conception auctoriale: la page-dessin ouvragée, travaillée, suspend l'écriture – pivot de réflexion où se concentre tout le devenir du texte.

2. Transformations

Les transformations esthétiques les plus apparentes, au cours de la rédaction, sont d'ordre lexical. En premier lieu, les expressions beaucoup trop actuelles sont biffées pour laisser la place à un vocabulaire plus classique: les "plats rares" (ms 6, Animula) se précisent en "ortolans" (MH, 292); le "petit restaurant" (ms 5, Animula) se métamorphose en ... "bouge" (MH, 292)! D'innombrables retouches sont ainsi effectuées pour "faire plus d'époque". De ce premier élan créateur, l'auteur supprime aussi les syntagmes trop contemporains. La rature n'a alors qu'un seul but: redécouvrir un certain archaïsme par l'utilisation d'un lexique approprié à l'époque romaine et d'une syntaxe plus classique. En second lieu, il est intéressant de noter qu'au fur et à mesure qu'elle retouche ses phrases, Marguerite Yourcenar y ajoute un rythme binaire – que l'examen de la structure des nouvelles avait déjà permis de dégager. Mais ici, dans cette lettre d'Hadrien, Marguerite Yourcenar forge fréquemment, à partir d'un rythme initial, un autre rythme, binaire celui-là, qui n'est donc pas premier dans la genèse. Ainsi, et entre autres exemples, ce passage de "Varius" met bien en lumière l'élaboration du rythme:

> Mes amis, l'affreux Servinius en tête, mon vieux beau frère, à qui les trente ans qu'il avait de plus que moi permettaient

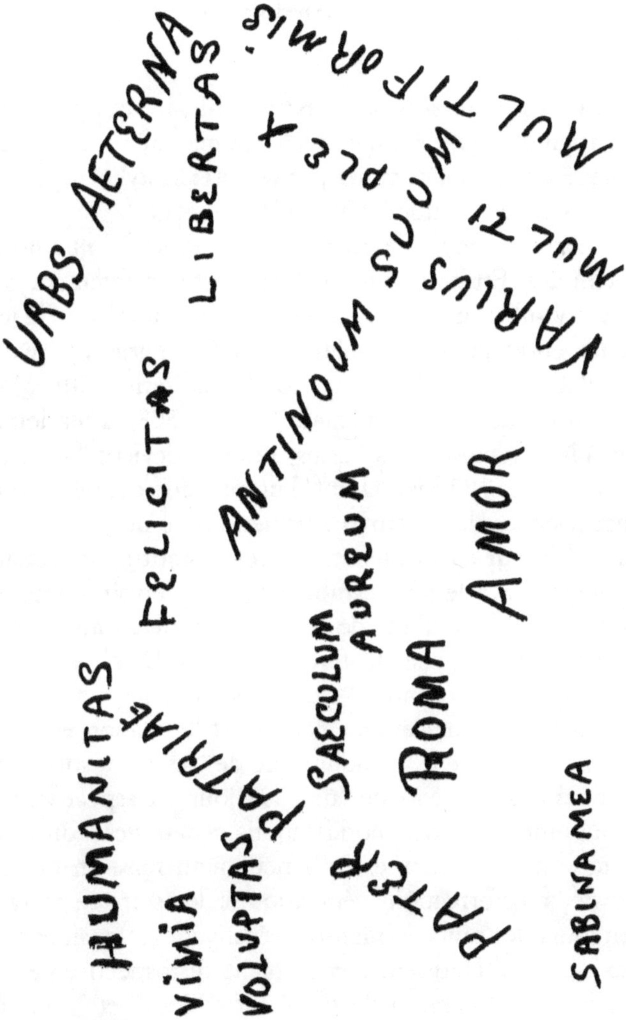

URBS AETERNA
LIBERTAS
FELICITAS
HUMANITAS
VIRTUS
VOLUPTAS PATRIAE
SAECULUM AUREUM
ANTINOUM
PATER ROMA AMOR
VARIUS MULTIPLEX MULTIFORMIS
SABINA MEA

Illustration 1. Dernière page du carnet: "Notes-*Mémoires d'Hadrien*". By permission of The Houghton Library

98   MYSTIFICATION ET CRÉATIVITÉ DANS M. YOURCENAR

Version primitive (ms Varius 84)	Version retouchée (ms Varius 84)	Texte final (333)
[d'assumer envers moi une attitude de pédagogue]	[d'unir à mon égard les attentions de l'espion aux manières de pédagogue]	<d'unir les soins du pédagogue à ceux de l'espion>

C'est la création progressive de ce rythme binaire qui permet à la lettre d'Hadrien d'acquérir son ampleur, sa majesté toute classique, et que l'auteur se plaira à nommer par la suite: le style "togé", comparant ainsi les vagues textuelles aux plis de la toge.

D'autre part, des noyaux transformationnels se fixent autour de sèmes spécifiques. En particulier le "soir" est constamment raturé et le scripteur y substitue systématiquement "le matin" ou "le jour". On peut citer, entre autres exemples, l'épisode du grand-père d'Hadrien tout d'abord décrit "mort un soir" (ms Varius, 50). Mais le scripteur y substitue: "mort un matin" (MH, 308). Plus loin, "le lendemain, à la nuit close" (ms Varius, 122 bis) devient "aux petites heures du jour" (ms 122 bis). Usant d'un procédé courant qui consiste à jouer avec les deux termes antithétiques d'un paradigme (le jour/la nuit), l'auteur a fort bien manié cette "écriture de retournement" en optant pour le jour, symbole de vie. Choisir le jour, c'est aussi laisser de côté la féminité de la nuit pour mieux mettre en valeur le caractère androgyne du terme "jour" ("Dies" en latin est tantôt masculin, tantôt féminin) qui convient mieux au discours d'Hadrien. Enfin, et plus certainement, c'est la relation entre le signifiant "jour" et sa valeur métaphorique de "lever du soleil" qui a contribué à ces changements de "nuit" à "jour". L'aspect visuel est là encore le point nodal des modifications génétiques. Ainsi, toute une esthétique du lumineux est très nettement mise en place par cette série de transformations sémantiques: les soirs se métamorphosent en jours, les nuits en matins – réactivant les qualités positives de l'existence d'Hadrien, contemplant rétrospectivement son exemplaire réussite.[8] Cette dialectique entre "jour" et "nuit" n'est

---

[8] Peut-être Yourcenar est-elle influencée ici par le contexte réel de cette élaboration textuelle. En effet, elle écrit "Animula" dans le train de *nuit* en route vers Santa Fé. Pour préciser la genèse de "Varius", elle remarque aussi dans son carnet intitulé *Notes. Mémoires d'Hadrien:* "Je prends l'habitude d'écrire presque automatiquement *la nuit,* à Sarah Lawrence (...)" (120). Si la nuit textuelle prend automatiquement le relais de la nuit réelle, Yourcenar semble néanmoins constamment rétablir, à la relecture, le symbolisme voulu.

pas non plus sans rappeler l'alexandrin d'"Endymion" (publié au *Mercure de France* en 1929): "Le jour je me cherchais, la nuit, je me retrouve;": le jour devient symbole d'une recherche d'identité; quant à la nuit, elle représente la sérénité de la vieillesse.

Enfin, il est curieux de constater combien Marguerite Yourcenar use constamment du pronom "nous" et persiste ensuite à le remplacer par le "je" de l'empereur. Cette récupération autodiégétique n'est pas sans importance puisqu'elle confirme la proximité du scripteur et de son personnage. Cette symbiose entre Marguerite et Hadrien révèle déjà combien ce récit est proche du moi et s'oppose étrangement à ce que nous assure Yourcenar dans le "Carnet de notes" du texte publié: "grossiéreté de ceux qui vous disent: Hadrien, c'est vous" (MH, Carnet, 536).

Sont aussi à noter des modifications esthétiques conséquentes sur le personnage même d'Hadrien. En effet, l'empereur subit une métamorphose intéressante: le personnage, au premier abord hautain et altier, se moule en un être plus modeste, plus humain. Ainsi, l'"intriguant Hadrien" de Varius (ms 81) s'efface pour céder la place, dans le texte final, à l'"ambitieux Hadrien". A cet adoucissement du personnage principal s'ajoute un assouplissement général du ton du récit par lequel l'auteur recherche manifestement le vague, l'indistinct. La liste exhaustive des corrections répertoriées dans le carnet "Notes, Mémoires d'Hadrien" (p. 152 et suivantes) ne laisse aucun doute quant au but recherché par l'auteur; retouches finales qui servent à rendre le texte plus incertain, moins ferme.

Mais cette recherche du flou et du général ne s'arrête pas à Hadrien puisqu'elle se manifeste aussi en une série de suppressions qui affecte l'ensemble des personnages: omissions voulues (nous dit l'auteur à la page 74 de son carnet "Notes") de toute manifestation trop caractérielle des personnages. Ainsi est réprimé le ton méprisant de Trajan parlant des grecs, l'accès de mauvaise humeur de Platorius Népos, la satire contre les médecins, etc... Les portraits des personnages deviennent moins appuyés et la critique politico-sociale moins précise. De nombreux segments textuels sont ainsi barrés et supprimés du texte final, modifiant la logique du récit, détournant les faits trop réalistes au profit de l'implicite. Sont aussi biffées du texte final les explications sur les coutumes romaines, si amplement développées dans les brouillons: réflexions sur l'éducation, sur les études scientifiques ou sur la médecine, largement commentées dans la version primitive. Mais se rendant compte qu'elle frôle le danger d'écrire un livre de civilisation à l'usage du lecteur contemporain, Marguerite Yourcenar supprime de multiples séquences descriptives sur les moeurs romaines – séquences qui ne conviennent certainement pas au cadre d'une lettre testamentaire adressée à Marc Aurèle.

En regard, certains feuillets de ce manuscrit relié semblent avoir été soigneusement conservés par l'auteur afin que le lecteur en dégage une constante de la genèse: la suppression. C'est ainsi que le chapitre des guerres Daces, éliminé de "Tellus Stabilita", est explicité par une note de régie en ces termes: "éliminé du texte des 'Mémoires d'Hadrien' parce que trop proche du ton et de la technique du roman d'introspection moderne" (ms Carnet, 15 et 16). D'autres élisions de passage introspectifs sont à noter tels que les rêves d'Hadrien dont le style est décidément beaucoup trop contemporain pour traduire l'ère romaine.

Mais d'autres suppressions affectent d'une manière bien plus conséquente la logique du récit en occultant les intentions – ou les convictions auctoriales. Ainsi, les suppressions concernant l'homosexualité d'Hadrien, trop franchement énoncée dans la version primitive: "J'aimais les jeunes gens" (ms, Varius, 82) et auquel l'auteur substitue un choix, dans l'indifférence: "Des plaideurs éhontés me déléguaient leurs femmes, s'ils savaient mon intrigue avec l'épouse d'un sénateur; leur fils, quand j'affichais follement ma passion pour quelque jeune mime. Il y avait plaisir à confondre ces gens-là par mon indifférence" (MH, 316). Détournement du portrait et réorientation importante puisqu'elle affectera aussi l'ensemble des relations du couple Antinoüs-Hadrien. De nombreux passages sur la beauté d'Antinoüs ne seront d'ailleurs pas insérés dans l'ouvrage: l'enfant-eau; l'enfant-lac; l'enfant-torrent; l'enfant-vague – autant d'images qui seront effacées de la diégèse. Hadrien s'appesantira donc moins, dans le texte final, sur la beauté de l'éphèbe. D'où un personnage impérial plus égocentrique, et moins explicite sur ses goûts.[9]

---

[9] Si les références homosexuelles sont plus directes dans le manuscrit, les grandes lignes de la relation entre Hadrien et Antinoüs restent similaires. Ainsi, le rite sacrificiel de la première version est semblable au passage final, et rien ne permet de soutenir, avec plus de certitude, la thèse de Carrodo Rosso sur Hadrien meurtrier – thèse pourtant séduisante...

En regard des suppressions, les ajouts sont eux aussi non négligeables. Ils permettent de situer les diverses étapes de la genèse, et de comprendre ce qui importait le plus à l'auteur au moment de la première rédaction. Les plans structuraux qui introduisent cet avant-texte s'avèrent des outils précieux. En effet, au fur et à mesure qu'avance ce récit épistolaire, Marguerite Yourcenar refait ses plans – d'où diverses strates (datées) de plans originaux de janvier 1949; d'octobre 1949; d'avril 1950; et enfin de novembre 1950. Elle y ajoute d'ailleurs des schémas graphiques. A partir du premier plan original, de nombreuses séquences ont été greffées: d'une part, la partie: "Disciplina" était encore amalgamée, en octobre 1949, à "Patientia". Ce n'est que dans le schéma de novembre 1950 qu'apparaît la scission des deux chapitres (voir illustrations 2 et 3). On constatera que dans le schéma d'octobre 1949, "Patientia" est marqué d'une courbe légèrement descendante et "Disciplina" n'existe pas. Le schéma de novembre 1950 offre, pour sa part, des transformations majeures dans la dynamique du récit: 1° une expansion du dernier chapitre qui se scinde donc en deux séquences – d'où l'apparition d'un nouveau chapitre: "Disciplina"; 2° d'autre part, la courbe du segment "Patientia" tend beaucoup plus vers l'abîme dans le schéma de 1950. La connotation pessimiste est donc plus accentuée dans le plan ultérieur. Ces schémas, fort caractéristiques de la méthode de composition yourcenarienne, sont repris dans le "Carnet de notes" publié, lorsque l'auteur explique que "(...) le graphique d'une vie humaine ... se compose... de trois lignes sinueuses, étirées à l'infini, sans cesse rapprochées et divergeant sans cesse: ce qu'un homme a cru être, ce qu'il a voulu être, et ce qu'il fut" (MH, Carnet, 536). Cette troisième courbe schématique traduit bien l'existence d'Hadrien: triomphe de l'accession au pouvoir, puis désespoir à la mort d'Antinoüs, et enfin apaisement final. Autre transformation importante, les épisodes qui concernaient les femmes et l'ambition d'Hadrien ont été surimposés au plan original. De plus, les passages guerriers, tels que la guerre judéo-chrétienne et la question juive ne faisaient pas partie du plan original de 1949 et n'ont été inclus qu'en 1950 dans le corps du récit. Peut-être Marguerite Yourcenar désirait-elle omettre ces passages déplaisants et sanglants (surtout l'épisode juif) de la biographie de l'empereur. Quoi qu'il en soit, c'est donc bien, et pour reprendre l'expression de Philippe-Joseph Salazar (dans son article sur Hadrien), "un échafaudage de plusieurs désirs d'écriture qui ... reviennent au cours de la narration" (58).

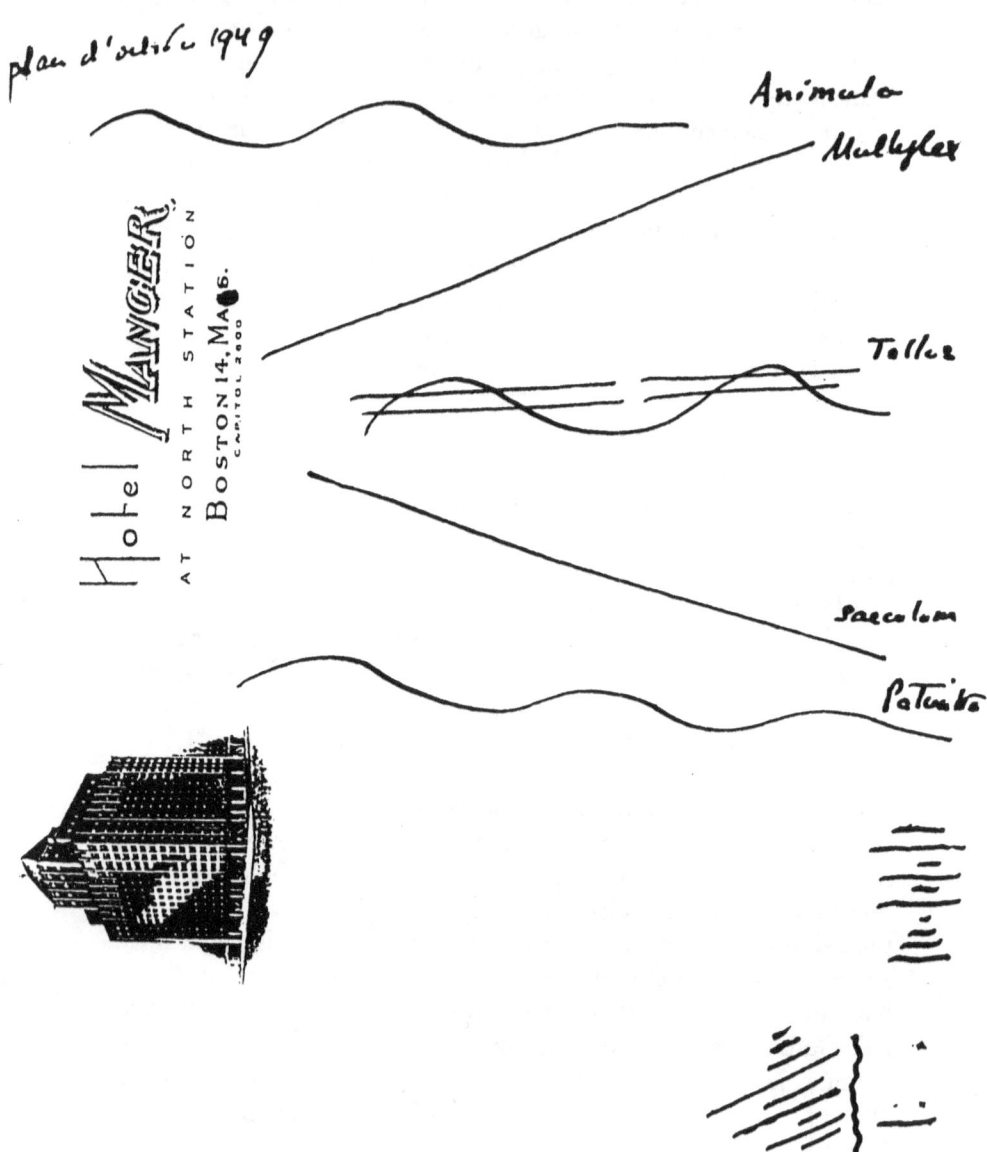

Illustration 2. Schéma structural, octobre 1949. "Plans originaux".
By permission of The Houghton Library

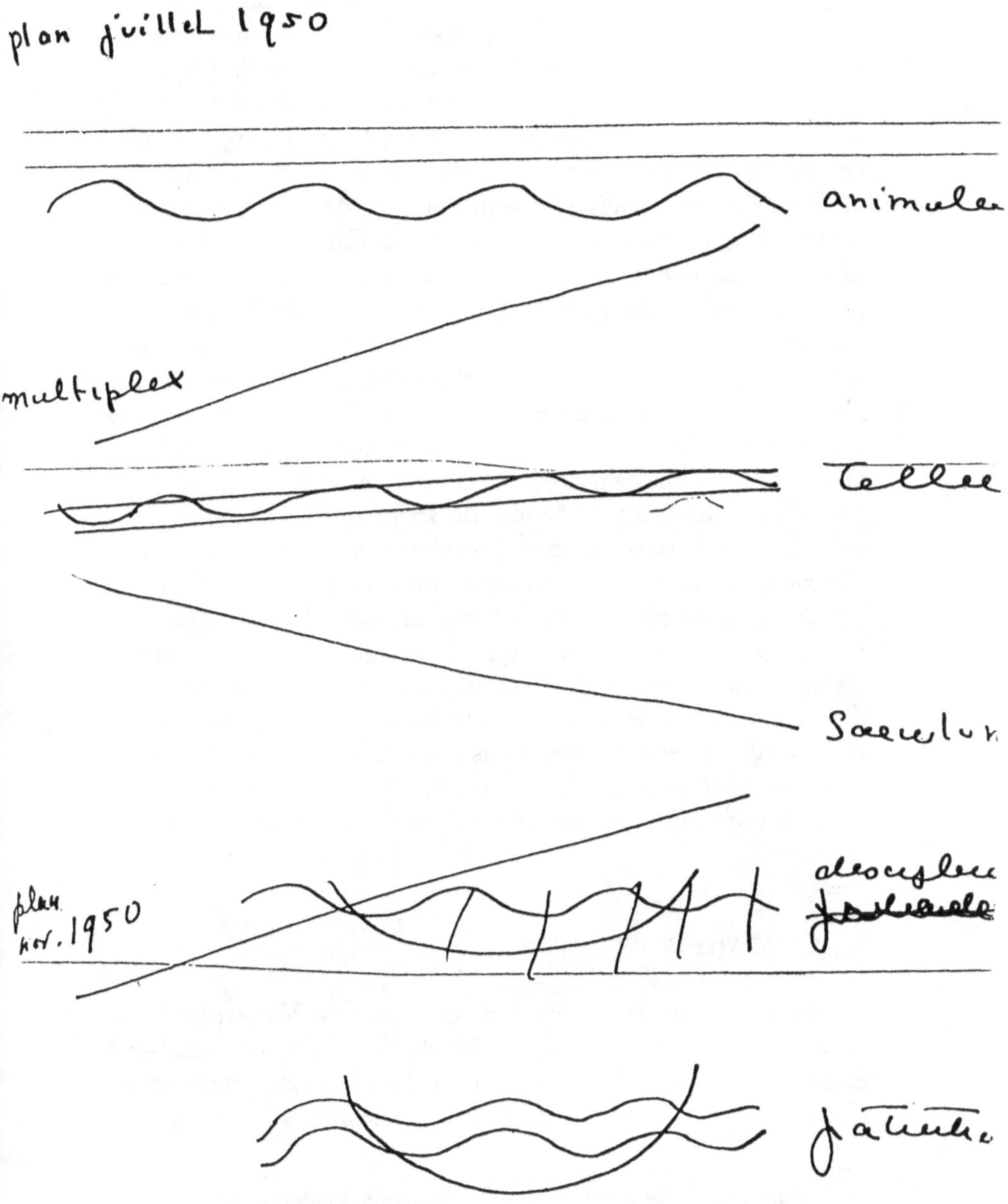

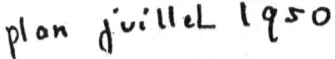

Illustration 3. Schéma structural, juillet 1950. "Plans originaux".
By permission of The Houghton Library

Enfin, ultime ajout, mais essentiel, l'interpellation à Marc Aurèle, oubliée, et que l'auteur rajoute à la relecture. Au début de la lettre, aucune allusion n'est faite au narrataire. Puis, après cette très longue introduction d'"Animula", le manuscrit passe directement à l'explication de la vie impériale. C'est alors que l'écrivain se rend compte, au cours de la diégèse, de l'oubli, et greffe l'appel à l'allocutaire sur la version primaire. Cette fontion phatique [10] constamment compromise, puisqu'absente, permet de s'interroger sur la forme première et les motifs de cette lettre. Car cet allocutaire invisible, et surajouté au manuscrit par un auteur consciencieux, ne possédait donc, à l'origine de la genèse, qu'un rôle des plus minimes. Il n'est peut-être pas faux d'avancer que si Yourcenar ajoute, après coup, le narrataire, c'est qu'elle se rend compte que ce texte n'est pas vraiment une lettre mais bien plutôt un prétexte à réflexion sur soi-même. Si, comme il en a été fait mention précédemment, le "je" d'Hadrien prend la place d'un "nous" primitif, il est possible d'avancer que le "nous" du scripteur était le moi de l'auteur. Et quoi de plus commode, ensuite, pour occulter ses propres réflexions que la forme épistolaire? C'est ainsi un problème d'énonciation que pose tout entière la forme du récit: dire "je" quand on pense "nous"; écrire "nous" quand on veut dire "moi" – autant d'étapes franchies qui démontrent que ce récit épistolaire était d'abord aveu. Le lecteur est alors en droit de s'interroger sur l'énoncé du texte: car enfin, lisons-nous vraiment une lettre? C'est l'examen plus approfondi de la graphie et des renseignements extra-textuels qui va permettre de répondre avec certitude à cette question.

3. Créativité et mystification

Dans le paratexte qui entoure ces *Mémoires*, Marguerite Yourcenar a largement signalé sa "méthode de délire" qui consiste à écrire "un pied dans l'érudition, l'autre dans la magie, ou plus exactement, et sans métaphore, dans cette magie sympathique qui con-

---

[10] Dans *Essais de linguistique générale*, R. Jakobson définit la fonction phatique en ces termes: "Il y a des messages qui servent essentiellement à établir, à prolonger la communication, à vérifier si le circuit fonctionne, (...) à attirer l'attention de l'interlocuteur ou à s'assurer qu'elle ne se relâche pas: 'Dites, vous m'entendez?'" (217).

siste à se transporter en pensée à l'intérieur de quelqu'un" (MH, Carnet, 526). Cette technique que Philippe Lejeune rapproche, dans *Moi aussi,* de la métempsycose, devrait, semble-t-il, avoir laissé des traces dans les brouillons. Dans ses *Entretiens avec Matthieu Galey,* Marguerite Yourcenar remarque aussi que le comble de la sagesse consiste "à se laisser investir par un personnage" (Y.O., 144). L'écrivain rapproche ainsi sa technique de celle des mystiques qui n'hésitent pas à proférer des milliers de fois le nom de leur dieu afin d'entrer en contact avec lui. L'écrivain reprendra d'ailleurs le même procédé dans l'élaboration de *L'Oeuvre au noir* – dont le "Cahier de notes" présentera quelques exemples probants d'invocations mystiques. Déjà, dans *Mémoires d'Hadrien,* le scripteur utilise cette "magie" afin de retrouver, à travers le temps, ses personnages du passé. Aussi le manuscrit s'amorce-t-il sur des bribes latines et grecques: parties de plans, pratiquement indéchiffrables; reproduction fidèle de l'inscription latine (en lettres romaines) de la statue de Bacchus (temple d'Athènes); pages de calligraphies latines, signes incantatoires magiques nécessaires à la résurrection des morts. Plus surprenant encore, ce changement d'écriture du scripteur, à l'intérieur des unités rédactionnelles, permet d'appréhender visuellement cet état de métempsycose. Ainsi, l'incipit rédactionnel présente cette écriture tranquille yourcenarienne dont le graphisme acquis est si aisément reconnaissable: écriture authentique où la forme prévaut sur le mouvement. Et puis soudain, d'un paragraphe à l'autre (voir illustration 4), l'écriture se modifie et devient inauthentique: écriture agitée, méconnaissable de la page 6 des brouillons, affirmant la prééminence du mouvement sur la forme, libérant les sentiments. La réceptivité féminine de l'écriture si reconnaissable de Marguerite cède ainsi la place à la virilité d'une écriture inconnue. De Marguerite à Hadrien, le passage va donc s'opérer: une écriture fébrile, de plus en plus ample, remplira alors les pages du manuscrit. Ces modifications scripturales transcrivent bien des moments de transe indispensables pour celle qui veut écrire. Et c'est ce mouvement agité d'une graphie inconnue qui révèle un autre moi. Cette page 6, scindée en deux paragraphes dont les graphies sont totalement étrangères l'une de l'autre, est si suprenante qu'il n'est pas sans utilité d'en faire l'examen. Examen de deux écritures: d'une part, l'écriture du premier paragraphe (qui correspond à l'écriture "normale" de Yourcenar) et que l'on peut définir comme "claire" et "ronde". Le début et les toutes dernières pages

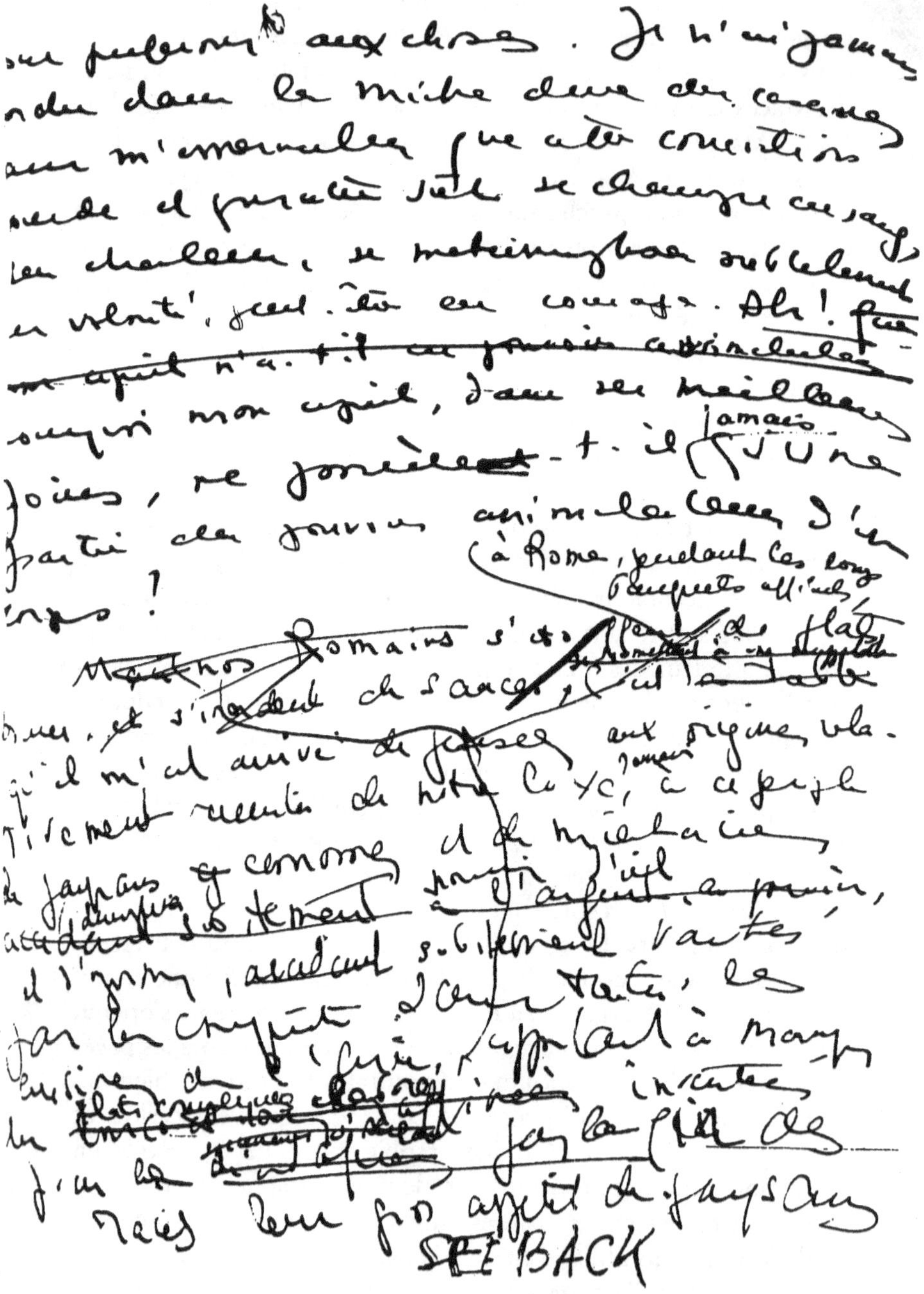

Illustration 4. Ms. *Mémoires d'Hadrien*. Brouillons de Santa Fé, p. 6.
By permission of The Houghton Library

des unités rédactionnelles (deuxième rédaction "Saeculum Aureum" – fin du manuscrit) correspondent à cette écriture yourcenarienne: les dimensions ne sont pas ostentatoires; le tracé est régulier; l'écriture est égale dans la hauteur des mots; les barres des t sont constantes et l'ordonnance d'ensemble laisse percer la clarté. Enfin, le mouvement n'est incliné ni à gauche, ni à droite. Ainsi, des leitmotive graphiques se dégagent en une écriture sobre, ni trop rapide, ni trop lente. Quant à la taille des lettres, elle confirme la conformité du sujet. La seconde partie de la page 6 est néanmoins en totale contradiction avec ces caractéristiques. Cette écriture est d'ailleurs dominante dans la suite du manuscrit. La graphie étonne par son inégalité: le mouvement dynamique est transcrit par de nombreux angles manifestant l'agressivité. Au fil du manuscrit, le mouvement deviendra, du reste, de plus en plus large. Mais au second paragraphe de cette page 6, s'opère, curieusement, un changement continu d'inclinations dans les deux sens. La taille du mouvement est aussi sans cesse remise en question: la longueur verticale des lettres s'écrase soudain pour faire place à une écriture filiforme. Cette graphie mouvementée trahit l'activité et la rapidité. C'est aussi une marque d'exaltation: précipitation, agitation, insaisissabilité qui fait contraste avec l'écriture rapide, mais réservée, du haut de la page. Ces inégalités directionnelles, dans ce second paragraphe, signalent l'hypersensibilité. Elles peuvent aussi bien signifier la fatigue – fatigue du scripteur, fatigue d'Hadrien, parvenu à la fin de sa vie. Car la distorsion des lettres et le changement continuel de l'expression graphique montrent combien l'unité de la personnalité est perturbée: les lettres perdent leur forme et leur distinction, et toutes les proportions sont pulvérisées. Enfin, deux caractéristiques du graphisme de ce deuxième paragraphe remettent en cause le scripteur même: d'une part, le mouvement du paragraphe, beaucoup plus vertical qu'en haut de la page, est considéré, dans une perspective graphologique, comme une constante masculine; d'autre part, cette transformation subite de l'écriture reflète des changements psychologiques profonds – et en particulier le conflit de l'être attiré par l'homosexualité [11] – autant de facteurs qui démontrent combien cette page traduit visuellement cet état de métempsycose évoqué plus haut. C'est donc à une expérience de "dépossession" de soi à

---

[11] Voir à ce sujet *Diagrams of the unconscious* – analyse freudienne du graphisme.

laquelle nous assistons, dépossession reproduite graphiquement, et produisant des symptômes visuels similaires à une crise mentale. Enfin, il n'est pas inutile de constater que dans l'écriture d'ensemble des brouillons se manifestent des passages aux tracés de plus en plus amples, révélant un état proche de l'hypnose. A cet effet, la comparaison de la page 2 des brouillons de Santa Fé avec la page 22 (voir illustrations 5 et 6) est probante: à l'écriture sobre et rapide de la page 2 s'oppose l'amplitude graphique de la page 22 où le grossissement traduit la libération des sentiments. Quand on sait que, sous hypnose, la longueur et la largeur des mots sont exagérées et s'accompagnent d'une diminution de pression du rythme graphique, il ne paraît pas faux d'avancer que c'est véritablement dans une "transe" que Marguerite Yourcenar a rédigé cette page 22. Levant son masque, le scripteur, spontanément, livre au lecteur un autre visage – un autre moi.

Ce que livre l'examen graphique du manuscrit est du reste confirmé par ce petit carnet nommé *Notes* et qui accompagne les unités rédactionnelles. Certaines parties autographes – réflexions circonstantielles – ont été rédigées au fur et à mesure que la lettre s'écrivait. Elles exposent, là aussi, la méthode de métempsycose, et confirment la surprenante graphie du manuscrit. Car les notes de ce petit carnet retracent bien les étapes de la vision. Il faut chercher à "entrer... en contact avec n'importe quelle créature qui a vécu" (ms 99, *Notes*, M.H.). C'est alors que Marguerite Yourcenar dépeint cette étonnante prise de contact avec le passé dans ces notes datées "fin janvier 1949": "...sentiment presque magique de contact avec le passé éprouvé dans un train de banlieue en allant à mon travail de professeur aux environs de New York. Occasion de recommencer ce livre" (ms 109, *Notes*, M.H.). Le livre repris, c'est dans le wagon d'observation du Santa Fé, en traversant le Colorado le 13 février 1949, que l'auteur écrit le plan entier du livre (ms 110, *Notes*, M.H.). Arrivée à Santa Fé, Marguerite Yourcenar focalise son attention visuelle sur des détails et des personnages qui sont en liaison directe avec la fiction qui s'élabore. Contemplant des mains d'enfants, Marguerite explique sa recherche fictionnelle fondée sur la réalité la plus visuelle: "Je cherchais cette paume d'enfant de onze ans; je tâchai d'en imaginer les lignes. Plus tard, avec l'aide de ce que je sais, j'ai dessiné les lignes de la main d'Antinoüs, celle qu'elle a dû être" (ms 111, *Notes*, M.H.) Etonnante technique qui consiste, par une très grande attention aux choses, à les faire revivre

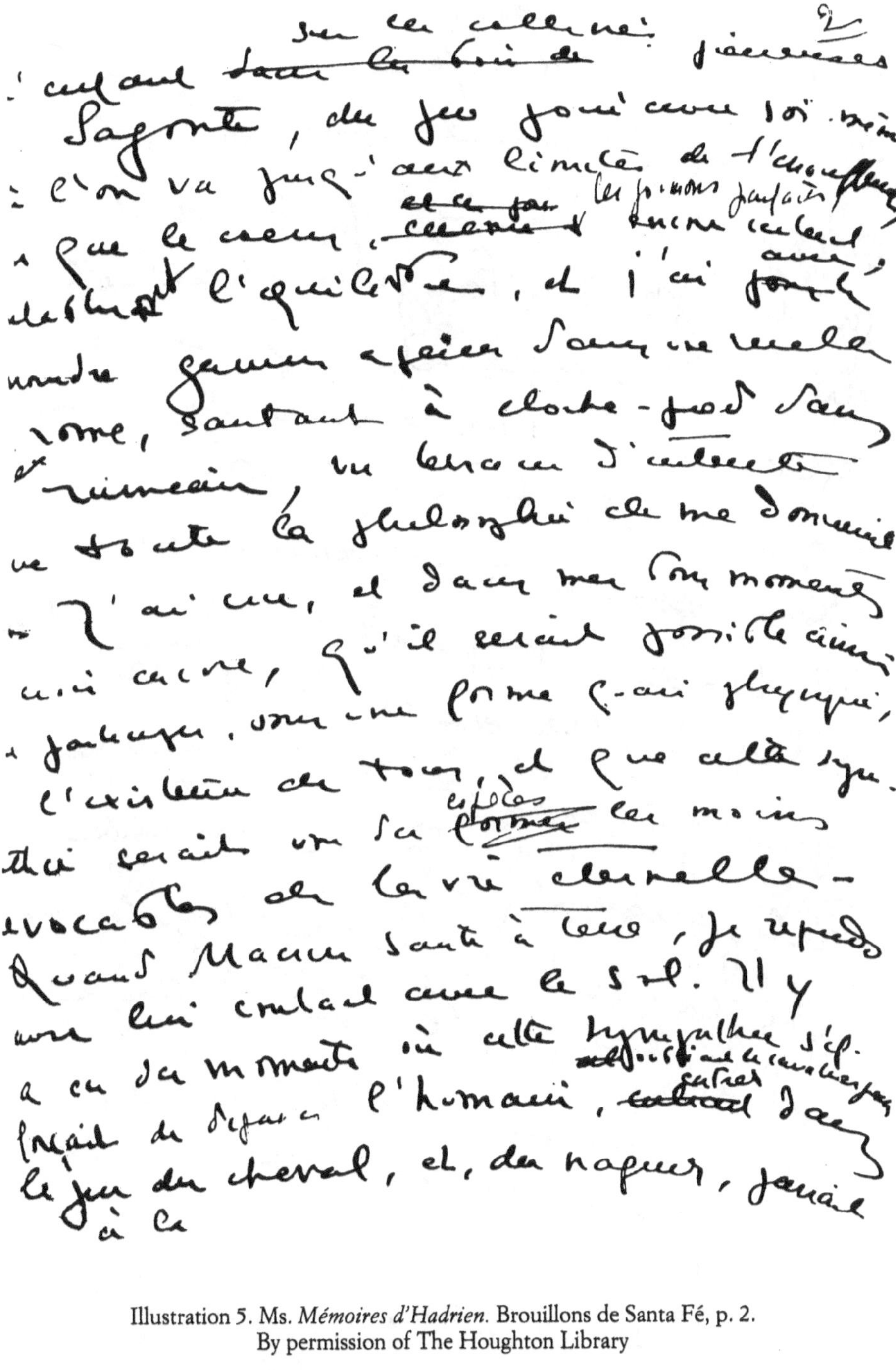

Illustration 5. Ms. *Mémoires d'Hadrien.* Brouillons de Santa Fé, p. 2.
By permission of The Houghton Library

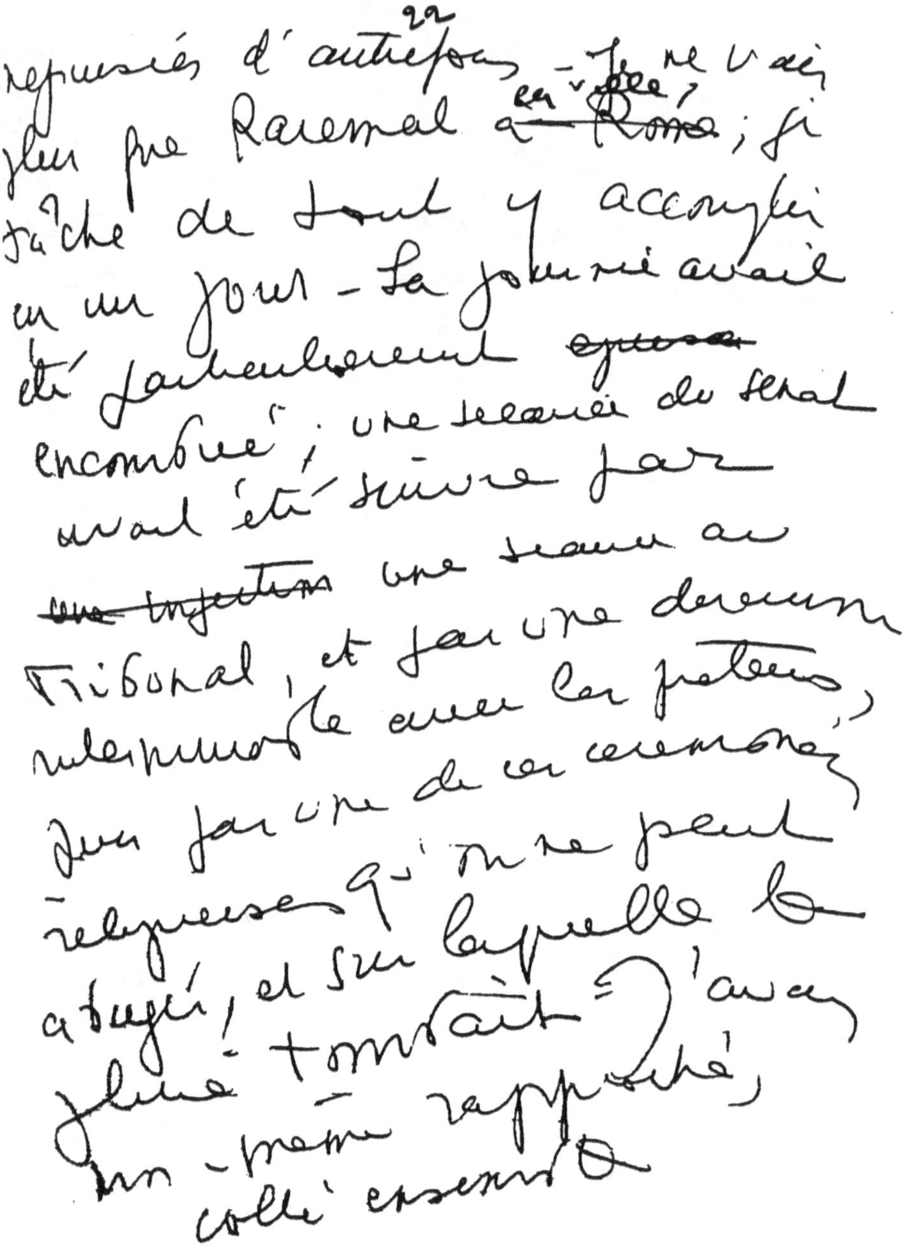

Illustration 6. Ms. *Mémoires d'Hadrien*. Brouillons de Santa Fé, p. 22.
By permission of The Houghton Library

en les capturant graphiquement. D'ailleurs, cette technique n'est pas sans rappeler, par cet appel iconique, le manuscrit-réécriture de *Denier du rêve*. C'est cette attention aux choses qui, semble-t-il, met en branle le processus créateur. Après cette première tentative, Marguerite Yourcenar cherche à visualiser Antinoüs en recherchant les modèles antiques. Elle relate ensuite, dans ce carnet, les coïncidences entre l'élaboration textuelle et le circonstanciel. Ainsi, un jeune garçon lui montre un lézard caché dans les broussailles au moment même où elle rédige l'épisode célèbre de Marullinus, grand-père d'Hadrien. Un peu sorcier, il possédait des "doigts noueux (qui exécutaient) en face d'un lézard une espèce de danse" (MH, 308). Lors de ce même séjour à Santa Fé, l'auteur consigne, dans ce carnet autographe, sa rencontre avec une jeune femme prénommée... Sabine! Enfin, entre réalité et fiction, Marguerite Yourcenar reprend à son compte la maladie d'Hadrien et s'exprime dans son carnet sur le changement qui s'opère: état d'épuisement semblable à celui d'Hadrien à la fin de sa vie. C'est pendant son voyage dans le Tennessee que Marguerite Yourcenar révèle ses symptômes: "Avril, départ pour le Tennessee. Mais je souffris, sans trop en parler, de fatigue, au cours de la traversée des montagnes (...); dans la salle d'attente de la gare d'Asheville, j'ai cru mourir. Rien ne m'a peut-être soutenue davantage que l'idée de l'ouvrage à faire" (ms 115, *Notes, M.H.*). Josyane Savigneau relate, dans sa biographie, l'hospitalisation, l'été suivant, de M. Yourcenar dont la maladie ne put être diagnostiquée. L'osmose est alors totale puisque l'écrivain écrit en marge de ses notes de Yale: "En septembre 1949, j'étais arrivée au premier chapitre du Saeculum Aurem – Madame Gibson, à Seal Harbour, me trouve seule, 'dans une transe'. J'écrivais la montée de l'Etna" (ms 119, *Notes, M.H.*). Petit à petit, la communication s'établit donc entre Marguerite et Hadrien. Aussi Marguerite Yourcenar affirme-t-elle un peu plus loin: "s'efforcer de sentir couler, sur mon visage les pleurs d'Hadrien. Opération intellectuelle... Tout ce qui reste, tout ce qui communique, tout ce qui témoigne est magique. Communication que j'établis à mon gré à travers dix huit siècles (ms 123, *Notes, M.H.*)". Enfin, Marguerite Yourcenar fusionnera complètement avec son personnage lorsqu'elle affirmera dans son carnet, à la date du 26 décembre 1951, lors de la rédaction des ultimes lignes du récit: "Dans le silence polaire de l'Ile de Mont Désert, j'ai écrit les dernières lignes de ce livre; j'ai vu Hadrien (...); par un phénomène de sympathie qui me plaçait à la fois au dedans et au dehors, j'ai senti le poids du drap sur les jambes enflées" (repris dans le "Carnet de notes", MH, 117). Ainsi, cette méthode de transposition yourcenarienne est-elle fondamentale: car s'investir dans la vie d'un autre implique un détachement et une libération de son propre moi. Marguerite Yourcenar compare d'ailleurs fort bien cette technique au "délire": "Délire (les japonais l'appellent le Muga) qui consiste à entrer tellement profondément dans une situation qu'on est presque effrayé. Très souvent, au théâtre japonais, par exemple, ou simplement en écrivant, j'ai eu l'impression que j'étais entièrement, à tel point, un personnage que je n'en sortais plus. Cela m'arrive encore fréquemment" (*Le Monde,* 7 décembre 1984, p. 25, col. 3). Cette technique de métempsycose est donc essentielle puisqu'afin d'atteindre Hadrien, Marguerite doit se départir du masque de la "persona". [12] Refuser d'assurer ce rôle social, c'est laisser la force de "l'anima" l'emporter. [13] Et c'est peut-être cette libération du conformisme social que recherchait l'auteur en s'investissant dans le personnage d'Hadrien. Cet empereur qui marqua le monde antique de sa passion pour Antinoüs et qui n'hésita pas à rendre un hommage posthume à son ami défunt en construisant temples, statues, villes, glorifiait et magnifiait l'amour homosexuel. Et Marguerite Yourcenar qui vivait depuis 1938 avec sa compagne Grace Frick pouvait sans mal s'identifier à l'empereur romain. [14] Pourtant, si tout laisse à penser que telle fut l'origine de l'intérêt de Marguerite pour l'empereur, les prises de position de l'auteur, au sujet d'Hadrien, tendent à prouver le contraire. Ainsi, à Patrick de Rosbo qui, dans ses *Entretiens radiophoniques* de 1971, l'interrogeait sur le thème passionnel des *Mémoires d'Hadrien,* Marguerite Yourcenar répondait avec énergie: "Beaucoup de lecteurs, que je n'ose qualifier de naïfs, n'aiment que ces pages-là, et se figurent bien à tort que le livre a été écrit pour elles" (Rosbo, 53). Re-

---

[12] Michel Grodent dans son article sur l'hellénisme yourcenarien voit bien dans Hadrien une "persona", un masque derrière lequel Yourcenar se cache pour mieux ordonner les émotions qu'elle éprouve.

[13] S'étendant sur le conflit entre "persona" et "anima", Jung insiste sur le travail qui permet, dans la seconde partie de toute vie, de réfléchir sur le sens de cette vie. Se produisant après le détachement de la famille originelle, cette prise de conscience doit passer par une réflexion sur le concept d'amour (*Collected Works,* VII, 115). Cette prise de conscience affecte certainement Marguerite Yourcenar au moment de la rédaction des *Mémoires d'Hadrien.*

[14] Voir à ce sujet la biographie de Josyane Savigneau – et en particulier le chapitre 3 de la deuxième partie: "Grace et le coup de Grace" (122-145).

prenant, dans ses conversations avec Matthieu Galey, parues en 1980, le même ton catégorique, l'écrivain ajoute: "Il y a encore beaucoup de gens qui continuent à ne pas comprendre Hadrien (...) dans le cas d'Hadrien, il y a eu cette tendance du lecteur à s'identifier à l'aventure amoureuse (...) Rares sont ceux qui ont vu l'ensemble du livre" (Y.O., 156). De même, dans la célèbre émission "Apostrophes" du 7 décembre 1979, Marguerite Yourcenar évitait, là encore, de parler à Bernard Pivot de la passion d'Hadrien. Elle se contentait de mentionner Antinoüs comme l'"ami mort" et insistait sur l'élément de grandeur d'Hadrien: "restabiliser le monde". Ces affirmations systématiques de l'auteur ne sont pas restées sans conséquence puisqu'elles ont grandement contribué à orienter les lectures critiques. Aussi, bien lire ces mémoires, c'est voir dans Hadrien l'homme d'état, le politicien, le pacifiste. M. Yourcenar insiste aussi du reste beaucoup, dans *Les Yeux ouverts,* sur l'environnement politico-social au moment de la genèse du roman – moment d'espoir de l'après-guerre comparable au règne d'Hadrien où "les dieux n'étant plus, et le Christ n'étant pas encore, il y a eu, de Cicéron à Marc Aurèle, un moment unique où l'homme seul a été" (MH, Carnet, 519). Mais le décryptage de l'avant-texte permet là aussi de s'interroger. En fait, le lecteur qui voit dans ces mémoires une histoire d'amour est-il aussi naïf que Yourcenar le laissait entendre? Car à livre ouvert, des éléments primordiaux de la genèse permettent de réévaluer ces affirmations auctoriales.

D'une part, et à l'origine, le récit semble bien avoir été centré autour d'Hadrien et de ses passions. Les plans originaux des *Mémoires d'Hadrien* sont entièrement focalisés sur l'étude psychologique du personnage. Une première partie s'ouvrait sur la maladie et les mystères du corps. Puis une seconde partie amorçait les problèmes de la personne. Venaient ensuite les années d'études centrées autour de la technique de travail. Les années de dépendance faisaient suite à cette troisième partie. La cinquième partie sur les femmes et l'ambition avait été omise du plan originel et laissait la place à la crise de l'arrivée au pouvoir. L'oeuvre impériale ne devait être traitée qu'en un seul chapitre (VII). Suivaient les années de bonheur (VIII), la descente aux enfers (IX) et "Religio" (X). Le chapitre XI, traitant de la guerre judéo-chrétienne et de l'avenir du monde, comme nous l'avons vu plus haut, avait (sciemment ou involontairement) été omis du plan qui s'achevait sur une "méditation sur l'être – mort des autres". Le plan entier semblait donc se focaliser sur une étude psychologique du personnage consacrant ainsi l'amour entre Hadrien et Antinoüs. Personnalité et passion d'Hadrien se révélaient donc bien comme noyau primitif de la genèse.

D'autre part, la séquence "Erotica" qui fait suite à ces différents plans permet de douter plus encore des affirmations paratextuelles auctoriales. Premier jet narratif, ce passage sera d'aillerus repris, quelque peu modifié, dans le premier chapitre du texte final: "Animula Vagula Blandula". Suite de réflexions philosophiques sur l'amour, et placé en début de cet avant-texte, ce germe s'impose comme l'étincelle qui donne naissance au récit. Du reste, une comparaison minutieuse des variantes de ce passage (biffures, ratures) avec le texte final met en valeur un texte primitif très sensuel en regard de la version définitive beaucoup plus abstraite: le "phénomène" devient, dans la version finale, un "miracle infini"; "l'abandon" se transforme en "humilité" – autant d'exemples qui mettent en lumière le caractère érotique du texte primitif en regard d'une version finale plus spirituelle. Ces modifications de genèse traduisent ainsi le désir tardif du scripteur: sacraliser le geste érotique, amoindrir sa sensualité en lui conférant un côté plus mystique. Enfin, certains éléments du carnet intitulé: *Notes. Mémoires d'Hadrien* tendent à prouver que la passion d'Hadrien est au coeur de la conception de ce récit. Le processus de recension est effectué, semble-t-il, après la première rédaction.[15] Yourcenar relève donc, en premier lieu, les occurrences nominales des personnages. Elle note ainsi qu'Antinoüs est mentionné 147 fois. Comparé aux autres personnages, il est bien le personnage le plus cité de cette lettre. Cette primauté du personnage de l'amant est d'ailleurs corroborée, un peu plus loin, dans la composition générale du récit lorsque Yourcenar récapitule la structure du livre et note que les "éléments érotiques" s'étendent sur 100 pages – donc constituent la partie la plus importante du texte. L'importance d'Antinoüs, dans ce texte originel, sera du reste en totale contradiction avec ce que Marguerite Yourcenar annoncera plus tard dans ses entretiens avec Matthieu Galey: "Dans *Mémoires d'Hadrien,* les gens ont voulu voir dans l'histoire d'Antinoüs, une aventure d'amour, mais elle ne tient qu'un

---

[15] Il n'y a pas de datation précise à ces pages du carnet. Mais, entre cette recension à partir du manuscrit et la version publiée, de nombreuses retouches ont été effectuées qui ne sont pas présentes dans l'avant-texte.

cinquième du livre environ (...) elle ne représente pas du tout l'ensemble de l'ouvrage. On pourrait imaginer les *Mémoires d'Hadrien* sans l'amour (...)" (Y.O., 94). L'auteur s'est donc, semble-t-il ravisé,[16] pendant la genèse... De plus, dans cette recension des éléments qui composent l'ouvrage, le "récit personnel ou vues générales" occupait lui aussi une part importante: 85 pages. Enfin, les éléments politico-sociaux tels que "armée, guerre" ou "manoeuvres politiques" ne couvrait respectivement que 40 et 35 pages!

Cette dominante passionnelle du manuscrit original se trouve d'autant plus confirmée que, dans les pages subséquentes, l'auteur laisse percer ses préoccupations sexuelles. Elle catégorie en effet ses personnages selon leur degré d'homosexualité: "Hadrien: 4/5; Trajan: 4/5; Antinoüs: 6" (ms *Notes. M.H.*, 93).[17] Pourtant, l'écrivain n'hésitera pas à affirmer énergiquement en 1980 à François-Marie Samuelson du *Figaro Magazine:* "Je déteste ce mot (homosexualité) et ne l'emploie jamais" (82). Elle continue cependant, dans son carnet, l'examen érotique de ses personnages antiques en justifiant son étude par le rapport Kinsey sur l'homosexualité dans la Grèce ancienne. Elle utilise d'ailleurs les coefficients d'homosexualité établis par Kinsey et commente, tout en les recopiant dans son carnet, les passages de Kinsey banalisant et déculpabilisant les tendances homosexuelles: "The very general occurrence of the homosexuality in Ancient Grece and ist wide occurence today in cultures, where such activity si not taboo suggests that the capacity of an individual to respond erotically to both sexes is basic in the species" (ms, *Notes. M.H.*, 94). Marguerite Yourcenar cherche ainsi, semble-t-il, des arguments en faveur de sa tendance sexuelle qu'elle voudrait "normaliser" par des preuves pseudo-scientifiques. Elle mentionne aussi, à la suite de ses commentaires sur Kinsey, l'ouvrage de H. Licht: *Sexual life in Ancient Greece* comme source majeure de ses recherches. Il est donc quelque peu curieux de constater que l'écrivain qui refusera systématiquement au public l'exégèse amoureuse ait consacré une grande partie de ses recherches à l'érotisme antique et l'ait amplement développé dans le manuscrit original.[18] Quand on

---

[16] Dans son article: "Autobiographie et mythe dans *Mémoires d'Hadrien*", Maurice Delcroix soutient déjà l'hypothèse qu'Antinoüs est le fondement structural des *Mémoires d'Hadrien,* occulté après les premières versions (37).

[17] La pagination est mienne.

[18] Dans son article "Eros et Thanatos dans *Mémoires d'Hadrien* de Marguerite Yourcenar", Jean-Pierre Castellani conçoit l'amour-Eros comme élément structurant de la genèse et attribue à l'auteur l'expérience amoureuse décrite (48).

sait que Marguerite Yourcenar vécut à partir de 1938 avec Grace Frick et que sa "liaison" ne s'achèvera qu'à la mort de cette dernière en 1979, on comprend mieux l'intérêt pour les moeurs d'Hadrien. Mais pourquoi, alors, insiste-t-elle et déclare-t-elle encore au *Figaro* en 1979: "Annoncer au monde la sexualité de quelqu'un ne me paraît guère intéressant"? Car pourquoi refuser d'admettre que le thème passionnnel est essentiel à la composition de l'ensemble? Et pour quelles raisons entraîner le lecteur sur des pistes erronées?

Les notes circonstancielles autographes du carnet qui accompagnent le manuscrit trahissent là encore les vrais motifs de cette genèse, motifs constamment occultés. Déjà du "Carnet de notes" qui faisait suite aux unités rédactionelles, l'auteur avait supprimé cette première réflexion: "S'astreindre à calculer exactement en quoi cet homme, dont je parle, est moi-même, et en quoi il diffère de moi" (ms, Carnet, 2). Dans ses notes circonstancielles, l'écrivain tend, là aussi, progressivement à se dérober, et refuse sa maternité en se dissociant d'Hadrien: "J'ai fait de plus en plus complètement silence en moi pendant des années pour écouter parler cet homme; en un sens, je n'ai rien à faire dans tout cela" (ms, *Notes, M.H.,* 125). Mais plus loin encore, Yourcenar réfléchit à l'impact psychologique de cette genèse, en une réflexion des plus ambiguës: "Ce livre m'a appris à rentrer en moi-même, et aussi et surtout à en sortir" (ms, *Notes, M.H.,* 132). "Sortir de soi" c'est bien sûr invoquer la métempsycose. C'est aussi devenir autre, sortir du carcan des habitudes sociales préétablies et assumer des moeurs différentes.

Ainsi, si Yourcenar, par le biais de l'écriture, cherche donc à comprendre la vie d'un empereur romain, elle tente aussi de déchiffrer, en même temps, ses propres intérêts passionnels, si proches du monde antique. Puisqu'il s'agit non seulement de saisir Hadrien mais encore de chercher à se connaître, l'écriture de l'oeuvre s'assimile alors, pour Yourcenar, à une véritable entreprise de libération: comprendre et accepter sa différence. Mais c'est d'une thérapeutique secrète qu'il s'agit: pas question de confesser, comme Gide, publiquement sa différence. Il convient au contraire d'occulter cette différence après l'avoir comprise, et de faire en sorte que dans ses entrevues publiques l'auteur cache les vraies raisons de la genèse – d'où la confession ultime de ces notes: "Je brûlerai probablement aussi ces pages; il n'est pas bon de laisser savoir au public que la plus exacte description * ¹⁹ s'appuie sur certaines expériences des sens et de la chair" (ms *Notes. M.H.*, 122). Que ces pages n'aient pas été détruites mais, au contraire, qu'elles aient fait partie du legs d'Havard, permet de comprendre combien l'auteur désirait néanmoins que la vérité fût révélée, après sa mort. Car l'écriture de ces *Mémoires d'Hadrien* est bien ce qui permit à l'écrivain d'accéder à la sérénité par l'acceptation de son moi. Et si Marguerite Yourcenar conclut l'avant-texte en caractérisant cette rédaction des *Mémoires d'Hadrien* comme la plus grande aventure de sa vie, c'est que c'est bien une fascinante aventure qu'illustre ce livre ouvert, aventure occultée pendant quarante années, et dont l'avant-texte, à titre posthume, rétablit la vérité.

Si le décryptage de ce manuscrit permet donc de comprendre que ce texte est, bien plus qu'une lettre fictive de l'empereur romain, une réflexion sur l'aventure du moi, il repose aussi tout entier le problème de la vérité du récit. Car ici, c'est le narrateur qui pose problème. Si le lecteur lit le texte final comme une oeuvre de fiction /f/ c'est que l'auteur, refusant de préserver la vérité de l'instance d'énonciation (c'est de lui qu'il s'agit), s'obstine à se cacher et énonce son récit comme une fiction. Comme le narrataire lui fait confiance, le "je" est accepté comme fictif. La communication est donc faussée, le lecteur mystifié, et le vecteur correspond au travestissement (déjà évoqué à propos des deux premiers romans yourcenariens: *Alexis* et *La Nouvelle Eurydice*). Le narrateur, à l'origine, est vrai (c'est le "je" de l'auteur): /v/; mais le scripteur change sa trajectoire, et par ses retouches, fait croire au narrataire que le "je" est fictif en se cachant derrière Hadrien: /f/; enfin, le lecteur, naïf, croit à la fiction: /f/. Toute l'instance narratrice est donc ici remise en question car le narrateur, produit de deux sources (le "je" auctorial et le "je" fictionnel), est fictif puisque duel. Et c'est le même problème d'énonciation auquel sera confrontée Marguerite Yourcenar, une dizaine d'années plus tard, lorsqu'elle fera surgir de la lignée de ses ancêtres un personnage imaginaire au nom bien réel: Zénon Ligre de *L'Oeuvre au noir*. Mais à ce problème d'énonciation que trahit l'avant-texte d'Hadrien viendra alors se greffer la fonction référentielle. Entrons donc, à présent, dans la recherche ancestrale de *L'Oeuvre au noir*.

---

¹⁹ Le signe de transcription est celui couramment accepté: * = lecture conjecturale.

Bibliographie du chapitre 3

Bellemin-Noël, Jean. "Reproduire le manuscrit, présenter les brouillons, établir un avant-texte". *Littérature* 28 (déc. 1977): 3-18.
Bernier, Yvon. "Genèse et fortune littéraire des Mémoires d'Hadrien". *Marguerite Yourcenar*. (Bruxelles: Université de Bruxelles, 1988) 11-18.
Caille, Emile. *Caractères et écritures*. Paris: PUF, 1957.
Castellani, Jean-Pierre. "Eros et Thanatos dans *Mémoires d'Hadrien* de Marguerite Yourcenar". *Marguerite Yourcenar. Actes du Colloque International 1984*. (Valencia: Universitat de València, 1986) 47-54.
Crépieux-Jamin, J. *L'écriture et le caractère*. Paris: PUF, 1960.
Delcroix, Maurice. "Autobiographie et mythe dans les *Mémoires d'Hadrien*". *Marguerite Yourcenar*. (Bruxelles: Université de Bruxelles, 1988) 33-44.
Grodent, Michel. "L'hellénisme vivant de Marguerite Yourcenar". *Marguerite Yourcenar*. (Bruxelles: Université de Bruxelles, 1988) 55-67.
Jakobson, Roman. *Essais de linguistique générale*. Paris: Larousse, 1971.
Jung, C. G. *The Collected Works of C. G. Jung*. Princeton: Princeton University Press, 1971.
Leclerc, Yvan. "Notes de voyage". *Voyage et connaissance dans l'oeuvre de Marguerite Yourcenar*. (Pise: Editrice Libreria Goliardica, 1988) 137-147.
Lambert, Royston. *Beloved and God. The Story of Hadrian and Antinous*. New York: Viking, 1984.
Poignault, Rémy. "Chronologie historique et chronologie du récit dans *Mémoires d'Hadrien*". (Bruxelles: Université de Bruxelles, 1988) 19-32.
———. *Le Personnage d'Hadrien dans Mémoires d'Hadrien*. Thèse de Doctorat. Université de Tours, 1982.
———. "Maîtrise du monde et maîtrise de soi dans *Mémoires d'Hadrien*". S.I.E.Y. bulletin 1 (nov. 1987): 5-19.
Rosso, Corrado. "Les 'Mémoires d'Hadrien' ou un meurtre en voyage". *Voyage et connaissance dans l'oeuvre de Marguerite Yourcenar*. (Pise: Editrice Libreria Goliardica, 1988) 233-258.
Salazar, Philippe-Joseph. "Sur Mémoires d'Hadrien: l'idéal narratif". *French Studies in Southern Africa* 10 (1981): 57-67.
Samuelson, François-Marie. "Marguerite Yourcenar". *Le Figaro Magazine*, 31 octobre 1980. 80-82.
Savigneau, Josyane. "La Bienveillance singulière de Marguerite Yourcenar". *Le Monde*, 7 décembre 1984. 24-25.
Yourcenar, Marguerite. "Apostrophes". 7 décembre 1979, Antenne 2. Vidéocassette. Dir. Bernard Pivot. Vision/Seuil, 1990.
Wolf, Werner. *Diagrams of the Unconscious*. New York: Grune and Stratton, 1948.

CHAPITRE 4

DU *D'APRÈS DÜRER* À *L'OEUVRE AU NOIR:*
DOCUMENTS ET IMAGINAIRE

C'est, comme on s'en souvient, en 1934, que *L'Oeuvre au noir,* dans sa forme originelle raccourcie, avait paru sous le titre "D'après Dürer", l'un des tryptiques de *La Mort conduit l'attelage.* Ce n'est qu'en 1956 que Marguerite Yourcenar reprend l'histoire de Zénon. Entre temps, vingt-deux années ont passé; vingt-deux années fertiles en matière créatrice: retouches des *Nouvelles orientales;* rédaction des *Mémoires d'Hadrien;* et puis, de 1956 à 1967, onze ans de recherches alchimiques. Ce sont ces recherches exhaustives sur l'époque de *L'Oeuvre au noir* (1510-1569) qui constituent le support documentaire le plus riche que nous ait laissé l'auteur, dans un cahier de 177 pages, relié et intitulé: *Notes.* L'apport documentaire, déjà important dans *Mémoires d'Hadrien,* est ici magnifié par son amplitude. Toute une matrice de lectures préalables, recopiées, donne naissance au roman et contribue donc, plus encore que dans Hadrien, à la typologie de l'invention romanesque. Le discours génétique, livré par cet avant-texte de *L'Oeuvre au noir* est, du reste, très mobile: textes apographiques, réflexions personnelles. A partir des divers chantiers génétiques que propose l'avant-texte, le roman se donne comme reprise réflexive de plusieurs domaines explorés: médecine, philosophie, histoire. Le travail d'invention romanesque jouera donc sur ces apories documentaires non seulement pour intégrer mais encore pour interpréter personnellement les matières étudiées telles que l'alchimie, ou les thèmes ébauchés: religion, vie, mort.

De plus, le chantier documentaire devient aussi une aventure mentale intime – identification du sujet à l'histoire – puisque le nom de Zénon Ligre, comme l'explique Marguerite Yourcenar dans son cahier de *Notes,* est tiré de son arbre généalogique paternel. Ainsi, bien plus que la reconstitution d'un personnage de la Renaissance circulant de l'Espagne aux confins de l'Europe, c'est un retour aux origines que se propose le scripteur. D'où l'ambiguïté du héros Zénon, personnage au destin tout imaginé par l'auteur mais qui possède néanmoins un nom bien réel ayant appartenu à un ancêtre de Marguerite. Cette dernière confesse d'ailleurs comment elle avait trouvé, puis perdu, en 1922, les papiers paternels qui lui avaient livré le nom de Zénon Ligre. Retour aux origines, retour aux sources: n'est-ce pas là un premier pas vers la tentative autobiographique que développera plus tard (à partir des années soixante-dix) le tryptique du "Labyrinthe du Monde": *Souvenirs pieux, Archives du Nord* et l'ouvrage posthume inachevé: *Quoi? L'Eternité.* Si la genèse de *Mémoires d'Hadrien* avait permis à l'écrivain d'assumer sa différence, c'est bien ce travail documentaire de *L'Oeuvre au noir* qui révèle, pour la première fois, la quête des origines, interrogation auctoriale sur un passé auquel le scripteur n'est pas totalement étranger. Par cela même, cette recherche documentaire pose aussi le référent au centre du problème de la vérité: le récit est fictionnel mais la base nominative est vraie par le nom de Zénon.

La documentation sera donc ici un processus d'investigation non seulement utile à l'élaboration romanesque mais encore ouvet à d'autres finalités plus intimes. Le travail de recherches ne semble donc pas uniquement destiné au roman. Il dessine un trajet fort subtil entre le réel et l'imaginaire, le moi et le monde. C'est peut-être pour cette raison que le tissage narratif de la documentation n'est pas directement incorporé par le scripteur dans le récit comme le firent Victor Hugo ou Flaubert chez lesquels le document affirme son autorité en réapparaissant pratiquement tel quel dans le roman. A l'encontre, chez Yourcenar, la réactivation du document est originale car la visée historienne se double d'une réflexion personnelle – transformant ainsi radicalement le genre du roman dit historique.[1] Car le scripteur ne travaille pas vraiment la littéralité du document afin d'en dégager des lois historiques, mais il utilise ce document comme un support narratif à la recomposi-

---

[1] Voir à ce propos l'analyse de Daniel Pageaux: dans "*L'Oeuvre au noir* où l'aventure individuelle l'emporte sur l'époque, l'homme du passé qu'est Zénon est aussi 'notre compagnon de route'" (72).

tion, support spatial nécessaire au personnage dont la densité tient à la réalité de son nom: Zénon.

Enfin, il faut aussi conserver à l'esprit que le cahier de *Notes* laissé par Yourcenar à son lecteur est constitué de documents triés, puis reliés, et numérotés de la main même de l'auteur. S'ils sont non consécutifs, ils ne sont cependant pas sans cohérence. Le parallélisme qu'il est du reste possible d'esquisser entre les notes d'Hadrien et celles de *L'Oeuvre au noir* permet de mettre à jour une méthode de recherche infiniment semblable: relevé méthodique des personnages et de leur coefficient (ici il s'agit de personnages historiques versus les personnages tirés de la généalogie yourcenarienne); notes de recherches sur l'alchimie et notes circonstancielles (souvent des marginalia de relectures datant des années 1970). Mais, parce qu'ils ont été sélectionnés par l'auteur avant d'avoir été reliés, ces documents ne présentent qu'un aspect particulier et orienté de la recherche documentaire. En effet, si Yourcenar nous explique ses sources, l'épisode de la fille aux serpents par exemple, elle se garde bien de nous léguer ses notes originelles, certainement plus abondantes. En somme, pas de notes précises qui permettraient une comparaison avec le texte final. Il en est de même pour les expériences médicales de Zénon: la référence est dissimulée, les notes primitives sont supprimées, et il devient difficile de reconnaître la frontière entre le réel documentaire et l'imaginaire du roman. Il est alors souvent impossible de voir "la fonction fabulatrice" [2] du document dans la genèse du roman car nombre de documents manquent à l'ensemble. Et ce cahier qui nous est légué, par sa clarté, trahit son imposture: il ne s'agit pas d'une pulsion documentaire où la fébrilité de la prise de notes trahirait la véracité du document, mais bien plutôt d'un ensemble net, ordonné, et conçu comme seconde oeuvre d'art, aussi esthétique que le roman lui-même. Ainsi, la documentation de *L'Oeuvre au noir* est déjà une intellection qui donne à penser. Et ce sont ces notes documentaires qui, démembrées, déplacées, vont reposer et intensifier le problème de la créativité et de la mystification.

---

[2] Neefs, Jacques: "L'imaginaire, des documents" (187) dans *Roman d'Archives*, recueil d'essais consacré au documentaire manuscrit.

1. D'UN TEXTE À L'AUTRE

Si Yourcenar avait occulté son aveu en laisssant dans l'ombre de l'avant-texte des *Mémoires d'Hadrien* l'aspect essentiellement intime de cette "aventure", elle n'hésita pas cependant, en ce qui concerne *L'Oeuvre au noir*, à affirmer publiquement qu'il s'agissait de l'oeuvre la plus importante de toute sa création.[3] Affirmation qui laissait à penser que l'apport personnel de ce récit historique était plus conséquent qu'il n'y paraissait à première lecture. En fait, ces propos traduisaient déjà l'équivoque de ce roman dit historique où le vrai (personnel) et le faux (fictionnel) sont étroitement mêlés. Ainsi, afin de pallier aux critiques à venir, l'écrivain entreprit, dans la "Note de l'auteur" qui fait suite au roman, d'établir un dossier historique afin de confirmer l'historicité du récit. Pourtant, l'épigraphe de Pic De La Mirandole, en exergue au roman, permettait déjà au lecteur de conjecturer sur le vrai visage de Zénon: "Je ne t'ai donné ni visage, ni place qui te soit propre, ni aucun don qui te soit particulier (...). Je ne t'ai fait ni céleste ni terrestre, mortel ou immortel, afin que de toi-même, librement, à la façon d'un bon peintre ou d'un sculpteur habile, tu achèves ta propre forme" (ON, 559). Si l'on comprend généralement cette citation comme une représentation symbolique du chemin à parcourir, il est possible aussi d'en dégager une constante entre le fictif et le réel. Dans ses entretiens avec Patrick De Rosbo, Marguerite Yourcenar explique d'ailleurs la progression du réel dans la genèse du personnage: "...j'étais passé d'une réalité poétique, archétypale et aussi, disons-le, conventionnelle, à une réalité existentielle: la réalité d'un individu donné à un moment donné" (Rosbo, 67). C'est bien cette fusion entre passé et présent qu'elle reprend encore dans les marginalia du cahier de *Notes* qui accompagne le manuscrit de *L'Oeuvre au noir* (marginalia dont une partie a été publiée par Yvon Bernier dans la NRF de septembre et octobre 1990):

> Que de fois, la nuit, ne pouvant dormir, j'ai eu l'impression de tendre la main à Zénon se reposant d'exister, couché sur le même lit. Je connais bien cette main d'un brun gris, très forte,

---

[3] C'est ce qu'elle avoue à Jacques Chancel dans sa "Radioscopie" du 11 juin 1979.

longue, aux doigts en spatules, peu charnus, aux ongles assez pâles et grands, coupés ras. Le poignet osseux, la paume assez creuse et sillonnée de nombreuses lignes. J'en connais la pression, de cette main, son degré exact de chaleur. (Je n'ai jamais pris la main d'Hadrien). Ce geste physique de tendre la main à cet homme inventé, je l'ai plus d'une fois fait. (*Notes* ON, 59; NRF, sept. 1990, 51)

Fusion entre le passé et l'imaginaire qui prouve bien que des deux héros qui accompagnèrent l'auteur tout au long de sa vie, c'est sans aucun doute le personnage de Zénon qui s'avéra plus proche du moi. Dans cette élaboration romanesque, c'est donc le référent qui, par son ambiguïté, posera problème.

L'évolution entre le texte primitif de *L'Oeuvre au noir* (le "D'après Dürer" de 1934) et la version définitive (publiée en 1968) a été largement analysée et commentée.[4] Il est utile cependant d'y revenir brièvement afin de voir, par la suite, si l'étude de l'avant-texte confirme ou infirme les données des deux versions publiées.

On se souviendra comment le "D'après Dürer" de 1934 provenait d'un fragment de ce roman composé entre 1921 et 1925. L'auteur explique d'ailleurs très précisément cette genèse dans la "Note de l'auteur" qui accompagne *L'Oeuvre au noir:* seule la première partie de *L'Oeuvre au noir* est tirée du "D'après Dürer", nous dit-elle. Quant aux seconde et troisième parties de cette version définitive, elles sont le prolongement des six dernières pages du texte originel. Dans ce nouveua récit, dix fois plus long que le texte primitif, la structure révèle des développements importants sur des détails historiques et quotidiens de la Renaissance. A maintes reprises, l'écrivain a d'ailleurs avoué mieux connaître, au moment de la refonte du récit, l'histoire du XVIème siècle sur laquelle elle s'était grandement documentée entre temps. Cette connaissance accrue de la période choisie n'est pas sans conséquence. D'une part, elle permet à l'écrivain de supprimer les inexactitudes de la version originelle (Marguerite d'Angoulême (DD) pour Marguerite d'Autriche (ON); la révolte anabaptiste à Harlem (DD) alors qu'elle eut lieu à Münster!). D'autre part, elle l'aide à ajouter des détails sociaux historiques importants – tels que l'invention de la mécanique. Mais

---

[4] Edouard Gaède livre une étude très détaillée des variantes dans: *Genèse et fiction de l'Oeuvre au noir* (thèse de Doctorat, offerte à Marguerite Yourcenar, et léguée à la Houghton Library (Harvard).

elle contribue aussi à mouler la silhouette du personnage principal dans ce décor historique, non pas pour occulter sa présence mais pour le rendre plus réaliste tout en canalisant mieux sa pensée. Réalisme d'abord: un amoncellement de détails rend le récit plus plausible – tel ce rhumatisme ajouté à Zénon pour faire plus vrai! En examinant chaque chapitre du "D'après Dürer", il est même facile de constater combien les détails de la réalité journalière ont contribué à l'expansion réaliste du roman. Au premier chapitre, l'auteur ajoutera, dans *L'Oeuvre au noir*, l'amitié qui lie Zénon aux ouvriers. Le second chapitre, aussi repris dans *L'Oeuvre au noir*, s'appesantira sur l'enfance de Zénon: ses études, son caractère, ses fréquentations. Le troisième chapitre développera le thème alchimique et la révolte des charbonniers. Le quatrième chapitre est modifié puisque viendra s'y greffer une séquence sur les ouvriers et Jacqueline. Dans le cinquième chapitre, les travaux de Zénon seront amplifiés. Au septième chapitre, la révolte anabaptiste sera amplement relatée. A partir du huitième chapitre du *D'après Dürer*, Marguerite Yourcenar développera la relation entre Martha et Dorothé ainsi que la séquence entre Zénon et Martha. Enfin, sur les dixième et onzième chapitres, viendront s'amalgamer d'autres épisodes: le retour en Flandres; l'amour pour une italienne; l'épisode suédois; le séjour en Pologne: autant de détails qui révèlent l'amplitude des recherches entre les deux versions. Ces onze parties qui constituaient le "D'après Dürer" forgèrent ainsi la première partie de *L'Oeuvre au noir* dont les deuxième et troisième parties sont donc essentiellement nouvelles.

A ces développements historiques sur les péripéties de Zénon viennent s'ajouter des transformations importantes effectuées sur les personnages, dans la version définitive de *L'Oeuvre au noir*. Hilzonde, tout d'abord, cède à la débauche anabaptiste en devenant la maîtresse de Bockhold: critique de l'anabaptisme ou critique de la femme? Martha et Dorothé, qui étaient soeurs dans "D'après Dürer", sont cousines dans *L'Oeuvre au noir* et affichent une tendresse sensuelle peu commune (soulignée par M. Yourcenar dans son cahier de *Notes* de *L'Oeuvre au noir*). Quant à Zénon, il devient un être ambivalent, puisqu'il accepte, dans la version définitive, des aventures sexuelles diverses. La variation sur sa fin est aussi fort importante: s'il se poignarde dans le "D'après Dürer", sa mort lente dans *L'Oeuvre au noir* (qui s'achève par l'agonie du héros dans sa cellule) repositionne le roman en magnifiant le héros. Zénon n'est plus un philosophe libéral pris dans les fils du destin, et qui se cherche, mais un être supérieur pensant – et qui se dépasse. Le roman change de perspective et prend un autre angle. C'est que les dix années de recherches alchimiques qui avaient précédé la refonte du livre permirent à l'auteur d'intégrer à la nouvelle version le thème de l'oeuvre alchimique: noir, blanc, rouge, sublimant la spiritualité latente du texte primitif qui se métamorphose ainsi en un récit beaucoup plus symbolique. D'où une recrudescence d'intérêt, de la part de Zénon, dans la version finale, pour l'hermetisme et la cabbale qui n'est pas sans conséquence. Elle s'accompagne en effet d'une critique religieuse (aussi bien à propos du Calvinisme que du Luthérianisme) fort accentuée par la peinture de l'hérésie (l'épisode anabaptiste de Münster) narrée sans compassion. Enfin, ce qui semble compter pour Zénon, dans cette seconde version, c'est de trouver l'extase ou "l'instase" [5] en rapprochant réel et imaginaire pour parvenir au spirituel. De là, un nouveau type de roman historique prend naissance, de même qu'un nouveau visage de héros apparaît. "Unum ego sum et multi in me" (je suis un et je suis multiple) nous dit la devise secrète de l'alchimiste: n'est-ce pas là s'écarter de la biographie historique banale pour atteindre au récit de l'universel: raconter un peuple qui présente bien des similitudes avec l'humanité actuelle? Ainsi, la reconstitution historique du héros oscille-t-elle entre le réel et l'imaginaire, et Zénon représente tout à la fois les hommes de la Renaissance et le "compagnon" de l'écrivain.

Enfin, une dernière suppression du texte du "D'après Dürer" pousse le lecteur à s'interroger sur le geste auctorial: dans l'épisode du déjeuner de Marguerite d'Angoulême chez Henri Juste, les artisans drapiers offrent en présent à Madame d'Angoulême "(...) une étoffe où le lion des Flandres, rampant sur champ d'azur, gardait l'enclos des lys comme un barbet bien sage, et par galanterie pour la Perle des perles, on y avait, aux coins, mêlé des Marguerites" (DD, 31). C'est la même image, supprimée par l'auteur dans la restructuration de *L'Oeuvre au noir*, qui a été soigneusement dessinée et conservée dans le manuscrit dactylographié de *L'Oeuvre au noir* (voir illustration 1) – blason Crayencour suivi des remarques autographes suivantes: "Blason Crayencour sous la forme qu'il prit vers 1755, écartelé avec le blason Adriansen (lions rampants)": allégoris-

---

[5] Ainsi nommée par Marguerite Yourcenar dans ses entretiens avec Patrick De Rosbo (128).

Illustration 1. Encart de la page 1 du manuscrit de *L'Oeuvre au noir*.
"By permission of The Houghton Library"

me nominal par lequel le réel et l'imaginaire se rejoignent. Par l'emblême de Marguerite, l'auteur et ses personnages sont ainsi unis par les mêmes liens familiaux... Sans aucun doute, cet encart de la page 1 du manuscrit de *L'Oeuvre au noir* prouve déjà combien le référent est réel, et combien la contextualité historique est faussée par ces liens de parenté entre l'auteur et ses personnages.

2. L'AVANT-TEXTE ET L'IMAGINAIRE

A) *Le manuscrit*

Soit qu'ils aient disparus, soit qu'ils aient été détruits, soit qu'ils n'aient jamais existé, les brouillons et le manuscrit autographe qui auraient permis de mieux comprendre le travail de composition ne font pas partie du fonds Harvard. Seule une mise au net dactylographiée, et intitulée: "manuscrit", propose les unités rédactionnelles. Ce "manuscrit" se ventile en deux volumes: le premier volume comprend la première partie de *L'Oeuvre au noir*, composée entre juillet 1956 et février 1964. Fait intéressant, des retouches ont été portées sur ce texte jusqu'en février 1968 – et nous nous proposons de les examiner. Le second volume de ce manuscrit, rédigé entre mars 1964 et juin 1965, s'ouvre sur la deuxième partie du roman: "Le Retour à Bruges", et comporte aussi des biffures et des ajouts moins importants.

Il est à noter que Marguerite Yourcenar a fréquemment pratiqué (comme d'autres auteurs du reste) le collage. Travaillant avec colle et ciseaux, elle retouche aussi constamment son manuscrit dactylographié. Les retouches, sur ce manuscrit, jusqu'en février 1968, sont de trois sortes:

1° Des ajouts contribuant à un plus grand pittoresque historique: ainsi, et entre autres exemples, "la soupe de cuivre épicée au soufre" (ms ON 11, vol. 1; ON, 563) est ajoutée à la réponse d'Henri-Maximilien; de même, um masque est soudain porté par Zénon devant les pestiférés (ms ON 129, vol. 1; ON, 633). Enfin l'écrivain, non content de faire subir au chanoine Campanus l'effrayante vision de "bambocheurs" masqués, y ajoute "un carême – prenant à tête de cochon (qui) y allait d'un petit air de flûte" (ms ON 251, vol. 1; ON, 825). De nombreux dialogues sont aussi insérés après la première genèse. Dans le dialogue entre Zénon et

Henri-Maximilien, Marguerite Yourcenar s'efforce de livrer des précisions physiques sur Zénon. Elle n'hésite pas non plus à surimposer au récit le dialogue de Marguerite d'Autriche afin de conférer au personnage une touche plus réaliste.[6]

2° Des retouches idéologiques tendent à prouver que Marguerite Yourcenar refusait de livrer au public un texte trop orienté et "trop d'époque:[7] l'auteur biffe les épisodes de torture et, en général, supprime les détails ayant trait à la souffrance physique. Ainsi, Henri Juste, dans la version finale, ne possède plus de "calculs vésicaux"; quant à Zénon-enfant qui, dans le manuscrit, est retrouvé "au fond d'un bois, les pieds tout en sang, prêt à mordre" (ms ON 35, vol. 1), il n'est plus, dans la version définitive, que "caché dans le fournil, au fond du jardin, prêt à mordre" (ON, 574)!

3° Un accroissement du lexique religieux est notable, en particulier dans l'épisode de "La Mort à Münster": "le bien qui est à nous" (ms ON 88, vol. 1) devient "un bien qui appartient à Dieu" (ON, 605); "les frères" (ms ON 90, vol. 1) sont écartés pour devenir, en une première étape, des "coeurs pieux", puis des "Saints" (ON, 607). De même, Martha, nommée à l'origine "la petite" (ms ON 90, vol. 1) se métamorphose en "innocence": toute la notion de péché est réintroduite pour renforcer la critique religieuse qui se fait beaucoup plus acerbe au fur et à mesure que Marguerite Yourcenar retouche le manuscrit. Ainsi, à "l'équipée" (ms ON 178, vol. 2), l'auteur substitue "la débauche" (ON, 783), et la scription adopte alors un ton beaucoup plus spiritualisé. La réécriture, d'ailleurs bien centrée sur Zénon, insiste sur sa recherche alchimique: ajout du discours sur la duplication du cube (ms ON 38, vol. 1); renforcement de l'idée d'illégalité du métier de chirurgien par l'insistance sur les activités de Zénon (ms ON 81, vol. 1); enfin, accroissement des pensées philosophiques par l'exposition des principes alchimiques tels que "les neuf portes de la perception" (ms ON 33, vol. 2;

---

[6] Dans "Procédés scripturaux dans *L'Oeuvre au noir*", Brigitte Lépinette analyse les procédés linguistiques du récit: dans la recréation d'un ton parlé, la simplicité s'oppose au ton d'époque du roman historique (117).

[7] Dans "Ton et langage dans le roman historique", Marguerite Yourcenar explique sa technique en ces termes: "J'ai fait de mon mieux pour éviter le plus possible tout mot sorti de l'usage commun après la fin du XVIème siècle et que j'aurais pu être tentée d'utiliser par amour du pittoresque ou de l'archaïque, et sans autre raison psychologique valable. C'est par le mot ou le détail plaqué pour faire "d'époque" que le "roman historique" se disqualifie aussi souvent que par l'anachronisme" (113-114).

ON, 692). Tous le détails cristallisés peu à peu autour de Zénon contribuent à refocaliser le récit autour du héros, plus détaché de la religion, mais plus intéressé aussi par le processus alchimique.

Enfin, notons que le manuscrit dactylographié, par la ténuité de ses retouches, contribue finalement peu à l'apport génétique puisque la plupart de ces modifications étaient déjà visibles d'un texte à l'autre. C'est qu'il semble bien que là encore Marguerite Yourcenar ait pensé préserver ce manuscrit comme une oeuvre d'art, symbole sacré, et que la page de garde du manuscrit (seule page autographe; voir illustration 2) magnifie par ses signes alchimiques: l'eau ∇; l'air ∆; la terre ⊽; le feu ⩟; l'union des forces qui vont vers le bas ✡; etc... Ces symboles se retouvent d'ailleurs minutieusement esquissés par l'auteur, à l'ouverture et à l'excipit de chaque chapitre. C'est cette même conception esthétique du manuscrit que va corroborer l'étude du cahier, note apicale de l'avant-texte.

B) *Le cahier de "Notes": imaginaire et document*

Ce cahier de Notes (intitulé: *L'Oeuvre au noir. Notes de composition 1956-1969*) – véritable dossier rassemblant diverses archives du roman – a été mis en forme à partir de 1964 et comprend aussi des notes de relecture (marginalia) rédigées pour la plupart entre 1965 et 1968. Ce cahier, préhistoire de la création, ne peut donner qu'une idée très orientée de la genèse. Il est même décevant à bien des égards puisqu'il ne présente qu'une page d'ébauche et aucun autre état de texte romanesque à proprement parler (alors que *Mémoires d'Hadrien* en présentait). Il s'apparente, par son caractère soigné, aux manuscrits d'apparat destinés aux lecteurs futurs. La deuxième page présente d'ailleurs un calligramme similaire à ceux qui truffaient le manuscrit des *Mémoires d'Hadrien*. Signé "Zénon Ligre", ce calligramme (en latin et grec) résume l'essentialité du roman: "Rectificando Invenies Lapidem/ Sub especie Interioritatis/ Ignis Noster" – termes alchimiques et citations que l'auteur a tirés de Jung. Ces symboles alchimiques clôront d'ailleurs les *Notes* puisqu'ils seront repris dans les trois dernières pages du cahier. La conservation de ces fragments ne s'est donc pas effectuée au hasard. Et ce "hors-texte" est bien une oeuvre en soi qui, par son caractère exceptionnellement pictural, s'apparente plus à la relique qu'au brouillon de premier jet. Le premier recensement que nous propose

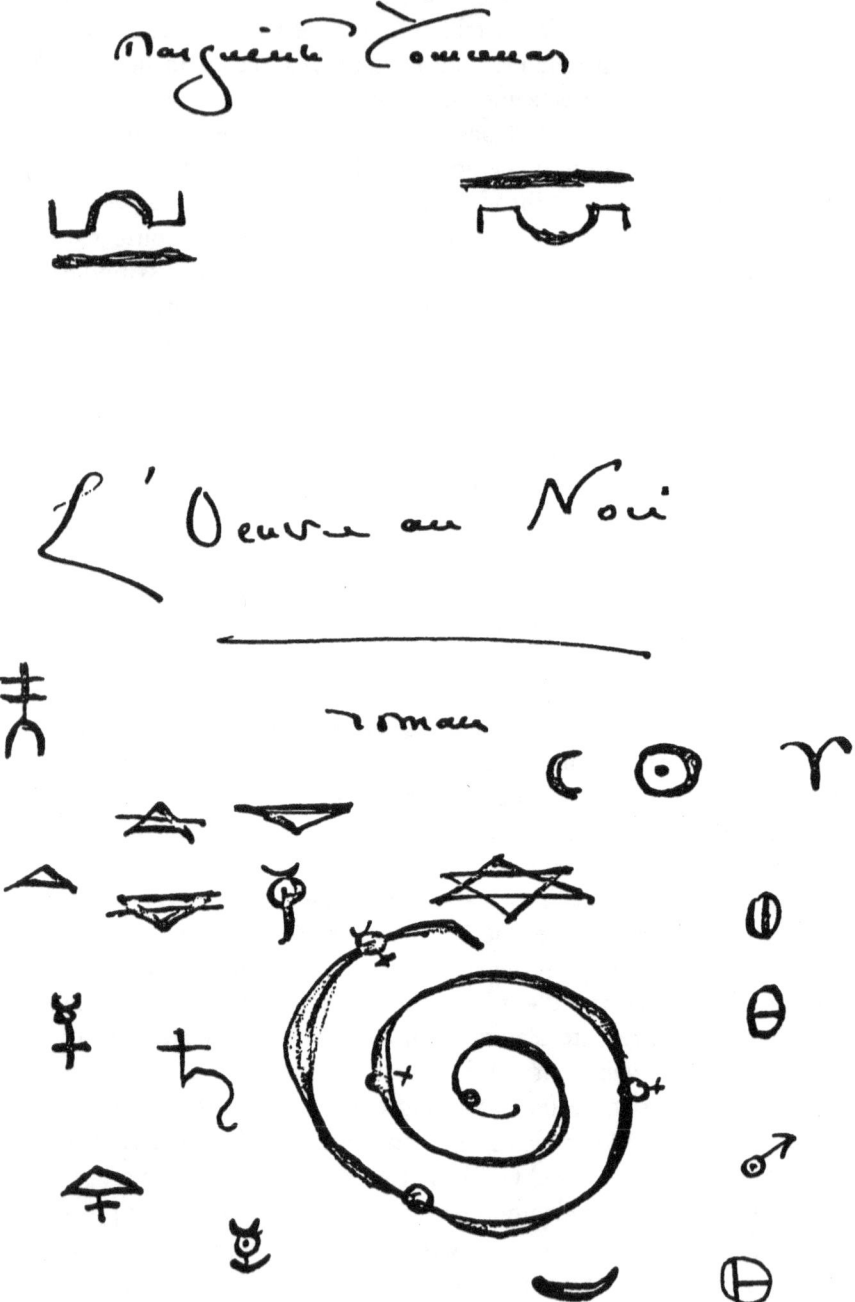

Illustration 2. Page de garde du manuscrit de *L'Oeuvre au noir*.
"By permission of The Houghton Library"

ce cahier de 177 pages (autographes et dactylographiées) est une chronologie dactylographiée de *L'Oeuvre au noir* (pages 1 à 8 – pagination de l'auteur). Parfois, l'auteur s'interroge et ajoute des notes autographes: "où se trouve Zénon durant l'été 1530? Route par Poitiers, Toulouse ou Narbonne"? De même, la date du suicide de Zénon est donnée avec incertitude: "*vers* le 17 février 1569" (8).

Suivent les notes de composition: tout d'abord, la "chronologie" des événements, influençant indirectement l'action du livre, et qui ne sont mentionnés que par allusion dans l'ouvrage (ce résumé a été rédigé à l'époque de la rédaction des derniers chapitres du livre et ne présente donc pas un grand intérêt génétique); ensuite, l'acte d'accusation de Zénon avec l'énumération de ses crimes d'opinion focalisée sur l'universalité de sa conception du monde: "croyance en l'âme des animaux"; "valeur égale et relative de toutes les religions"; "glorification de la conaissance sensuelle"; "l'homme considéré comme une fin en soi" (page 11 et suivantes). Il est à noter que, parmi les crimes de conduite, le premier est "le faux nom" de Zénon soulevant le problème de la nomination qui réapparaîtra plus avant dans le cahier de *Notes*. Soulignons aussi que cet acte d'accusation n'est pas commenté: il s'agit seulement d'un recensement. Et ce cahier livre de nombreux recensements – comme si toutes ces énumérations servaient à combler un vide: le vide des *vrais* documents apographiques qui n'apparaissent pas. Et si ce n'est pas un "faux" cahier, si ce ne sont pas de "fausses" notes qui nous sont données, il faut bien reconnaître que cette reconstitution a été effectuée à un moment bien tardif de la genèse...Puis l'ateur répertorie (comme elle l'avait déjà fait, mais plus modestement dans le carnet de bord des *Mémoires d'Hadrien*) les personnages (pp. 12-22). Il ne s'agit pas ici, bien sûr, de coefficient d'homosexualité comme il en était question dans *Mémoires d'Hadrien*, mais d'un tri établi selon l'imaginaire historique ou le réel généalogique. Ainsi, les figures féminines essentielles du récit (Wiwine, Jacqueline Bell, Hilzonde) sont empruntées à la généalogie de Marguerite Yourcenar. L'entreprise de l'élaboration romanesque s'affirme ainsi plus personnelle, d'autant que les "sources" de *L'Oeuvre au noir* (page 27 et suivantes) nous apportent des précisions sur les prénoms qui sont ceux des ancêtres de l'auteur. Le prénom de Zénon, nous dit Yourcenar, figurait dans des papiers de famille qu'elle avait eu sous les yeux vers 1922, mais qu'elle n'avait jamais retrouvés par la suite (*Notes* ON, 27). Une note autographe, en marge de ces réflexions, et apparemment postérieure à la rédaction de ces notes, vérifie et précise ces affirmations: "Vu dans une chronique locale du XVIIe siècle un Cleenwerk,[8] juge, assistant à la question d'un prêtre défroqué. Jamais retrouvé ce texte" (ms *Notes*, 27). Il est à noter que le nom "Ligre" est purement inventé (alors que celui d'Adriansen est un nom de famille tiré de la généalogie de Marguerite Yourcenar) et que seul le prénom "Zénon" est familial – d'où l'importance du prénom qui se dégage déjà dans la symbolique yourcenarienne; importance qui prendra tout son sens et deviendra un facteur déterminant dans la gestation romanesque qui fera suite à *L'Oeuvre au noir*. N'oublions pas que le contexte de la Renaissance fut un moment propice à la réflexion sur le nom. Jamais, avant cette période, n'a-t-on réfléchi avec autant d'intensité sur la nomination. Cette méditation sur le nom, le cahier de *Notes* la traduit fort bien. Car le nom est, pour le XVIème siècle, intimement lié à la personne qui le porte. Et des écrits littéraires de l'époque ressort cet enthousiasme pour l'onomastique. C'est ainsi, et à la suite des oeuvres littéraires du XVIème, que les personnages qui n'ont pas joué de rôle majeur dans les pensées du personnage principal n'ont pas de nom: la dame de Fröso n'a qu'un rôle limité dans la conscience de Zénon, et son nom s'efface progressivement de la mémoire du personnage. Cette catégorisation systématique des personnages rend compte d'une recherche de parallélisme ou d'oppositions pour aboutir à une construction subtile reposant sur un jeu entre réel et imaginarire.

Relevant des mêmes effets de simultanéité, les plans constituent aussi une partie importante du cahier: ainsi il est à noter qu'entre les pages 6 et 7, l'auteur avait inséré 3 pages (autographes) volantes de plans de 1964 (premier jet) – qui s'apparentent étrangement à ceux de *Denier du rêve*. Ces énumérations thématiques – imagées donnent déjà une idée de la visualisation génétique. Chaque image est mise en parallèle d'un chapitre du livre (ce plan est focalisé sur les chapitres XII, XIII, XIV et XV): le scorpion, par exemple, correspond au chapitre XV; les lapins au chapitre XIII; la vache malade au chapitre XIII. A d'autres moments, des paysages surgissent que le scripteur réinsèrera dans son roman: l'église ensablée (chapitre XIII); le champ de blé (chapitre XII). Notons que le dernier élément répertorié s'intitule: "le vrai et le faux"... Ces thèmes et inci-

---

[8] Cleenewerk est le patronyme de Marguerite Yourcenar.

dents sont repris au net aux pages 29 et 30 du cahier de *Notes,* prouvant combien ces notes ne sont pas des prises de notes à vif, mais sont recopiées ou dactylographiées. En somme, une étape de relecture a été effectuée – et elle n'est pas négligeable puisqu'elle a permis à l'auteur de censurer ce qu'elle ne voulait pas garder pour la postérité. L'écrivain n'est d'ailleurs pas avare de précisions puisqu'elle ajoute en note marginale de la page 30: "les croix indiquent que l'incident ou le thème a été inclus". Là encore, une constante de la suppression se fait jour puisque les thèmes non inclus sont soulignés: la mule; le gui; la messe de noël désolée; le scorpion; le dromadaire de Mahomet; la tapisserie de Wiwine; les bohémiens, etc... Ces thèmes ou incidents avaient donc été répertoriés avant la rédaction des chapitres en question. Il est étonnant de voir comment le scripteur procède par images, visualise ses chapitres avant de les écrire. Après genèse, Marguerite Yourcenar retourne à son énumération, et résume, récapitule ses images. Le mouvement génétique est donc structuré d'une manière visuelle, par chapitre. Ainsi, à la page 32, les trois dernières parties du plan se ventilent en trois images: "la belle demeure"; "la salle du greffe"; "la fin de Zénon". Remarquable est cette volonté poétique de rassembler en une seule unité visuelle plusieurs événements, plusieurs personnages. Et c'est ce télescopage de plusieurs éléments qui se cristallise en une image-sujet.

Les notes se focalisent ensuite sur les voyages de Zénon (p. 34) avec des détails précis sur son périple. Déjà le souci majeur de l'écrivain semble être le vraisemblable. L'auteur s'inquiète, en effet, de la vraisemblance de ces longs voyages du héros:

> En fait, je n'imagine pas Zénon montant plus haut que dans les régions de Jokkmokk tout au plus, ce qui représenterait déjà un énorme voyage. Jokkmokk (sur le cercle polaire) est à 655 km d'Ostersund, sur la route du retour). Le voyage tout entier, de Vadsténa aux régions Laponne, et retour à Upsal, représenterait un parcours d'environ 1000 miles fait à cheval, en barque, et à pied en quatre mois environ. C'est beaucoup, mais à la limite du possible. (*Notes* ON, 34).

L'auteur commente alors (pp. 35-36) sa méthode de composition en justifiant, là encore, l'effet de "vraisemblable" du roman dans ce qu'elle nomme: "Exemple de composition. Choix de l'épisode: voyage en Pologne". Les raisons du choix du voyage en Pologne y sont amplement expliquées. Le personnage devait disparaître pendant deux ans et la Pologne était l'un des pays lointains qui convenait le mieux à la dynamique interne du récit. En premier lieu, ce pays présentait l'avantage de ne pas reprendre le ton de l'épisode du séjour de Zénon en Orient musulman; d'autre part, la Russie, autre possibilité, était trop éloignée; enfin, l'auteur s'intéressait à la Pologne à cette époque. C'est aussi par goût personnel que l'auteur choisit la Suède pour l'épisode suédois du roman afin "de contrebalancer pour Zénon l'expérience du Levant par celle des régions du Nord" (35). Les raisons de la genèse résident alors en un va-et-vient continuel entre le vraisemblable romanesque et l'intérêt personnel du scripteur. L'élaboration de *L'Oeuvre au noir* est donc double puisqu'elle oscille constamment entre la crédibilité du récit et les désirs du scripteur. A partir de ce point de départ duel (instance narrative + intérêt du scripteur), l'auteur meuble l'épisode en inventant une série de détails: ainsi Marguerite Yourcenar nourrit-elle l'épisode suédois de travaux, d'amitiés, d'intrigues de cour, d'une liaison amoureuse – mais peu à peu, en revenant constamment sur le noyau de l'épisode tout en l'élargissant. Néanmoins, si l'auteur parle de ce noyau et commente sa méthode de genèse, elle n'a pas cru nécessaire de léguer ces cellules narratives primitives qui auraient été si utiles afin d'analyser les différentes variations structurales. Car ce qui lui importe dans ce cahier de *Notes,* c'est de nous faire comprendre comment elle a pu occulter (par l'intermédiaire de Zénon) une période de trois années passées en Suède (et dont le texte définitif ne rend pas compte). Zénon séjourne en fait en Suède de 1555 à 1558. Le séjour polonais, quant à lui, est antérieur et postérieur à ce séjour suédois. L'écrivain conclut ainsi l'occultation du séjour suédois:

> Du moment que Zénon avait passé une "période obscure" en Pologne, il devait tout naturellement utiliser de ce souvenir en le dénaturant bien entendu, lorsqu'il s'invente à Bruges *ad usum delphini* une vie imaginaire, en ayant d'ailleurs bien soin de souligner pour ses auditeurs que ce séjour en Pologne était auprès d'un prince catholique. Dans sa vie imaginaire, le séjour en Pologne est beaucoup plus long que dans sa vie réelle, et recouvre discrètement les trois ans de l'épisode suédois, plus compromettant. (*Notes* ON, 36)

C'est alors que l'écrivain réitère son souci constant: l'exactitude du récit, remise en question par "les périodes de vie obscure" du héros:

> Il y a chez l'auteur d'une vie imaginaire (ou imaginairement reconstruite) le besoin de bloquer certaines étendues de temps sous la forme de période de vie cachée, ou de vie obscure, durant lesquelles l'auteur n'est plus forcé de suivre les petits faits de l'existence de son personnage avec une ennuyeuse minutie, et durant lesquelles certains changements psychologiques qui se manifesteront plus tard sont supposés en partie silencieusement accomplis; conférer à ce point de vue avec les séjours d'Hadrien en Dacie, ou en Bretagne. D'autre part, une fois donnée une de ces périodes de vie obscure qui sont si souvent, dans les *Mémoires d'Hadrien* et dans *L'Oeuvre au noir,* une période de vie sur les confins du monde éclairé d'un temps, un autre besoin, le besoin de crédibilité tend bientôt à rendre détaillé et spécifique ce qui au début n'avait guère qu'une réalité quasi poétique (légendaire), à insérer au moins quelques détails exacts et plausibles qui renforceront et compliqueront le reste de la tapisserie du livre. Va-et-vient entre l'imaginaire et le réel qui me semble typique de toute création de ce genre. (*Notes* ON, 37)

Mais l'étude contrastive ne s'arrête pas aux personnages du roman et à leurs actions. Elle englobe aussi tout le système de réécriture du "D'après Dürer" à *L'Oeuvre au noir*. Ainsi l'auteur entreprend d'éclairer le lecteur sur les différences entre la version primitive et la version révisée. La mise en place d'une structure est très claire chez le scripteur, qui par un souci de rééquilibrage fait se répondre en écho ces deux oeuvres. Chaque détail ajouté est calculé avant et après genèse ainsi que le nombre de pages supplémentaires. L'argument-résumé qui fait d'ailleurs suite à cette comparaison (pp. 41-44) montre du reste combien cette recherche de la précision et de l'exactitude va jusqu'à la manie:

> Résumé: *D'après Dürer* occupe les pages 13-82 de *La Mort conduit l'attelage,* volume de petit format. Une page de *D'après Dürer* contient environ 210 mots; une page des *Mémoires d'Hadrien* et présumablement de *L'Oeuvre au noir* une fois imprimée, 330 mots. Donc soixante pages de *D'après Dürer* = 45 pages environ des présents volumes. Je dis cinquante pour avoir un chiffre rond. La présente *Oeuvre au noir* aura présumablement 400

> pages (430 + 18 pages de notes en manuscrit = 448) peut-être 450. En gros, le texte actuel est donc environ dix fois plus long que l'ancien. La première partie de *L'Oeuvre au noir* = 184 p. Dürer = les pages 13-73 donc 59 pages petit format = 40 pages. Environ un peu plus d'un cinquième reste de l'ancien texte, presque toujours entièrement remanié.
>
> La seconde et la troisième parties = (sans notes) = 246. Dürer = 6 p. à peu près rien ne reste de l'ancien texte. (*Notes* ON, 41)

On remarquera la précision avec laquelle l'auteur calcule et projette avec justesse la longueur de la genèse. Dans l'élaboration de *L'Oeuvre au noir,* Marguerite Yourcenar procède donc par expansions. Ainsi "La Table des matières" (pp. 59 et suivantes) révèle comment le texte déborde puisque le chapitre XIV "La Maladie du prieur" se scinde ultérieurement en trois parties: "La Maladie du prieur"; "Les désordres de la chair"; "La promenade sur la dune".

Si Marguerite Yourcenar nous donne donc une mine de renseignements très précis à travers ce cahier, elle n'a malheureusement laissé aucune ébauche du roman si ce n'est une page manuscrite datant de mai 1965 insérée dans ce cahier de *Notes* à la page 49. Cette page présente un très court segment de dialogue entre Zénon et Bartholomé Campanus dans la salle du greffe. Nous savons déjà, par l'étude des oeuvres antérieures, comment procédait l'auteur: les dialogues ont été ajoutés après coup. L'auteur rédige rarement des scènes dialoguées dans les premiers jets rédactionnels. Ici encore, cette méthode (le narratif avant le dialogique) se confirme: bien que l'auteur soit forcé, à ce moment précis du récit, de faire converser Zénon et le chanoine, la conversation est très brève, les répliques sont très succintes (à l'encontre, les répliques du texte définitif seront très amples). L'écrivain travaille d'ailleurs énormément les conversations de Zénon avec les autres personnages du récit – comme en rend compte le verso de la page 51 du cahier. Cette énumération de toutes les conversations de Zénon témoigne du désir constant de l'auteur: ajouter systématiquement des parties dialoguées à l'ensemble du récit car, comme nous le dit l'auteur en marge "chaque conversation est une manière d'ajouter au modelé du personnage" (*Notes* ON, 51 verso). L'écrivain ressent aussi le besoin (comme elle l'avait éprouvé à propos de *Denier du rêve* ou des *Mémoires d'Hadrien*) d'analyser les actions de ses personnages pour mieux les comprendre. Travaillant, comme toujours, en écho, Marguerite Yourcenar brise les barrières spacio-temporelles et compare les "Anges" de *L'Oeuvre au noir* à la jeunesse contemporaine:

> Je me dis que le comportement de ces jeunes gens (Idelette et sa noiraude) ne diffère guère de celui de collégiens de nos jours, sans que ces derniers sombrent dans le scandale, ou tout au moins que ce scandale ait des conséquences forcément mortelles. (*Notes* ON, 55)

C'est alors qu'au milieu de ce cahier de *Notes,* l'auteur magnifie cette recherche du nom en reproduisant un arbre généalogique de Zénon (p. 106). Déjà, le verso de la page 49 avait laissé apparaître une première approche généalogique sur le nom de Simon Adransen. Marguerite Yourcenar y démontrait que la dernière fille Adriansen (dernière de la lignée) avait épousé son cousin germain Michel Donatien de Crayencour en 1727. Cette affirmation, contestable, sert néanmoins les intérêts de l'auteur qui prouve ainsi que la réalité a rejoint la fiction et que l'historique et l'imaginaire sont étroitement mêlés. En ce qui concerne l'arbre généalogique paternel de Zénon, il est intéressant de constater combien l'auteur insiste sur les origines paternelles illustres de Zénon: aussi Zénon est cousin au deuxième degré de Lorenzaccio et au cinquième degré de Catherine de Médicis. Quant à son père, il était cousin au troisième degré de Léon X et de Clément VII. Comme Zénon est ancêtre de Marguerite, créer cette lignée italienne célèbre est donc une autre étape pour l'auteur, et après Hadrien, afin de s'approprier l'histoire… Il est aussi intéressant de constater que la lignée (imaginaire) de Zénon est féminine – réactivant les relations soeur/frère, mère/fils, de Marguerite à Zénon. Enfin, l'écrivain insiste sur le fait que la lignée imaginaire de Zénon est fondée sur la branche cadette réelle de Giovanni di Medici: signifiant cet équilibre précaire du héros, oscillant entre le réel et l'imaginaire, l'historique et le fictionnel – et qui, en fin de compte, devient plus vrai que les personnages imaginés. Dans la comparaison structurale entre Hadrien et Zénon, qui fait suite à cette entreprise de fouilles généalogiques, Marguerite Yourcenar s'explique alors sur cette part de réel dans la création des deux héros: Hadrien est reconstruit sur des fragments du réel; Zénon sur l'imaginaire mais nourri de réel:

> Les deux lignes de force, l'une partie du réel et remontant vers l'imaginaire, l'autre partie de l'imaginaire et s'enfonçant vers le

réel, s'entrecroisent. Le point central est précisément le sentiment de l'être. (*Notes* ON, 161)

Ce sentiment de l'être, les documents apographiques qui alimentent ce cahier devraient en rendre compte. Mais ils sont dactylographiés, donc recopiés et triés, et comprennent peu de commentaires autographes. Il arrive parfois que l'auteur explicite au lecteur les notes qu'elle recopie. Ainsi en tapant à la machine ses notes sur la séance de torture infligée à Campanella, Marguerite Yourcenar ne peut s'empêcher de donner des détails très précis sur l'acte du tourment du chevalet nommé "veglia": "La veglia était appelée ainsi parce que le condamné dans cette position ne pouvait pas dormir" (*Notes* ON, 81). Suit, en détails, la description du chevalet. Mais l'auteur s'interrompt alors et avoue: "un mot illisible dans mes notes" (*Notes* ON, 81)! Il est étonnant de constater combien l'écrivain, même en recopiant ses notes, pense au lecteur qui la lira. Yourcenar relève ainsi ses sources: le procès Campanella (notes tirées du livre de Luigi Amabile: *Fra Tomaso Campanella*); des notes biographiques sur Paracelse et son principe de séparation entre l'âme animale et l'âme spécifiquement humaine (provenant du livre de René Allendy: *Paracelse, Le médecin maudit*). Marguerite Yourcenar est du reste avide de donner des précisions extérieures à cette prise de notes: à propos de Paracelse, elle ressent le besoin d'ajouter: "notes prises à Paris en 1953; j'avais emprunté l'ouvrage à Charles Orengo. J'avais lu ce même livre en 1937, mais avais égaré mes notes de l'époque. Je recopie mes notes telles quelles, et date les commentaires plus récents" (*Notes* ON, 107). Précision qui n'est pas sans importance puisqu'elle laisse supposer que, d'une part, l'écrivain ne recopie pas tout; et que de l'autre, Marguerite Yourcenar restructure au moment du recopiage. Quant à Jung, il est simplement cité avec un relevé des termes alchimiques de son livre (sans commentaire). Enfin, de Pic De La Mirandole, l'auteur ne recopie que les dix lignes qui servirent d'épigraphe au roman.

Ainsi, il semble évident que ce ne sont pas ces documents apographiques qui apporteront une connaissance véritable de la genèse du roman puisque recopiés ou laissés de côté (dans une note, l'auteur ajoute que tous les livres de Petite Plaisance qui ont servi de référence à l'élaboration du roman ne seront pas mentionnés dans ce dossier), ils ne forment qu'une parcelle infime des matériaux de base. C'est ainsi que l'apport structuro-pictural (au décor) et nominal (au héros) s'avère être le plus authentique (les notes à ce sujet sont d'ailleurs, pour la plupart, manuscrites). C'est du reste cette recherche qui demande (comme pour la genèse d'Hadrien) au scripteur de briser les barrières entre le réel et l'imaginaire en appréhendant l'univers visible et invisible en un ensemble cohérent.

Le cahier propose en effet un répertoire exhaustif des illustrations qui servirent de germe au roman. Un fichier comportant d'abondantes reproductions accompagne ce cahier. Les documents iconographiques qui y sont répertoriés permettent de s'interroger (de même que dans *Denier du rêve*) sur l'importance du regard dans l'écriture romanesque puisque la peinture a eu un rôle essentiel dans l'invention de cette oeuvre au noir.[9] Ces documents graphiques (pour la plus grande part des Bosch, Breughel et Van Eyck) sont ensuite répertoriés par thèmes, et associés, en plusieurs tableaux structuraux, aux scènes du livre (pp. 123-153). Yourcenar y ajoute même la liste des reproductions photographiques qu'elle demandera au "Anchor Light Studio" de Southwest Harbor. Ces clichés accompagnent ainsi les notes du cahier. Dans les schémas picturaux tracés par l'auteur dans le cahier, les images se répondent en écho et sous-tendent le principe entier de composition de l'oeuvre. Les tableaux schématiques des *Notes* divisés en trois thèmes – "Visages et aspects du XVIème siècle"; "Des temps troublés comme les nôtres"; "La condition humaine sous les angles du XVIème siècle" se trouvent ainsi réactivés plus loin en huit éléments correspondant aux divers groupes de clichés photographiques: 1) les aspects du temps (décors flamands, citadins ou champêtres); 2) les malheurs de la guerre (Breughel et Bosch); 3) les plaisirs et le rêve; 4) les sciences; 5) la Kabbale; 6) le visage humain (Mabuse, Van Eyck); 7) les livres; 8) le monde rêvé (Dürer, Giorgone). C'est donc d'une génétique visuelle qu'il s'agit. Mais à l'instar des *Mémoires d'Hadrien*, la conception s'effectue ici à partir de plans picturaux réactivés verbalement lorsque les images deviennent réelles pour le scripteur. Les peintures sont d'ailleurs regroupées avec la mention: "regarder les images jusqu'à les faire bouger" (*Notes* ON, 124). C'est le même principe d'élaboration que prônait *Denier du rêve*,

---

[9] Dans son article sur *L'Oeuvre au noir*, Claude Soulès a fort bien examiné l'intertextualité des éléments picturaux-scripturaux. Dans *Le Don sombre*, Kajsa Andersson a, quant à lui, analysé d'une manière rigoureuse les images de *L'Oeuvre au noir*.

mais ici systématisé. Et c'est une méthode semblable à *Mémoires d'Hadrien:* la contemplation de l'objet, qui permettra au scripteur de recréer l'époque de Zénon. Les documents graphiques auxquels se réfère Marguerite Yourcenar pour structurer son plan, permettent, du reste, d'aborder l'intertextualité des éléments picturaux-scripturaux. Afin de recréer l'effet de réel, Marguerite Yourcenar détache un élément graphique pour le réinvestir, par la suite, dans le tissu textuel. Ainsi, hésitant sur l'illustration qui devrait orner la couverture du roman, l'auteur propose (*Notes* ON, 119) un détail des deux panneaux extérieurs du Haywain Triptyque de Bosch (et qui se trouve au musée du Prado): "la campagne au gibet". Et c'est cette même image lugubre de gibet sur la colline qui est sobrement décrite au début de "La Promenade sur la dune": "L'habituelle fourche patibulaire se dressait hors du bourg, sur un petit mamelon herbu, mais le corps qui pendait là avait été si longtemps exposé à la pluie, au soleil et au vent qu'il avait presque acquis la douceur des vieilles choses à l'abandon; la brise jouait amicalement avec ses loques aux couleurs fanées" (ON, 753-754). De même, les "Jeux d'enfants" de Breughel seront réactivés puisque c'est d'abord Zénon-enfant qui court "dans le sens du vent sur les dunes toutes proches" (ON, 755); puis l'enfant de la ferme qui "continuait à tourner dans la cour comme une toupie" (ON, 771) prend le relais visuel. Enfin, les clichés de *L'Oeuvre au noir* qui accompagnent ce cahier (répartis en six parties) sont retranscrits dans le corpus textuel. Ainsi, dans le premier lot de clichés intitulé: "les aspects du monde", l'auteur compare les visions d'Innsbruck vers 1526 (A. Dürer) à une photographie d'une rue d'Innsbruck datant des années soixante. C'est la superposition des deux images, des deux temporalités, qui permet de fondre espace et temps en un moule unique, éternel. C'est aussi dans ce premier groupe de clichés que l'auteur a inséré la photo récente d'une boulangerie de Salzbourg dont seront tirés les quelques détails suivants": "Il s'arrêta sur la place pour acheter une miche. Les maisons bourgeoises entrebâillaient leurs portes" (ON, 753). Plus étonnante encore se trouve être cette photographie des cages de Münster dans lesquelles furent exposés les chefs de la révolte anabaptiste (insérée dans le second groupe de clichés: "les malheurs de la guerre") et que le regard de Simon Adriansen retraduira ainsi: "Il se traîna jusqu'à la cage du roi. Les gens de Münster s'étaient lassés de ce spectacle, mais des enfants pressés contre les barreaux, persistaient à jeter à l'intérieur des épingles, du crottin, des bouts d'os pointus, sur lesquels le captif était forcé de marcher nu-pieds" (ON, 618). Ainsi, références directes aux tableaux évoqués, ces images apparaissent donc comme des segments réalistes essentiels à la reconstitution. Notons cependant comment l'auteur a transcrit cet apport pictural en en simplifiant les données. L'utilisation du matériau descriptif est, en général, assez neutre car il est allégé de précisions historiques qui rendraient le texte trop lourd, "trop d'époque". Enfin, il est à regretter que bien que Marguerite Yourcenar livre dans son cahier ces plans structuraux avec leur intitulé iconique, elle ne livre néanmoins aucune ébauche rédactionnelle, révélatrice de la gestation romanesque et qui aurait permis une étude des étapes du passage de l'iconique au textuel. C'est cette étude du glissement du visuel au narratif qui aurait le mieux mis en valeur la méthode yourcenarienne qui consiste à "se désincarner pour se réincarner en autrui. Et utiliser pour se faire ses os, sa chair et son sang, et les milliers d'images conservées * par une matière grise" (*Notes* ON, 159).

Afin de réaliser sa tâche, Marguerite Yourcenar utilisera donc la même méthode contemplative employée pour rédiger *Mémoires d'Hadrien* et par laquelle elle scrutait les portraits d'Hadrien et d'Antinoüs afin d'en faire jaillir le réel. L'écrivain y ajoutera cette invocation mystique courante qui consiste à répéter des milliers de fois le nom du dieu. Elle avoue ainsi dans l'une des "Marginalia" du cahier: "Au temps où j'écrivais la seconde et la troisième partie de ce livre, il m'est souvent arrivé de me répéter silencieusement ou à mi-voix ou à moi-même: "Zénon, Zénon, Zénon, Zénon, Zénon, Zénon... vingt fois, cent fois, davantage. Et sentir qu'à force de dire ce nom un peu plus de réalité se coagulait" (*Notes* ON, 48 verso). Elle reprend cette même idée dans *Les Yeux ouverts* lorsqu'elle confesse à Matthieu Galey:

> ... et je me souviens que j'ai fait, presque sans le savoir, ce qui est, paraît-il, une conjuration magique, à en croire Colette qui a observé des choses analogues dans les faubourgs de Paris: ayant tout juste terminé mon livre, étendue sur mon hamac, j'ai répété le non de Zénon, peut-être trois cents fois, ou davantage, pour rapprocher de moi cette personnalité, pour qu'elle soit présente à ce moment-là, qui était en quelque sorte celui de sa fin. (Y.O., 177)

Et c'est mûe de la même inspiration magique que Marguerite Yourcenar s'entraîne à signer du nom de Zénon Ligre (voir illustration 3) de même qu'elle avait tenté de retrouver Hadrien par un processus de métempsycose. C'est la même démarche, mais élargie au cosmos, que l'auteur utilise, lui permettant d'entrer en communication avec le réel et l'imaginaire, avec le futur et le passé, éliminant ainsi les frontières entre la matière et le spirituel afin de participer à ce qu'elle nomme: "une pensée commune": "Pour que nous puissions essayer d'évoquer ou d'analyser en termes romanesques un contemporain, et à plus forte raison un homme ou une femme situé dans un milieu différent, présent ou passé, il faut que nous croyions possible, à travers les variations compliquées de l'incident et de la coutume, de parvenir à participer à une émotion ou à une pensée commune, même si cette pensée ou cette émotion s'incrit à l'intérieur de constructions mentales ou sociales ou raciales différentes" (*Notes* ON, 169). Il convient cependant d'émettre des réserves quant aux signatures de Zénon que nous laisse Marguerite. L'écrivain ne nous offre, en effet, que les plus belles signatures – amples esquisses enjolivées sur le nom du héros. Elle repose ainsi, et une fois de plus, le problème du cahier de *Notes* documentaire, conçu avant tout, par l'auteur, comme oeuvre d'art, intime certes, mais placée au même niveau d'achèvement esthétique que le roman lui-même.

En fait, ce qui paraît beaucoup plus significatif que les notes, ce sont ces "marginalia" très particulières dont l'auteur s'est plu, à la relecture, à agrémenter son cahier. Elles comblent le verso vierge des pages de notes et, par leur ampleur, prennent le dessus du texte primitif du cahier. Notes autographes circonstancielles abondantes, au verso de pages numérotées de la main de l'auteur, et qui apportent des précisions du moment (années 1960-1970), et mettent en parallèle Zénon à Marguerite. Ainsi, réfléchissant à la mort de Zénon, Marguerite Yourcenar, par analogie, s'exprime sur la mort lente de Grace Frick, sa compagne décédée en 1979, et s'épanche sur la tristesse de cette fin. Les marginalia entretiennent ainsi un rapport spécifique avec ces notes documentaires. En marge du manuscrit, elles auraient pu modifier les énoncés, par cette possibilité de reprises et de corrections qu'apporte l'ajout. Mais ici, dans ce cahier de *Notes,* elles servent d'abord à répondre, à dialoguer avec le temps. Ci-dessous, un tableau synoptique clarifie l'interaction entre texte des marges et texte des notes:

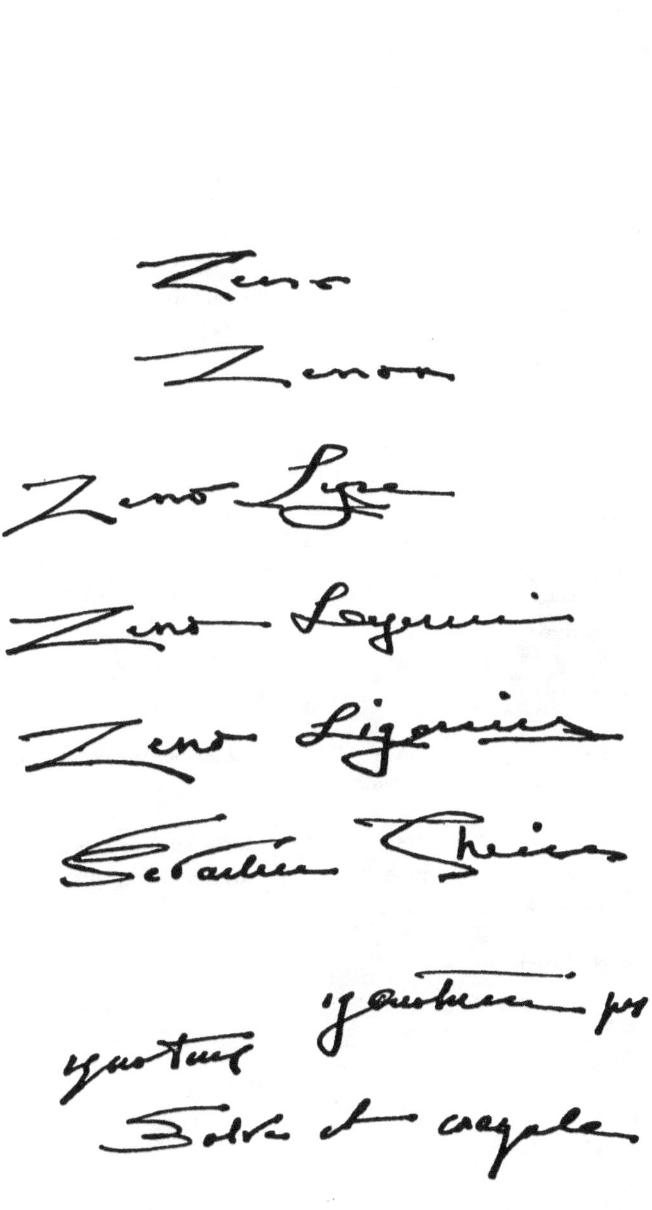

45

Illustration 3. Cahier de *Notes* de *L'Oeuvre au noir*.
"By permission of The Houghton Library"

Marginalia Page de gauche (verso)	Thème commun Pages	Texte des notes Page de droite (recto)
visite de Bruges	23/24 Bruges	référence géographique: Bruges
1. le destin de Zénon et du Prieur lié à l'auteur 2. Boutique Salzbourg 3. vision du Prieur	46/47 Destins Salzbourg	Destins: embranchements
1. esprits du 16ème 2. invocation à Zénon 3. le personnage est indestructible	48/49 construction du personnage de Zénon	EBAUCHE: conversations Campanus/Zénon
conversation	51/52	conversations
1. image sombre de l'actualité 2. nuits blanches 3. vie immobile de Marg. 4. prison de Marguerite 5. l'obsession de la maladie (Grace)	52/53 maladie/ mort	Maladies de Zénon
Importance de l'être inventé	56/57 le personnage	Réflexions sur Zénon
1. vision de la conversation Zénon/chanoine en 1958 2. Nathanaël vu et composé en une nuit 3. vision de Zénon à Fayence en 1954 4. "vision" n'est pas "hallucination"	57/58 vision	Réflexions sur Zénon méthodes de genèse
1. vision des gestes du personnage	58/59 vision	Zénon
1. Campanus = prêtre réel 2. père de Marguerite = Henri-Maximilien 3. Zénon séduit 4. Wiwine séduite	61/62 personnages réel séduction	Table des matières événements et pers.

Marginalia Page de gauche (verso)	Thème commun Pages	Texte des notes Page de droite (recto)
La chanson de l'aventurier Henri-Maximilien	71/72 Henri- Maximilien	caractérisation des autres personnages Henri-Maximilien
"J'ai vu Campanella songer dans la torture"	81/82 Campanella	Procès – Campanella
1. suicide – poème de Guiliano di Medici 2. commentaire sur suicide Mishima-Montherlant	89/90 Suicide	Campanella – réflexions sur la résurrection
couvent réel/couvent de Zénon	94/95 vie monastique	moeurs des moines (Campanella)
Symboles alchimiques	107/108 Alchimie	Paracelse
Sources de l'épisode de la sorcière brûlée vive	121/122 sorcellerie	liste illustrations photo "History of Magic" (Jung)
origines famille Ligre	127/128 Magie	Science et Magie
La conversion de Zénon	160/161 évolution	Comparaison entre Hadrien/Zénon
réflexion sur l'homosexualité	161/162 sexualité	Comparaison sexualité des pers.
méditations bouddhiques de Zénon	162 (bis) métaphysique/ rationalisme	Hadrien = rationnel Zénon = contre la communication
symbole archétypal de la mort: "voir resplendir le soleil de minuit" (Apulée)	162/163 archétypes	Zénon comparé à ses archétypes: Vinci, Montaigne, Bruno, Campanella, Giordano
1. Réflexions sur suicide de Zénon 2. Hadrien mourant regarde vers son passé	163/164 les diverses manières de mourir	Analyse de Zénon

Marginalia Page de gauche (verso)	Thème commun Pages	Texte des notes Page de droite (recto)
3. Le suicide: Zénon, Mishima, Montherlant		
Expériences et jugement	169/170 Expérience et réflexions	Préface de 1960 réflexions sur réel et imaginaire

Ainsi, à la limite du texte et du moi, ces marginalia non seulement entretiennent un dialogue temporel, mais encore traduisent la maîtrise auctoriale sur un texte antérieur. Une relation subtile apparaît entre ces notes et ces marginalia et le texte marginal devient le texte fondamental de cette genèse. Ces marginalia qui truffent ce cahier, s'apparentent alors aux notes d'un journal secret, révélé après genèse. De la maladie du Prieur à celle de Grace Frick, de la vie immobile du héros à celle de Marguerite, un réseau subtil de correspondances se dessine entre le présent et le passé, la fiction et la réalité. Ce métadiscours des marginalia éclaircit donc le processus de recherche du cahier de notes, supplée à l'énoncé romanesque, en s'affirmant comme un autre discours – et problématise ainsi la véracité du récit. Car étant le lieu de l'altérité et du fantasme, ces marginalia transgressent l'apport documentaire. Le discours de fiction se métamorphose alors en autobiographie. Complément caché de la fiction, ces notes illustrent le dédoublement auctorial et prennent donc une autre forme: réflexion sur la personne – espace à partir duquel se forge le sens profond de la fiction. Enfin, ces marginalia sont aussi commentaire d'écriture. Mais là encore, cette conscience aiguë de l'écrivain d'être lu après sa mort, le pousse à interpeller l'allocutaire – en l'occurence le lecteur implicite. Ce sentiment d'écrire ces notes pour un lecteur posthume se manifeste d'autant plus que l'auteur, agacé, en vient à interpeller vivement l'allocutaire, dans le corpus des marginalia, et l'insulte même. Ainsi, après avoir confessé qu'elle s'endormait fréquemment en tenant la main de Zénon, Marguerite Yourcenar s'inquiète et décide de prendre à parti le lecteur implicite afin qu'il ne se livre pas à une entreprise de détournement de sens: "Ajoutons tout de suite pour les imbéciles qui liraient cette note que s'il m'est arrivé souvent de regarder un personnage faire l'amour (et parfois avec un certain plaisir charnel de ma part) il ne m'est jamais arrivé de m'imaginer m'unissant à eux. On ne couche pas avec une partie de soi-même" (*Notes ON*, verso de la page 58; reprise dans la *NRF*, sept 1990, 51). Pressentant et devançant les pensées malignes du narrataire hypothétique, le narrateur prend ainsi ses distances, et manipule bien son allocutaire invisible en l'agressant. Ces marginalia sont donc des clausules du texte antérieur, point final de la genèse. Mais elles s'apparentent aussi à une entreprise de mystification puisque ces pensées intimes que nous livre l'auteur sont constamment soumises à son auto-censure, à travers le temps, par delà les barrières qui séparent la vie de la mort.

C. *"Sources II"*

Dialogue avec le temps, dialogue avec le lecteur, la quête génétique ne s'arrête cependant pas aux marges. Car le fonds Harvard comporte aussi d'autres sources, indirectes, mais qui peuvent suppléer à la mystification documentaire de *L'Oeuvre au noir*. Un carnet de notes, intitulé *Sources II*, et qui n'est pas répertorié dans les papiers de *L'Oeuvre au noir*, s'avère, en effet, particulièrement intéressant. Il se compose de notes (lectures et pensées) qui remontent au début de la genèse du roman en 1959 et s'achève en 1979.[10] Carnet fascinant puisqu'il permet d'appréhender l'évolution intime de l'auteur au fur et à mesure que s'élabore la genèse du récit – ainsi que ses résonances post-textuelles. Le processus alchimique y est ici particulièrement commenté ainsi que ses conséquences sur la conduite de l'écrivain: compréhension des phénomènes naturels que sont l'eau et l'air – et qui sont à la base de la ferveur écologique de l'auteur qui, dans "Méditations dans un jardin" (l'une des rubriques de *Sources II*), développe cette dialectique entre l'air et l'eau en avouant:

---

[10] A une enquête de Jacqueline Piatier du *Monde* (1982) sur la question: "Tenez-vous un journal intime?", Marguerite Yourcenar répond: "Comme presque tout le monde, à ce qu'il me semble... Ces textes ne sont absolument pas faits pour être publiés. Toute sincérité s'évanouirait si on croyait qu'ils pourraient l'être, et ils ne figureraient presque rien livrés sans commentaire au lecteur" (propos rapportés par Bétrice Didier dans: "Le lecteur du journal intime" (239-240). L'apport diaristique conservé à Harvard remet en cause cette affirmation auctoriale: Yourcenar pense bien à une éventualité de relecture puisque dans ses notes et carnets elle s'adresse fréquemment au lecteur virtuel.

> Rien ne m'a plus aidé à comprendre les phénomènes naturels que les deux signes hermétiques qui signifient l'air et l'eau... L'arbre, gonflé de sève aquatique monte néanmoins au ciel comme une flamme; il est flamme verte avant de finir un jour, flamme rouge, dans les cheminées, les incendies de forêts, et les bûchers. Il appartient au monde des formes qui s'élèvent comme à celui des formes, qui laissées à elles-mêmes, retombent vers le sol. (*Sources II,* carnet sans pagination)

C'est cette même image de l'arbre philosophique, symbole de dissolution et de renaissance, qui sera réactivée plus tard, dans la composition du Labyrinthe du monde. En regard de ces commentaires sur l'alchimie, un examen du spiritisme permet à l'écrivain de conclure à la disparité des deux démarches: alchimie/spiritisme. L'alchimie se concentre sur la rupture entre le psychologique et le cosmologique pour s'étendre au monde, alors que l'exemple de "sorcellerie" étudié (l'élément comparatif est Mary-Ann Atwood, "magicienne" du dix-neuvième siècle) permet de comprendre que le spiritisme agit sur les autres tout en isolant le sujet de la vie intellectuelle et communautaire:

> Tout cela (le spiritisme) n'a presque rien à voir avec l'alchimie proprement dite. L'alchimiste a beau être l'un des sujets de sa propre expérience, le mérite de ses vues est de s'étendre à la matière même du monde, et c'est par la rupture des barrières entre le psychologique (ou le moral) et le cosmologique que la méthode alchimique est révolutionnaire. De plus, contrairement au magicien et au mesmemiseur, l'alchimiste n'exerce pas d'influence sur autrui et ne se cherche même pas de disciples. Par définition, il est seul. (*Sources II*)

Pourtant, juste avant ces quelques lignes de commentaire, l'écrivain se comparait à Mary-Ann Atwood et avouait les similitudes existant entre elle et la "magicienne"...

Mais ce classeur: *Sources II* peut aussi se lire comme un journal intime, comme les vestiges étoffés des livres de raison ancestraux que l'on tenait encore aux siècles précédents pour préserver les événements importants de la cellule familiale. L'écriture diaristique que transcrit ce carnet, composé pendant et après la genèse de *L'Oeuvre au noir,* correspond alors à des périodes cruciales de l'auteur au cours desquelles ce dernier remet en question son travail ou sa vie, médite sur ses lectures (Evola, *Le Vijnana Bhairava,* tantra cachemirien; *The Practice of Zen*) et ainsi progresse vers la sagesse. En s'aidant du carnet: *Sources II* et des "marginalia" du cahier de *Notes* de *L'Oeuvre au noir,* on est à même de reconstruire tout l'itinéraire spirituel du scripteur, progressant vers une certaine sérénité, vers une certaine sagesse. Le diariste utilise donc ce procédé de notations afin de proposer un échafaudage mental de l'être. Il cherche aussi à dépasser cette construction du moi afin d'aller vers l'autre. A la recherche d'un passé, Marguerite Yourcenar substitue alors l'éternel. Et par ce geste de communion avec ce passé dit éternel, elle renoue ses liens avec le monde alors que la démarche initiale de l'écriture du journal (repliement sur soi) allait à l'encontre de ce résultat. Construction du moi donc; mais aussi construction du monde par un travail qui s'avère d'autant plus profitable qu'il permet à l'auteur non seulement de mieux percevoir mais encore de dépasser le passé sur lequel s'effectue l'enquête. Marguerite Yourcenar s'interroge alors sur les liens affectifs qui l'unissent aux êtres. L'amour, cristallisé, tout au long de ces carnets, en un discours codé, initiatique, s'affirme comme étape majeure de cette recherche.

Cet amour, cet "unio mystica", Yourcenar l'appréhende dans sa différence – d'où son sacré. Différence puisque relisant ses notes critiques sur Evola en vue de la reconstitution de *L'Oeuvre au noir,* elle souligne curieusement: "Au moins, dans l'immense majorité des cas, la femme ne semble pas posséder d'érotisme propre" (*Sources II*). Elle inaugure, dans "Méditations dans un jardin", une nouvelle signification de l'amour: l'amour sacré. Reprenant les idées qu'elle donna à Zénon, Marguerite fait un voeu:

> Souhaits
> Je souhaiterais vivre dans un monde
> – où la sexualité sous toutes ses formes serait tenue pour sacrée, quelque part nécessairement située au plus haut degré du sacré.
> (*Sources II,* "Méditations dans un jardin")

Mais, au fil du temps et des notes, la conception yourcenarienne de l'amour se transforme. Car sur ces carnets, et ces marginalia, si l'écrivain consigne le sacré de cet amour, il y consigne aussi sa mort. Le diariste perçoit le temps physiologique et l'écrit. Et de même qu'il dévoile cet amour prohibé, il date et commémore la mort de l'être aimé – lui conférant une sorte d'éternité immobile. Ainsi,

Marguerite Yourcenar ira jusqu'à retracer dans "Réalités" (l'un des épisodes de *Sources II*), dans des réflexions datant des années 1970, certains épisode cruciaux de la mort de Grace Frick. L'écrivain abolit alors les distances, et, en deçà de la mort, installe sa tendresse dans l'éternité:

> Il est vrai que certains signes physiques m'indiquent que le temps n'est sûrement pas loin où je m'en irai moi-même. J'ai toujours aimé imaginer le moment qui suit immédiatement ma mort comme celui où pour un instant, une heure, un siècle, on se retrouve en *parfaite* plénitude avec ceux qu'on aimait... (11 déc. 1974). *(Sources II)*

Ainsi, du secret au sacré, Marguerite Yourcenar parvient peu à peu – et suivant l'exemple de Zénon – à cet état de paix mystique, en accord avec la vie, en accord avec la mort. Et c'est bien l'étude documentaire, en vue de l'écriture de *L'Oeuvre au noir,* qui est à l'origine de cette évolution manifeste du scripteur dans sa relation au monde. Cette complétude devient alors un état de vie constant; et le moi dispersé devient un, totalité avec le monde. Dans "La Poursuite de la sagesse" – épisode qui étaye les *Sources II* de 1973 – et dont elle reprendra les préceptes dans *La Voix des choses* – Marguerite Yourcenar ira jusqu'à incanter une prière bouddhique par laquelle elle cherchera à triompher de ses défauts et à sauver toutes les créatures de l'univers. Ces préceptes impliquent aussi l'activité créatrice permettant de comprendre combien, pour Marguerite Yourcenar, écrire ce journal, élaborer et parfaire *L'Oeuvre au noir,* c'est moins entreprendre un travail physique et mécanique qu'une plus grande union avec les êtres et les choses qui nous entourent. L'auteur constatera enfin, dans ses *Notes à L'Oeuvre au noir,* la "grande sagesse" (166) qui consiste à refaire ses livres afin de perfectionner le monde: *Mémoires d'Hadrien* devient ainsi une méditation sur l'histoire; quant au roman de *L'Oeuvre au noir,* il présuppose "la croyance en l'unité fondamentale de l'humain" (*Notes* ON, 169) pour "déboucher sur un temps où n'est pas l'homme" (169).

Ce carnet et ces marginalia traduisent donc bien progressivement cette disponibilité constante de l'écrivain, lui permettant de s'ouvrir non seulement aux humains mais encore à l'ensemble du cosmos. Les animaux traceront alors, sur le chemin de la vie de l'écrivain, une route commune.[11] Ils prendront une place tout aussi importante que celle des humains ou des personnages romanesques. Ainsi, pleurant en marginalia du manuscrit de *L'Oeuvre au noir* la mort de sa petite chienne Valentine, Marguerite la comparait déjà à Idelette, à Zénon et à Hilzonde:

> En 1971, j'ai refait dans les rues de Bruges chacune des allées et venues de Zénon. Comment, par exemple, il variait son itinéraire pour se rendre à la forge pour y soigner Han. A quel point se trouvait l'auberge où il prenait ses repas. A quel angle de rue il a vu passer Idelette prisonnière. Promenade du matin, tout un mois d'avril, parfois au soleil, plus souvent sous la brume ou la pluie fine. Et avec moi Valentine la belle, la douce, la blonde, celle qui aboyait avec force contre les chevaux (et je l'en empêchais), celle qui courait joyeusement dans la cour du Grunthuse, celle qui bondissait dans le jardin du Béguinage parmi les jonquilles – et maintenant (six mois plus tard – 3 octobre 1971) aussi morte qu'Idelette, que Zénon, qu'Hilzonde. Et personne ne me comprendra si je dis que je ne m'en consolerai jamais, pas plus que d'une mort humaine. (NRF, Sept 1990, 45; *Notes* ON, 23 verso)

Ainsi, la progression que l'on peut observer à partir de ce carnet et des marginalia laisse apparaître combien, en fin de compte, c'est l'attention continue aux choses qui permet d'accéder à la contemplation – puis à la sagesse. Dans l'encart de la page 75 du cahier de Notes, comprenant d'autres notes de relecture, Marguerite Yourcenar explicite le procesus contemplatif en prenant pour référence une citation de Gide: "Gide a dit, par exception, quelque chose de profond dans Les Nourritures terrestres quand il a dit: 'Le sage est celui qui s'émeut pour des prunes'". Puis elle ajoute: "Avoir le courage de montrer un personnage qui s'absorbe dans une contemplation épuisante, et presque sacrée des prunes ou leurs équivalents. Montrer combien lentement et irréversiblement un esprit s'aperçoit de l'étrangeté des choses" (*Notes* ON, 75). C'est bien cette prise de conscience de la composition de l'univers qui permet d'atteindre à

---

[11] N'oublions pas que Marguerite Yourcenar songeait à écrire un ouvrage intitulé: "Paysage avec les animaux" et dont elle fit passer l'essentiel dans "Le Labyrinthe du monde".

l'état contemplatif parfait – un état qui n'est pas sans ressembler à l'"instase" de Zénon. [12]

En conclusion, notons combien au besoin apographique (qui était à l'origine du cahier de *Notes*) se conjugue un besoin diaristique – besoin qui prend le pas sur la recherche: marginalia qui sont le reflet de la pensée sur le texte; carnet qui transcrit les motivations intimes de l'écriture. Certes, les *Mémoires d'Hadrien* avait déjà offert un "carnet de bord" des plus suggestifs. Mais c'est ici, dans la conception de *L'Oeuvre au noir* que l'écrivain atteint la démesure: démesurées, les recherches picturales sur l'époque; délirantes, les fouilles généalogiques du nom; grandioses, les prises de notes diaristiques, pistes exploratoires, manifestant l'évolution du sujet écrivant, mais aussi se donnant pour vérité, fondement du texte de fiction. Ainsi se rend-on compte, à travers ces archives, des répercutions profondes de cette immense étude du XVIème siècle sur le moi profond de l'auteur. Le prénom de Zénon n'est donc pas sans importance puisqu'il s'associe au sujet écrivant et expose dans toute son ambiguïté le problème de la créativité et de la mystification. Certes, la narration est fictive; mais le héros, quant à lui, a bien existé – la preuve en est de son prénom – et bien que le scripteur reconstruise sa vie à partir de bases fictives. Le référent pose alors problème: si une première approche permet d'aborder *L'Oeuvre au noir* comme une reconstitution fictive, l'examen des archives du roman nécessite une réévaluation de cette combinatoire toute fictionnelle. Le héros a un prénom réel: /v/; et le narrateur se met peu à peu en contact avec ce personnage /f/ qui devient réel /v/. Mais ce narrateur change: car de position énonciatrice, le scripteur est devenu lecteur, et par cette abondance des marginalia, a pris alors en charge le texte écrit en provoquant un commentaire sur le moi. Alors, ce n'est plus vraiment une fiction que nous lisons puisque cette quête de Zénon est aussi celle de Marguerite. Et c'est le manuscrit inachevé de *Quoi? L'Eternité* qui, glorifiant la mystification auctoriale, va enfin permettre de cerner cette quête véritable, quête autobiographique.

---

[12] C'est aussi ce que Mieke Taat nomme: "Le dé-lire": franchir le pas de la documentation d'historien pour passer à un état de méditation dont l'investissement émotif rapproche Marguerite Yourcenar du mystique d'antan.

BIBLIOGRAPHIE DU CHAPITRE 4

Andersson, Kajsa. *Le "Don sombre": le thème de la mort dans quatre romans de Marguerite Yourcenar.* Suède: Acta Universitatis Uppsalieusis, 1989.
Boussuges, Madeleine. *Marguerite Yourcenar. Sagesse et Mystique.* Grenoble: Ed. Cahiers de L'Alpe. Société des Ecrivains Dauphinois, 1987.
Bjurström, Carl-Gustav. "Marguerite Yourcenar parle de *L'Oeuvre au noir*". *La Quinzaine littéraire,* 16 septembre 1968: 4-5.
Didier, Bétrice. "Le Lecteur de journal intime". *La Lecture Littéraire* (1987): 229-255.
Gaède, Edouard. *Genèse et signification de L'Oeuvre au noir.* Dissertation. ms., Harvard papers.
Jung, C. G. *Psychology and Alchemy.* Princeton: Princeton U. Press, 1967.
———. *Alchemical Studies.* Princeton: Princeton U. Press, 1967.
Lépinette, Brigitte. "Procédés scripturaux dans 'L'Oeuvre au noir'". *Marguerite Yourcenar. Une écriture de la mémoire. Sud* (1990): 115-125.
Neef, Jacques. "L'imaginaire des documents". *Romans d'Archives.* (Lille: Presses Universitaires de Lille, 1987), 175-189.
Pageaux, Daniel-Henri. "Présence de l'histoire, histoire présente dans 'L'Oeuvre au noir' de Marguerite Yourcenar". Dappim *Research in Literature* 2 (1987): 60-73.
Smith, Paul. "Zénon à la croisée des chemins". *Recherches sur l'oeuvre de Marguerite Yourcenar.* (Université de Leyde, C.R.I.N., 1983) 97-119.
Soulès, Claude. "La Promenade sur la dune". *Roman 20/50.* n° 9 (mai 1990): 95-108.
Spencer-Noël, Geneviève. *Zénon ou le thème de l'alchimie dans L'Oeuvre au noir de Marguerite Yourcenar.* Paris: Nizet, 1981.
Taat, Mieke. "Lire et délire: Marguerite Yourcenar". *Marguerite Yourcenar. Une écriture de la mémoire. Sud* (1990): 165-175.
Yourcenar, Marguerite. "Carnets de notes de 'L'Oeuvre au noir'". *La Nouvelle Revue Française* (septembre 1990): 40-43.
———. "Carnets de notes de 'L'Oeuvre au noir'". *La Nouvelle Revue Française-* (octobre 1990): 54-67.
———. "Radioscopie avec Jacques Chancel". 11 juin 1979. France Inter.
———. "Ton et langage dans le roman historique". *La Nouvelle Revue Française* (octobre 1972): 110-123.

CHAPITRE 5

LES MANUSCRITS INACHEVÉS

Le changement de rôle du scripteur au lecteur que trahissent les "marginalia" du cahier de *Notes* de *L'Oeuvre au noir* est fondamental puisqu'il permet de comprendre la progession effectuée par l'auteur face à l'instance narrative. En effet, ce passage de l'écriture à la lecture (déjà présent dans le "Carnet de notes" d'Hadrien, mais magnifié par les "marginalia" de *L'Oeuvre au noir*) génère un nouveau processus d'écriture – démarche autobiographique amorcée par les deux premiers volumes du tryptique du "Labyrinthe du monde" et consacrée par la parution (posthume) du dernier volume: *Quoi? L'Eternité*.

C'est en effet après avoir achevé la rédaction de *L'Oeuvre au noir*, déjà quête des origines par la recherche généalogique qu'elle nécessitait, que Marguerite Yourcenar se tourne vers une narration plus personnelle en mettant en scène, dans le premier volet du "Labyrinthe du monde", la branche maternelle (*Souvenirs pieux*, 1974); puis dans un second volet de 1977, les ancêtres paternels (*Archives du Nord*); et enfin, dans un troisième et dernier volume, les aventures du moi (*Quoi? L'Eternité*, 1988). La critique a déjà abondamment discuté cette fausse démarche autobiographique.[1] Quant aux archives utilisées par l'auteur afin de reconstruire ce passé maternel et paternel, elles ont, elles aussi, été parfois contes-

---

[1] Voir à ce sujet la démonstration de Sjef Houppermans qui dans "L'être dans le temps (Yourcenar autobiographe) traite *Souvenirs pieux* et *Archives du Nord* comme des "homobiographies" (224). Maria Cavazzuti, quant à elle, parle du "Labyrinthe du monde" comme d'une "cosmologie" (259). Enfin, dans notre article: "Le Succès Yourcenar: vérité et mystification", nous considérons Souvenirs pieux comme une "altergraphie" et Archives du Nord comme une "cosmographie" (795).

tées. ² Tout un matériau d'archives (pièces officielles, renseignements généalogiques, livres de raison, correspondance avec les survivants de la lignée) a en effet été consulté, épluché, et étudié en détails afin de constituer ces trois tomes du Labyrinthe. Le fonds Harvard comprend deux dossiers intéressants pour le biographe: un premier, intitulé: "Mont-Noir" – correspondance qui a trait à la création d'un parc naturel sur le lieu d'enfance de l'auteur; le second, comprenant la correspondance avec les Crayencour et qui a contribué à étayer cette recherche généalogique. Les manuscrits de *Souvenirs pieux* et d'*Archives du Nord* sont malgré tout fort décevants puisque ce ne sont que des copies dactylographiées fort soignées, et ne présentent pas de modifications. Mais l'auteur a laissé au lecteur une ébauche primitive du "Labyrinthe du Monde" qui rend possible une étude en deux étapes; version de premier jet; version finale (il n'existe malheureusement pas d'autre étape de brouillon à Harvard). Il va aussi de soi que toutes les archives léguées à Harvard ont été triées: pages déchirées, manquantes, qui scellent à jamais les progrès de la genèse: ainsi les 42 premières pages de cette ébauche qui en comprend 105 (pagination de l'auteur) ont été déchirées, donc supprimées au regard indiscret. L'ébauche ne débute donc qu'à la page 43! Marguerite Yourcenar n'a pas non plus éprouvé la nécessité de laisser au lecteur de manuscrits plusieurs strates de réécriture, plusieurs ébauches. Il paraît alors cohérent de laisser de côté les premières et secondes parties du "Labyrinthe du monde" (dont les manuscrits ne présentent guère d'intérêt) et de focaliser l'attention sur le troisième et dernier volet autographe de ce tryptique: *Quoi? L'Eternité.* Non seulement cet avant-texte s'avère beaucoup plus riche que les deux manuscrits précédents, par son caractère autographe et par l'ébauche primitive qui nous est laissée (et qui concerne presqu'entièrement *Quoi? L'Eternité*), mais encore il présente une caractéristique fascinante: l'inachevé. C'est en fait à une lecture génétique de l'interrompu que nous convie le dernier manuscrit autographe – avant-texte qui sera mis en parallèle, dans l'étude qui suit, à un autre manuscrit inachevé de Marguerite Yourcenar, antérieur à *Quoi? L'Eternité* et intitulé: "Chapitres d'un livre inachevé – écrits entre 1930-1938", conservé, lui aussi, dans les archives d'Harvard.

---

² Michel Brix dans: "Sur un passage difficile de *Souvenirs pieux*" s'interroge sur l'oubli (volontaire?), dans la généalogie maternelle, de Pierre de Cartier de Marchienne, né en 1909, et dont l'auteur tait l'existence (28-31).

C'est en effet entre cette première interruption concertée, voulue par l'auteur, et la seconde, dont la mort du scripteur différa à jamais l'achèvement, que toute une poétique de l'inachevé se fait jour, s'affirmant comme l'un des motifs constants du processus de genèse yourcenarien. Cette interruption textuelle se doit d'être conçue de deux manières: soit qu'il s'agisse d'un problème interne au locuteur: le scripteur rencontre des difficultés qui le dépassent dans l'agencement de son récit; soit qu'il s'agisse d'un problème faisant intervenir l'instance du co-locuteur. Ainsi, dans le premier manuscrit des années 1930, la chronologie de La Pléiade nous dit que le projet était trop ambitieux et exigeait de telles recherches que l'auteur se vit contraint à abandonner son projet. Dans le second manuscrit inachevé: *Quoi? L'Eternité,* c'est le problème d'exposer au lecteur une vie que l'on désire en fait occulter qui pousse le scripteur à différer jusqu'à la fin du troisième volume du Labyrinthe la narration de sa propre vie – vie qui sera ainsi différée à jamais par la mort du scripteur même.

Ainsi, ce motif de l'interruption, central dans une étude génétique, peut avoir plusieurs sources: le scripteur engage son récit dans une seule direction et cherche ainsi à bloquer les diverses lectures du co-locuteur – d'où l'inachevé de *Quoi? L'Eternité* (car comment parler de soi en maîtrisant totalement la lecture?); ou bien l'auteur se bloque devant l'ampleur des recherches à effectuer afin d'écrire le livre de 1930 (une vie suffirait-elle à rédiger un recueil comprenant les divers types humains à travers les siècles?). Enfin, derrière cette conception de l'inachevé, se cache toute l'intention téléologique perfectisante de Marguerite Yourcenar, retouchant, annulant les versions primitives, et les ouvrages antérieurs. De là, l'interrogation de Julien Gracq dans *En lisant, en écrivant,* prend tout son sens, lorsqu'à l'interrogation du: "Pourquoi écrit-on?", il ajoute: "...c'est plutôt le fait de cesser d'écrire qui mérite d'intriguer" (145). Cesser d'écrire peut en effet marquer un échec: comment écrire une épopée à travers les siècles (1930)? Comment conclure sa vie (1987)? A ce péril (la conclure mal), l'auteur ajoute une course contre la mort. C'est donc une démarche contrastive que va suivre cette étude de l'inachèvement – inachèvement qui s'avère une nécessité de l'écriture yourcenarienne progressant des débuts fictionnels (*Nouvelles orientales:* /fff/) et remontant à la vérité de l'autobiographie (*Quoi? L'Eternité:* /vvv/) – sans jamais pouvoir atteindre le vrai. Ainsi, c'est l'étude génétique de l'inachèvement qui permettra de comprendre pleinement le processus de l'écriture. Que les fragments soient abandonnés (problème esthétique) ou que cette interruption soit concertée, voulue, aménagée, c'est toute une conception de la genèse qui est ainsi transcrite et que révèle la pratique de l'inachèvement.

I. L'INTERRUPTION DES ANNÉES TRENTE: "CHAPITRES D'UN LIVRE INACHEVÉ"

Si ces "Chapitres d'un livre inachevé" ont, à priori, de quoi intriguer le lecteur par leur titre, un examen plus précis permet cependant de constater qu'il ne s'agit pas de manuscrits inédits, et que l'auteur eût réservés pour la postérité, mais bien de trois chapitres d'un livre qui furent publiés séparément, comme trois essais autonomes au cours des années trente. Ces trois essais viennent d'ailleurs d'être republiés dans le second volume de La Pléiade: *Essais et mémoires*. C'est en effet en 1927 que Marguerite Yourcenar amorce la rédaction d'un volume comprenant différents types humains à travers les siècles. Elle commence par une description du "héros" donnant naissance à un premier essai – essai qui sera publié en août 1930 par *La Revue de Genève* sous le titre: "La Symphonie héroïque". Cet essai devait constituer le chapitre premier de ce livre (les notes autographes que comporte le manuscrit en font foi). Mais Marguerite n'offre ici qu'une épreuve dactylographiée annotée du manuscrit. Deux éléments sont néanmoins notables et capitaux pour la suite de notre étude: d'une part, l'auteur remarque la rigidité des noms propres: "Les noms propres, partout, sont des limitateurs" (130). Elle souligne ainsi le choix de son pseudonyme – Yourcenar – par des justifications qu'elle reprendra dans son ultime recueil d'essais (posthume) du *Tour de la Prison*. La mobilité du nom s'allie à la mobilité spatiale qui est le propre de l'inachevé:

> Tout moment est dernier parce qu'il est unique. Chez le voyageur, cette perception s'aiguise par l'absence des routines fallacieusement rassurantes propres au sédentaire, qui font croire que l'existence pour un temps restera ce qu'elle est. La nuit d'avant sa mort, Bashô griffonna quelques lignes inachevées qui n'étaient pas à proprement parler le rituel "dernier poème"; mais ses disciples déçus durent s'en contenter. Il s'y montrait errant en rêve

sur une lande automnale. Le voyage continuait. (*Le Tour de la Prison*, 17)

L'inachèvement est donc déjà, pour Marguerite, à cette époque, un concept positif qui va de pair avec l'amélioration, d'où la recherche perfectisante. Ce n'est donc pas l'inachèvement qui est échec, mais l'achèvement. Commentant plus loin, dans ce même texte: "La Symphonie héroïque", l'amour de Tristan, le détournant de sa route héroïque, l'auteur conclut: "Il (l'amour de Tristan) tend à la mort, mais comme à son achèvement et à son intégration... Cet amour se suffit, parce qu'il existe, et tend au néant, parce qu'il est d'avance accompli" ("La Symphonie héroïque", 140). D'où la dialectique subtile qui se dégage de ces réflexions auctoriales: mort et achèvements son liés; vie et inachèvement vont de pair – comme si l'abandon d'écrire cette grande fresque des types humains était déjà inscrit dans ce texte premier et justifié par ces quelques lignes initiales. L'interruption est donc perçue comme positive, victoire sur l'écriture, victoire sur la mort. Enfin, il est à noter que la forme même de ce texte est problématique: est-ce le premier chapitre d'un roman (introduction générale avant l'illustration anecdotique)? Ou bien ce livre sera-t-il une série d'essais se rapprochant plus du commentaire général que d'une étude précise? Inclassable, ce genre d'ouvrage ne pouvait donc trouver un grand succès auprès du public en veine de fiction ou d'analyses critiques précises. On comprend ainsi sans mal que ce type de livre ait été abandonné. Mais à mi-chemin de l'essai mythologique ou sociologique et du commentaire personnel (aphorismes), ce texte trouble par sa densité (densité de l'information) et par son inconsistance (la pensée travaille par oppositions et digressions, et l'idée-force n'est pas toujours respectée). L'examen de cette "Symphonie héroïque" n'est donc pas négligeable; car abandonnée, occultée, elle pourra être réinvestie quarante cinq années plus tard dans "Le Labyrinthe du monde". D'une part, l'auteur remontera en effet jusqu'à la création du monde afin de retrouver la trace de ses ancêtres paternels:

> Mais déjà, et un peu partout, l'homme encore clairsemé, furtif, dérangé parfois par les dernières poussées de glaciers tout proches, et qui n'a laissé que peu de traces dans cette terre sans cavernes et sans rochers. (*AN*, 8)

De l'autre, la notion d'héroïsme sera réactivée dans *Quoi? L'Eternité* par la description de ces "hommes du silence": l'abbé Lemire, Albert Premier, l'Amiral Byrd. Car enfin, du héros imaginaire à l'homme des cavernes, de la mythologie à l'histoire, un passage va s'opérer que les dernières lignes de "La Symphonie héroïque" résumaient déjà en ces termes:

> Si rien n'aboutit à quelque chose, il arrive parfois que tout aboutisse à quelqu'un. Il est permis de se dire qu'une douzaine, au plus, de destinées aussi vaines que belles, et qui peut-être n'eurent jamais lieu, suffisent pour justifier l'histoire. ("La Symphonie héroïque", 143)

Un autre chapitre de ce livre abandonné – et jamais achevé – est l'"Essai de généalogie du saint" (qui fut publié en 1934 dans *La Revue bleue* et qui est repris à titre posthume dans le deuxième volume de La Pléiade). Etant donné qu'il s'agit de l'essai dans sa forme finale publiée (avec corrections autographes), le texte ne présente pas un grand intérêt génétique. Dans cette analyse de la sainteté où l'auteur compare la ferveur du saint à l'attitude du créateur dans l'art, mystique chrétienne et asiatique sont examinées. L'auteur qui met en parallèle saint, magicien et sage, en conclut: "Le saint tient le milieu entre le sorcier et le sage" (461). Enfin, discréditant la vie sainte, l'écrivain s'écarte définitivement du catholicisme de son enfance en dénonçant dans l'ellipse finale: "Même si l'universelle vacuité des cieux devient jamais incontestable ou justement à cause d'elle, le principal mérite du saint reste d'avoir inventé Dieu" (466). Comme nous le verrons plus loin, l'écrivain va réactiver cet essai dans "l'ébauche" de *Quoi? L'Eternité* où elle s'étendra longuement sur les saints.

Quant au chapitre III, ce n'est rien d'autre que "Le Changeur d'or" publié en 1932 dans la revue *Europe* (repris dans le second volume de La Pléiade). Yourcenar y développe un sujet qu'elle exploitera d'une manière beaucoup plus ample dans *L'Oeuvre au noir*: domaine de l'alchimie et du spiritisme. Mais cet intérêt pour le faiseur d'or – l'alchimiste – développé dans cet essai, sera subtilement contrecarré par l'épisode de la voyante extra-lucide de *Quoi? L'Eternité* – scène dans laquelle le locuteur émet les plus grandes réserves quant aux expériences spirituelles. L'auteur remettra ainsi en cause, in extremis, toutes ses réincarnations génétiques: Hadrien, Zénon, et brouillera, à plaisir, semble-t-il, les pistes de la vérité. Ce manuscrit du "Changeur d'or" (autographe et dactylographié) présente cependant un intérêt certain. Une étude comparée du manuscrit et du texte publié permet de constater des suppressions considérables (pas toujours justifiées) mais aussi des changements stylistiques importants du manuscrit au texte final – caractéristiques du processus génétique yourcenarien. Les lexèmes supprimés révèlent la tension du scripteur pour lequel l'inachevé est une constante de l'écriture. Un effort de dénomination y est fait – effort toujours interrompu. En bref, le texte "ne marche pas" et les modifications subséquentes du texte en sont la preuve. Le début du texte offre, du reste, un bon exemple des obstacles créés par la rencontre des mots et de la pensée. La matière textuelle est ainsi forcée pour rendre compte de la meilleure représentation verbale:

Manuscrit (p. 25)	*Texte final* (p. 566)
Dans les [galeries de tableaux], [entre deux portraits de cardinaux vêtus de pourpre ou] d'hommes de guerre cuirassés, on rencontre [de temps à autre] [l'image] d'un homme modestement [habillé] d'étoffes sombres, au visage ridé comme une bourse ou fruste comme une pièce d'or usée. [Ce personnage mesquin est presque toujours muni d'une] balance, [moins toutefois comme d'un instrument qu'il utilise que comme d'un] attribut [qui nous permet de l'identifier]. Dans les allégories [officielles] la balance symbolise la Justice; [accompagnée du bandeau sur les yeux de la loi et du glaive des hautes-oeuvres, ce glaive que le vainqueur jette traditionnellement dans l'un des plateaux à l'heure des règlements de comptes qui suivent les victoires, elle sert à faire l'éloge, et peut-être aussi la satire de la justice humaine]; [Au Moyen Age], dans les *Pesées des Ages* au tympan des cathédrales, [une balance mystique entre les mains d'un archange symbolisait la justice de Dieu]. Mais il [ne] s'agit ici [que] d'une balance de changeur d'or.	Dans les \<musées d'art ancien\>, \<près des prélats drapés de rouge\> et des hommes de guerre cuirassés, on rencontre \<souvent\> \<le portrait\> d'un homme modestement \<vêtu\> d'étoffes sombres, au visage ridé comme une bourse ou fruste comme une pièce d'or usée. \<Nul\> attribut \<à l'exception d'une\> balance, \<ne le désigne à la sagacité des passants\>. Dans les allégories, la balance symbolise la Justice: \<il arrive parfois\> que dans l'un de ses plateaux on puisse jeter un glaive. Dans les *Pesées des Ames,* au tympan des cathédrales, elle oscille, fléau de diamant, entre de puissantes mains d'anges. Mais il s'agit ici d'une balance de changeur d'or.

Cet incipit, si péniblement engendré, illustre parfaitement la problématique de l'inachèvement aussi bien linguistique qu'esthétique. Car c'est le conflit du scripteur entre ce qu'il vise et la convention collective de l'écriture qui est là mise en jeu. Dans le manuscrit, les images n'en finissent pas de se disperser et perdent leur but initial. La version finale cherche à récuperer ce but dans un effort de concision et de précision métaphorique; mais elle a du mal à aboutir. Peut-être est-ce le ton du discours, pontifiant, qui est à blâmer. Ou peut-être est-ce le sujet même puisque le "changeur d'or" d'Holbein, sur lequel se fonde l'essai, réactive l'idée alchimique en décrivant le travail du chercheur d'or se résumant ainsi: "...l'obtention, à force de contention ou de ruse, d'un pouvoir occulte qui fasse échec à tous les autres" ("Le Changeur d'or", 571). C'est ce chapitre d'un livre abandonné qui inaugure aussi la recherche ultérieure de *L'Oeuvre au noir:* le scripteur s'attarde sur l'image du savant du "Melancolia" de Dürer – image occultée et ressurgissant deux ans plus tard dans le "D'après Dürer" de *La Mort conduit l'attelage.* Alors pourquoi ce blocage? Pourquoi cet abandon? Certes, l'auteur justifie cet inachèvement en prétextant le travail démesuré qu'eût nécessité l'élaboration entière de ce livre. Mais quand on songe à l'énorme labeur sur l'Antiquité que représenta la genèse d'Hadrien, ou le travail immense sur la Renaissance que réclama la rédaction de *L'Oeuvre au noir,* ou bien encore les recherches généalogiques paternelles et maternelles considérables qu'exigea l'écriture du "Labyrinthe du monde", on est en droit de s'interroger sur cette excuse de l'auteur en face de ces "Chapitres d'un livre inachevé". Cette instabilité auctoriale à finir son livre avant terme tient peut-être à la trop grande généralité du sujet. C'est donc dans le domaine de la fiction que l'équilibre pourra s'établir. Car dans ce livre trop éloigné des problèmes du moi, le texte ne peut progresser, et la scission entre texte et scripteur est fatale. Plus proche du moi, *Quoi? L'Eternité* l'est certainement. Mais l'oeuvre est, elle aussi, incomplète. C'est son interruption qui permet alors d'examiner l'autre facette de l'inachevé.

II. Autobiographie et inachevé

A) *"Les Voyages ensemble"*

Rédigé pendant la période de genèse de *Quoi? L'Eternité,* un petit carnet diaristique, lui aussi inachevé et conservé à Harvard, est un parfait exemple d'inachèvement. Mais, à l'encontre des "chapitres d'un manuscrit inachevé", ce n'est pas d'un inachèvement esthétique ou linguistique qu'il s'agit. Car l'interruption est plus intime, plus personnelle: en somme, c'est d'un inachèvement philosophique qu'il s'agit. Ce mince journal de Marguerite Yourcenar intitulé: "Les Voyages ensemble" propose des entrées du 23 février au 18 avril 1980. Dans un style fort laconique, Marguerite y dépeint l'hôtel où elle séjourne, la neige, le froid, la nature. L'auteur y est avare de détails sur la vie privée – comme si ce carnet intime était déjà réservé à la postérité. Ainsi l'entrée du 31 mars livre une série de notes qui rendent fort bien compte du climat d'ensemble: "Le cimetière de Somesville – le Torrent. Le bouleau malade. Joseph sorti de son sommeil d'hiver" (5). Et puis soudain, au moment où le récit devient plus privé, le discours s'interrompt sur ces lignes:

> 8 avril – Jerry repart pour New York.
> 12 avril – Jerry dans l'Arkansas.
> 18 avril – Téléphone de Jerry. (6)

Si les six pages de ce carnet interrompu n'ont pas une grande valeur littéraire ou biographique, elles sont néanmoins symboliques. Car leur interruption présage celle du grand voyage autobiographique de *Quoi? L'Eternité*, ultime manuscrit à la confession constamment différée.

B) *L'autobiographie au féminin*

Dans une lettre du 29 mars 1974, en réponse à Jean Chalon [3] qui remarquait dans la figure d'Octave Pirmez d'*Archives du Nord* des ressemblances frappantes avec Marguerite Yourcenar, cette dernière répondait:

> ...le livre ne contient ni "confessions" ni "aveux", surtout involontaires. Il se peut que j'écrive un jour un volume (un seul) sur ma propre vie, ou plutôt sur les personnes que j'ai connues et les événements auxquels j'ai assisté. Si je le fais (Deo volente), je sais d'avance que je n'y jouerai qu'un tout petit rôle.

---

[3] Lettre à Jean Chalon, 29 mars 1974. Correspondance, Harvard papers.

C'était déjà avouer ce que le volume de *Quoi? L'Eternité* ne serait pas: une autobiographie.[4] Tout le labyrinthe est d'ailleurs marqué par un manque: la présence du narrateur. Le moi du narrateur se dérobe sans cesse en retardant sa vie au profit de celle des autres: lignée maternelle dans le premier volume du "Labyrinthe du monde": *Souvenirs pieux;* ancêtres du père, dans le second volume d'*Archives du Nord;* reprise de la vie du père dans le dernier volume: *Quoi? L'Eternité.* Fuite du "je", caractéristique de l'écriture féminine nous assure Béatrice Didier:[5] laissant ainsi la place aux autres, la romancière prend des masques (Octave Pirmez en est un). Il est même possible de voir dans ce geste ce que la psychanalyse nomme "le problème de l'indifférence": nier la singularité sexuelle pour la noyer dans l'universel ne sert en fait qu'à énoncer son propre désir. C'est ce désir qui, selon Linda Stillman dans "Marguerite Yourcenar and The Phallacy of Indifference", est lié à la perte de la mère: "The desire to undo her mother's death leads Yourcenar to the denial of her own existence and thereby her responsability for that death" (265). Mais, par un réflexe d'irritation devant la découverte du public, l'auteur s'oblige à corriger ses lecteurs par des dénégations, déjà caractéristiques lors de la réception d'Hadrien. Pourtant, il s'agissait bien, à l'origine, d'affirmer son identité à tra-

---

[4] Refuser de parler de sa vie privée dans un récit autobiographique n'est pas neuf: avant d'entreprendre la rédaction d'*Histoire de ma vie,* George Sand avait déjà signifié qu'elle garderait des pans entiers de sa vie cachés au regard du lecteur. Simone de Beauvoir avait, elle aussi, prévenu ses lecteurs de la même manière avant de rédiger son "autobiographie". Il semble bien que cette entreprise d'occultation du moi dans le récit de vie soit une constante féminine. Nancy Miller explicite cette attitude de l'auteur féminin devant la démarche autobiographique en ces termes: "It is fair... to assume that while for all autobiographers already figures of public fiction there is a strong sense of responsability about speaking out, because, being known, they expect their words to have an impact, within a clearly defined readers circle, the female autobiographers know they are being read as women... The concern with notoriety then, functions as an additional grid or constraint placed upon the truth" (50). Si la dissimulation est présente dans l'autobiographie de Yourcenar, la démarche de l'auteur est néanmoins en contradiction avec le second élément de l'autobiographie féminine noté par Miller – la "féminitude", déterminant la différence et l'oppression: "To justify an unorthodox life by writing about it, however, is to reinscribe the original violation..." (50). Si l'attitude de Yourcenar dans son autobiographie, étrangère à la protestation, ne peut donc être décrite comme "féministe", elle reste cependant "féminine".

[5] Dans "Femme/ identité/ écriture", Béatrice Didier définit bien les principes de l'autobiographie féminine: la femme ne peut parler d'elle-même qu'en prenant un masque. Seul l'homme est à même de parler de sa vie passée en toute sincérité "virile".

vers l'écriture. Et c'est ce moi, constamment en fuite, que transcrivent ces trois volumes du Labyrinthe, différant à jamais la tâche périlleuse qui consiste à relater les aventures de la personnalité.

Déjà, le premier volume de ce labyrinthe bouleversait l'horizon d'attente du lecteur puisque l'embrayeur utilisé inversait les instances traditionnelles: "L'être que j'appelle moi vint au monde un certain lundi 8 juin 1903 à Bruxelles..." (SP, 11). Le "je" se cache derrière le "il" qui le remplace. Et au récit autodiégétique,[6] qui est généralement le propre des récits de vie, se substitue une voix homodiégétique qui remet en question le "Pacte"[7] autobiographique. Certes, l'auteur avait prévenu le lecteur dans des prises de position médiatiques antérieures à la rédaction du Labyrinthe. Ainsi, dans une interview accordée à *L'Express* en 1969 (10-16 février), elle annonçait déjà:

> Recourir au je? il se peut que je le fasse, si j'écris mes souvenirs, mais j'ai grand-peur de me tromper, d'être entraînée par les petits défauts habituels: trop parler de soi, se donner de l'importance.[8]

Se tromper, s'écarter de la vérité, tel est bien le souci constant de l'auteur lors de la rédaction de ce Labyrinthe. Le scripteur avoue, dans la genèse même de *Quoi? L'Eternité,* la difficulté de l'entreprise, et affirme combien la réfraction du réel par l'écriture est une illusion:

> Au cours d'une vie où j'ai souvent essayé de mettre le doigt sur certains faits, petits et grands de l'histoire, j'ai trop acquis la solide conviction que tout ce qui se dit ou s'écrit sur les événements du passé est en partie faux, toujours incomplet et toujours réarrangé, pour avoir eu l'envie, dans ce cas particulier, de m'at-

---

[6] C'est Gérard Genette qui dans *Figures III* distingue entre la voix autodiégétique (le narrateur et le personnage principal sont identiques) et la voix homodiégétique (le narrateur et le personnage principal ne sont pas identiques) – ceci dans un récit à la première personne.

[7] Nous nous appuyons ici sur les éléments du pacte autobiographique de Philippe Lejeune qui définit l'oeuvre autobiographique comme "un récit rétrospectif en prose qu'une personne réelle fait de sa propre existence mettant l'accent sur sa vie individuelle, en particulier sur l'histoire de sa personnalité" (14).

[8] Propos rapportés par Michèle Goslar dans son article sur "Le Labyrinthe du monde" (91).

tarder plus longtemps. Je me borne donc à transcrire ce qui était resté pour Michel un vivant souvenir partiellemant erroné sans doute lui aussi. (*Quoi*, 16)

Une opération déceptive s'engage ainsi, différant le moi et cédant la place au fictionnel. C'est donc d'un roman autobiographique qu'il s'agit, et non pas d'un récit, puisque l'auteur s'appuie, dans cette reconstitution généalogique, non seulement sur des archives réelles, mais encore sur des suppositions et des présomptions mal établies. Pourtant, Marguerite Yourcenar tient beaucoup à respecter la vérité quand il s'agit de celle des autres – ou tout au moins certains aspects de cette vérité. Ainsi, en réponse à un courrier de son demi-cousin, Georges de Crayencour (dont la correspondance se trouve à Harvard) et qui regrettait que sans *Archives du Nord* Marguerite Yourcenar n'ait pas passé sous silence les épisodes de désertion de Michel, son père, cette dernière rétorquait:

> Vous me dites que, sans écorner la vérité, vous auriez passé plus légèrement sur certains épisodes de la vie de "Michel" qui vous paraissent plutôt scandaleux. Mais c'est impossible. Tout se tient tellement qu'il fallait tout dire et le dire complètement, de façon à ce que le lecteur comprenne les émotions humaines derrière les faits. Si j'avais seulement dit, en quelques mots, que Michel avait deux fois déserté, nous serions naturellement, moi comme vous, terriblement gênés par cette révélation. Quand au contraire on regarde de près les circonstances, on comprend mieux.[9]

Ainsi, le jeu d'anamnèses auquel se plie l'autobiographique est soumis à des conflits d'intérêt qui font pencher le récit soit vers le vrai soit vers le faux. Car si parfois il est préférable de dire la vérité (la désertion de Michel en est un exemple), il est, d'une part, difficile sinon impossible d'être totalement impartial, et de l'autre, il n'est pas toujours bon (ou/et utile) d'émettre cette vérité. Difficulté, tout d'abord: il paraît évident que l'autobiographie officielle manquera – même si elle se veut confession totale – l'essentiel: les événements qu'en soi-même on a occultés, ou que l'on ne peut situer. Le *Roland*

---

[9] Lettre à Georges de Crayencour, 21 septembre 1977. Correspondance Crayencour, Harvard papers.

Barthes par Roland Barthes exprimait déjà fort bien cette impossibilité foncière de transcrire l'intimité d'une vie:

> Une vie: études, maladie, nominations. Et le reste? Les rencontres, les amitiés, les amours, les voyages, les lectures, les plaisirs, les peurs, les croyances, les jouissances, les bonheurs, les indignations, les détresses: en un mot: les retentissements? – dans le texte – mais non dans l'oeuvre. (185)

Utilité, de l'autre: il n'est pas toujours très à propos (indiscrétion à l'égard des survivants) de nommer par leurs véritables noms les personnages que l'on cite. Ainsi, Jeanne de Vietinghoff, dans *Souvenirs pieux* et *Archives du Nord*, est nommée: Monique – prénom qui avait déjà été porté par la femme d'Alexis (premier roman yourcenarien). Dans *Quoi? L'Eternité*, elle retrouvera enfin son véritable prénom. De plus, pour mieux brouiller les pistes du réel, l'auteur n'hesite pas à substituer le prénom d'une personne pour celui d'une autre. Les événements qui concernent Egon et Jeanne sont au coeur de ce labyrinthe. Mais Egon est en fait le prénom du fils (et non du père qui se nommait Conrad de Vietinghoff). Conrad et Jeanne jouèrent un rôle considérable dans la vie de Marguerite Yourcenar puisque cette dernière considérait Jeanne (qui fut la maîtresse de son père Michel) comme la mère rêvée et en fit un portrait quelque peu idéalisé dans *Quoi? L'Eternité*. Ce jeu avec les noms véritables est d'autant plus important qu'il permet de comprendre, à fortiori, comment fiction et réalité sont, pour l'auteur Yourcenar, étroitement mêlées. En effet, cette Jeanne de *Quoi? L'Eternité* qui avait charmé Michel dans les dernières pages de *Souvenirs pieux* sous le nom de Monique, et qui est aussi la Monique d'*Alexis*, premier roman yourcenarien, est au centre de la dialectique du vrai et du faux. Dans ce premier récit épistolaire *Alexis*, le héros (Egon de *Quoi? L'Eternité* qui se nomme en réalité Conrad!) mû d'un désir homosexuel, prend congé de sa femme. Les mêmes problèmes matrimoniaux seront retracés dans *Quoi? L'Eternité* qui éclaire ainsi le premier roman *Alexis* puisqu'il resitue dans un passé réel un épisode romanesque. L'ouvrage posthume de *Quoi? L'Eternité* semble donc hésiter (beaucoup plus que les deux volumes précédents) entre l'autobiographie (= le récit de la vie de Marguerite), la biographie (= le récit de la vie de son père), et l'autographie (= la reproduction d'une fiction yourcenarienne – celle d'*Alexis*). C'est donc à une déconstruction autobiographique à laquelle nous assistons puisque d'une part, le moi de l'auteur n'existe qu'en recapturant les vies de ceux qui ont contribué à la création de sa personnalité; et de l'autre, la frontière entre réalité et fiction devient difficile à cerner puisque Yourcenar mêle, dans son ultime ouvrage, personnages de fiction et êtres réels. L'auteur a donc bien déjoué le piège de la curiosité autobiographique du lecteur en enchevêtrant les fils de la réalité et de la fiction. Elle perturbe ainsi les repères et nous dissuade de retrouver l'entière vérité. Car, en égarant le lecteur, l'auteur a rendu inaccessible la porte de la vérité.[10] Au départ de cette étude, le récit autobiographique se devait donc de suivre le vecteur: /vvv/: l'histoire est vraie; le narrateur sait qu'elle est véridique et la raconte pour telle; quant au narrataire, il lit cette histoire comme authentique. Mais après l'examen plus approfondi du "Labyrinthe du monde", et en particulier du dernier volet qui devait narrer l'histoire de la vie de Marguerite, des constatations étonnantes sont à faire: d'une part, Marguerite se cache sans cesse derrière la figure du père, et occulte son propre moi dont elle cherche à préserver le secret. Sa narration s'efface devant un "il" de fiction et le récit bouleverse ainsi les lois du genre autobiographique. De plus, l'histoire que nous raconte ce narrateur insolite est loin d'être vraie: les noms réels sont tronqués, escamotés pour des pseudonymes fictionnels et l'auteur n'hésite pas, en une série paradigmatique fort curieuse, à reprendre l'histoire fictionnelle d'Alexis et de Monique sous les traits de Jeanne et d'Egon.

A n'en pas douter, l'histoire penche plus vers la fiction que la réalité. Exemples entre tous, les déboires matrimoniaux entre Jeanne et Egon tels que Marguerite Yourcenar les relate, au début de *Quoi? L'Eternité,* semblent bien plus pris à la réalité actuelle de l'auteur durant les années quatre-vingt (sa vie malheureuse avec Jerry Wilson)[11] qu'à celle de Jeanne. Il paraît en effet fort improbable que Jeanne ait confié ses problèmes à Marguerite adolescente. De même, le père de Marguerite – qui était certainement au courant des ma-

---

[10] Voir à ce propos l'article de Jean-Claude Bonnet: "Le Fantasme de l'écrivain" qui analyse ces jeux d'imaginaire dans le récit autobiographique.

[11] Dans sa biographie, Josyane Savigneaux s'appuie des témoignages de Deirdre Wilson (l'infirmière de Yourcenar) pour expliquer en quoi les faits relatés dans *Quoi? L'Eternité,* sur le compte de Jeanne, sont en fait inspirés de la propre vie de Yourcenar avec Jerry Wilson pendant l'"horrible année" (novembre 1984-février 1986). (443).

lheurs de Jeanne – ne les connaissait sans doute pas dans les détails; et de plus, il n'était pas homme à se confier à sa fille. D'ailleurs, dans l'ébauche primitive du Labyrinthe qui se trouve à Harvard, Yourcenar écrit à propos de Michel: "Plus tard encore, elle (Marguerite) sera le jeune écrivain dont il suivra les propos avec bienveillance, la jeune femme qu'il devine – à ses écrits plutôt qu'à ses confidences – car ni l'un ni l'autre ne se sont jamais confiés" (ébauche, Labyrinthe, 98). C'est donc d'une histoire plus fictionnelle que réelle qu'il s'agit dans *Quoi? L'Eternité*. Et la courbe ondoyante entre le vrai et le faux absolu, pour *Quoi? L'Eternité*, peut se lire comme suit: l'histoire est plus fiction que réalité: /f/; le narrateur sait qu'il s'agit plus d'une fiction que d'un récit véridique: /f/; mais il entend nous faire croire qu'il s'agit bien de la vie, en détails, des personnes de l'entourage de la petite Marguerite: /v/. Quant au lecteur naïf, il prend, bien entendu, ce texte pour une autobiographie: /v/. Cette combinatoire /ffvv/ correspond au vecteur mystificateur: l'autobiographie est tronquée, non seulement au profit d'autres vies, mais encore en échange d'épisodes de fiction. Examinons maintenant le manuscrit autographe de *Quoi? L'Eternité* et regardons si l'inachèvement de l'avant-texte confirme ou infirme le processus mystificateur.

C) *Le manuscrit interrompu: mort et mystification*

1. *L'ébauche*

Il est difficile d'aborder cette ébauche en une étude de structure puisqu'elle ne débute qu'à la page 43. L'auteur a vraisemblablement écrit ce premier jet puis, avant de laisser le manuscrit, a préféré détruire les 42 premières pages. Il faut noter qu'à aucun moment de ce qui reste de cette ébauche n'apparaît la silhouette de Jeanne – alors qu'elle domine le texte publié. De plus, couchant sur le papier ses souvenirs d'enfance, Yourcenar fait peu cas de l'intérêt dramatique. L'écrivain rétablira la vivacité du récit dans le texte final en ajoutant tous les dialogues et fera ainsi un effort pour dynamiser la narration. Il n'y a en effet aucun dialogue dans cette modeste ébauche essentiellement concentrée sur un travail mnémonique de réminiscence. Les divers événements et images que se remémore l'auteur dans cette version primitive seront d'ailleurs réactivés dans la version finale, mais incorporés différemment, car retravaillés, repensés. L'agencement des séquences du souvenir sera lui aussi modifié – chaque séquence représentant en quelque sorte pour le scripteur un élément de structure interchangeable avec les autres éléments. La fabulation est d'ailleurs flagrante entre cettre ébauche primaire et le texte publié: le petit clown désarticulé de l'ébauche devient poupée de porcelaine; la rencontre avec Albert Premier au théâtre du Palais des Beaux-Arts se passe, dans le texte publié... à la Comédie Française! De même, Michel s'achète, dans la version primitive, une De-Dion Bouton (ébauche, 102) à laquelle l'auteur substituera, dans *Quoi? L'Eternité,* une Daimler. Les détails réalistes de l'ébauche sont aussi laissés dans l'ombre pour forger un texte final plus général: si la petite fille de *Quoi? L'Eternité* est un peu fiévreuse, les raisons de cette fièvre ne sont pas expliquées:

> Il (Michel) n'est pas davantage l'homme un peu inquiet qui, un soir d'été (j'avais environ cinq ans) m'étendit sur ses genoux dans le grand salon par hasard ouvert du Mont-Noir, essayant d'endormir la petite légèrement fiévreuse... (*Quoi,* 250-251)

Dans l'ébauche, l'état de santé de la petite fille était précisé:

> La petite fille de 4 à 5 ans souffrait à ce qu'il semble d'un coup de soleil attrapé dans la prairie où elle ne se lassait pas de cueillir par poignées les brillants bleuets, le coquelicot et les marguerites de cette époque où les fleurs des prés abondent plus qu'elles ne le font aujourd'hui. (ébauche, 102)

En fait, ce qui semble plus important, ce sont ces trois images réactivées des "chapitres d'un livre inachevé" et qui seront finalement assimilées au texte final de *Quoi? L'Eternité:* le héros, le saint et le financier. De "La Symphonie héroïque" qui exaltait les valeurs de l'homme, Marguerite fait naître un "héros": l'un des "hommes du silence" de *Quoi? L'Eternité:* l'amiral Byrd. Là encore, la scène de l'ébauche primitive est située avec plus de netteté: Grace y est mentionnée ainsi que Petite Plaisance pas encore achetée – et en prolepse – la mort de Grace. Le souvenir s'étend sur les neiges du Maine, le village alentour, et sur le petit "tortillard" qu'il fallait prendre. Tous ces détails pittoresques et si charmants sont occultés du texte final où les images elliptiques forgent un texte plus poétique car plus vague, plus grandiose car plus flou: "L'Amérique du

Nord, une tempête de neige dans la nuit d'hiver, un petit train dans une petite gare de la forêt, le quai bossué de monts et de creux blancs..." (*Quoi,* 302) conférant au paysage le caractère universel qui lui manquait. La seconde image est celle du "chercheur d'or" – banquier, financier qui devient "agent d'affaire louche" escroquant Michel. La scène de l'ébauche est du reste similaire à celle du texte publié dans lequel Michel a affaire à "deux hommes d'affaires d'aspect si grossier qu'il semblait presque impossible de les trouver louches" (*Quoi,* 292). En fait, ce qui importe, ce n'est pas tant que le chercheur d'or se soit métamorphosé en affreux escroc, que le fait qu'il fasse partie d'un imaginaire yourcenarien où les thèmes occultés pendant si longtemps resurgissent, refont surface.

La dernière image, sortie du même imaginaire, et que l'auteur avait laissée en friche pendant cinquante années, n'est autre que celle du saint. La scène qui met en présence l'abbé Lémire permet en effet au scripteur de l'ébauche de s'étendre, en une longue réflexion, sur la sainteté. Mais, comparée au texte de la "généalogie du saint", la sainteté est ici retracée d'une manière plus réaliste:

> Les saints que j'ai fréquentés étaient presque tous au dernier rang de l'échelle sociale, une sainte couturière, plusieurs saintes femmes de ménage, un saint employé de poste, un saint jardinier, une sainte infirmière, un saint charpentier. (ébauche, 66)

Toutes les réflexions générales sur la sainteté seront occultées du texte final, l'allégeant, mais aussi le romançant. Ainsi, l'état de la genèse laisse apparaître, de la "généalogie du saint" au stade final de *Quoi? L'Eternité,* trois strates d'écriture: un essai général sur un type humain ("généalogie du saint"); la vision d'un être ayant existé sur lequel viennent se greffer des réflexions sur la sainteté (ébauche); la peinture réaliste d'un homme à "l'intégrité sans faille" (*Quoi,* 301). Mais c'est surtout toute une méditation sur la solitude qui a été rayée du texte final – alors que dans l'ébauche, l'écrivain commentait maintes fois la situation des solitaires qu'elle décrivait: l'abbé Lémire: "Il n'avait pas d'ami intime" (ébauche, 51); l'amiral Byrd: "Byrd a choisi de faire au jour le jour ses observations sur le climat, le vent, les conditions de la vie dans cette solitude et aussi sur soi-même" (ébauche, 76). Et c'est à partir de ce constat de solitude sur lequel s'achève cette version primitive que sera engendré le début du texte publié – synthèse de l'ébauche: "Michel est seul" (*Quoi,* 11).

2. *Le manuscrit*

Ce manuscrit, sur lequel l'auteur travaillait au moment de sa mort, fut publié en 1988. C'est Yvon Bernier, exécuteur littéraire de Marguerite Yourcenar en Amérique, qui a mis au point l'ouvrage publié en tentant de rester aussi fidèle que possible au texte originel. [12] Donc, pas de changements abondants de l'avant-texte à la publication. D'autant que le début du manuscrit (que Marguerite avait pris soin de donner à Yannick Guillou des éditions Gallimard quelques mois avant sa mort) est une seconde rédaction autographe. Certaines pages de la version primitive ont cependant été conservées à l'intérieur du manuscrit ainsi légué à Harvard. Précisons que ce manuscrit n'est pas relié et qu'il se compose de feuillets détachables. C'est ainsi que certaines pages sont doubles (version primitive; deuxième rédaction) permettant d'étudier la progression de la genèse. Apparemment, l'auteur n'a pas eu le temps de trier la fin du manuscrit et de se débarrasser de ses "déchets". D'autre part, la fin du manuscrit, dont l'écriture (comme nous allons le voir) s'avère très instable, est, semble-t-il, une première version au caractère assez indéchiffrable que l'auteur n'a pas pu recopier.

L'examen initial des biffures du manuscrit, comparé au texte publié, permet de constater:

1° L'emploi de néologismes assez considérables dans le manuscrit et que le texte publié gommera: "iconolastique" (ms *Quoi*, 165) pour "iconoclastes"; "propensité" (ms *Quoi*, 181) pour "propension" – autant de néologismes que ne marquaient pas les manuscrits précédents. Faut-il mettre ces négligences sur le compte de la faiblesse et de la fatigue du scripteur au moment de la genèse? Quoi qu'il en soit, les défaillances langagières ont de quoi surprendre (fautes d'orthographe, etc...) – d'autant qu'elles étaient pratiquement inexistantes dans les manuscrits précédemment étudiés.

2° Les modifications opérées sur le décor traduisent, dans l'ensemble, un même désir: embellir le référent en magnifiant l'environnement. Ainsi, dans le texte final, la douairière n'habite plus dans "un deux pièces" (ms *Quoi*, 3) mais bien dans "le bel appartement" (*Quoi*, 12); l'atmosphère n'est plus "désuète" (ms *Quoi*, 29)

---

[12] Josyane Savigneau critique vivement, dans sa biographie, le travail de Bernier sur le manuscrit. Elle pense que le texte originel aurait gagné à être épuré, vidé de ses lourdeurs et de ses redites (355).

mais "édifiante" (*Quoi*, 25); le simple "jardin" (ms *Quoi*, 109) se métamorphose en "parterre de buis" (*Quoi*, 69); quant à la "route" (ms *Quoi*, 481), elle devient... "torrent" (*Quoi*, 324)!

3° Les personnages vont subir des retouches contribuant à forger une peinture non seulement plus adoucie mais encore plus revalorisée. Le scripteur anoblit ainsi ses héros en atténuant leurs travers: les "domestiques" (ms *Quoi*, 4) deviennent des "gens de maison"; les "filles" (ms *Quoi*, 179) se transforment en "jeunes filles" (*Quoi*, 110); Barbe, gouvernante de Marguerite, n'est plus aussi coupable puisque "ces petites fêtes" (ms *Quoi*, 342) auxquelles elle participe dans les maisons closes deviennent de simples "visites" (*Quoi*, 223) neutralisant ses actions. Et puis, si Egon pense d'abord à Franz avec "un dégoût violent" (ms *Quoi*, 465), il y substitue vite un "dégoût physique" (465 ms), pour enfin maîtriser ses sentiments en parlant plus calmement de "révulsion" (*Quoi*, 314). Toute la noblesse du héros est aussi rétablie lorsqu'à la saleté qui entoure la mère d'Egon – et que le scripteur décrit dans la version primitive (ms *Quoi*, 489) – est substituée "un drap <un peu> plus propre [ou du moins ayant peu servi]" (*Quoi*, 330). Aussi, une attention particulière a été donnée à certains personnages, dont la correction a enjolivé le profil. Ainsi, la silhouette du père de Marguerite est magnifiée et les retouches ne servent qu'à le rendre plus singulier en le distinguant de la masse des autres figures du récit. Si, en premier lieu, Michel "intrigue" (ms *Quoi*, 18) les villageois en distribuant aux filles-mères de la contrée des layettes, il finit néanmoins par les ... "offenser" (*Quoi*, 20). Il s'écarte du rang et se caractérise par sa solitude. Au fur et à mesure que le personnage principal se distingue, les silhouettes de son entourage prennent aussi consistance: "les habitants" sont transformés en "familles" (19 ms; *Quoi*, 20); et "l'homme" (ms *Quoi*, 24) – qui, en un premier temps, se métamorphose en "jeune homme" (24 ms) – devient enfin un "voisin" (*Quoi*, 25)! L'écrivain se charge aussi d'anoblir le "charretier" (ms *Quoi*, 29) qui accède, dans la version définitive, au rang de "maître forgeron" (*Quoi*, 37). Les défauts des personnages importants du récit sont là encore biffés, ou tout au moins réprimés: si Paul a d'abord "mille singularités" (ms *Quoi*, 70), Marie s'empresse d'oublier le nombre de ces singularités dans le texte final, et ne mentionne que les "singularités de cet homme" (*Quoi*, 49). Elle oublie même qu'il la trompe et ferme les yeux sur l'infidélité de son époux (ms *Quoi*, 83) pour "être sans soupçons envers son conjoint" (*Quoi*, 56). La version finale offre ainsi une image de Paul moins appuyée.

Car enfin, si dans la version primitive "Paul gardait toujours autour de lui cette zone désertique de froideur sèche" (ms *Quoi,* 107), cette froideur s'amoindrit dans le texte final: l'auteur, à la relecture, a biffé le "toujours"... Quant aux relations amoureuses des personnages entre eux, des modifications de relecture les revivifient – d'où leur importance accrue. Ainsi, entre autres exemples, dans sa lettre invitant Michel à venir passer l'été à Scheveningue, Jeanne devient bien plus affectueuse quand, dans la version finale, elle ajoute: "Vous seriez dans un milieu ami" (ms *Quoi,* 123). La lettre présage ainsi la liaison entre Michel et Jeanne. Et tout au long du manuscrit, par des suppressions et des ajouts successifs, l'auteur parvient à idéaliser cet amour qui semblait, à l'origine de la genèse, fort plat. La primordialité de cette relation est finalement renforcée par le désagrément que cause à Jeanne les rencontres érotiques de groupes préconisées par Egon. Ainsi, des "brefs moments (érotiques) qui occuperont dans son (celle de Jeanne) expérience une place de quelques heures..." (ms *Quoi,* 259), l'auteur écarte, en fin de compte, "ces quelques heures" pour y substituer "une place ineffaçable" (*Quoi,* 162). Les amours d'Egon ne sont pas non plus exemptées de retouches. Ses penchants homosexuels sont plus suggérés qu'énoncés, dans la version finale, car le scripteur, à la relecture, supprime l'évidence, et opte pour l'équivoque. Si dans le manuscrit Egon et Hugues ont "d'interminables sessions musicales" (ms *Quoi,* 215), dans le texte final, le scripteur, pour créer le doute, a tout simplement gommé l'adjectif "musicales"! L'affection entre Egon et Elie est aussi beaucoup plus marquée dans la version primitive – amour qui sera écarté du texte définitif. L'examen comparatif des étapes de la genèse peut être reproduit comme suit:

Manuscrit (496 bis) [13]	*Texte publié* (335)
Il [essayait]1 [tâchait]2 de se <voulait> couvrir vis-à-vis de moi <envers nous> [mais il savait aussi que] <et avait aussi envie de> [je t'aimais] <te sauver>	Il (Odon) voulait se couvrir envers nous, et avait aussi envie de te sauver.

---

[13] Il existe deux pages 496. D'après les ratures importantes de la deuxième page insérée dans ces feuillets, on peut en déduire que cette seconde page est la version

L'aveu amoureux d'Elie envers Egon est donc supprimé afin de mieux conserver l'ambiguïté de la relation des deux cousins. Enfin, notons que seul le portrait de Michel-Joseph (demi-frère de Marguerite et que cette dernière haïssait) est retouché férocement. Yourcenar aggrave, en effet, les traits fâcheux du caractère de son demi-frère: ainsi, la "tragique indifférence" de Michel-Joseph n'est plus qu'une "brutale indifférence" à la page 275 du texte publié! Tous les variants de la caractérisation sont ainsi mis en oeuvre pour atteindre un second palier de significations plus riche que le premier.

4° De plus, tout un discours idéologique a été progressivement converti, recanalisé, détourné de ses instances premières. Le discours sur la paysannerie, d'abord, si rigide dans le premier jet narratif, est conçu avec moins de rigueur et plus de nuances après retouches:

> Ce monde paysan <qu'on idéalise et> dont on ne [veut pas voir] <n'ose avouer> qu'il est <au moins> aussi étroit que la petite bourgeoisie des villes... (18 ms; *Quoi*, 20)

En somme, il s'agit là d'un type de retouche fort courant chez Yourcenar: modifier pour forger un texte moins rigide, plus souple, en utilisant des modalisateurs. Les passages exprimant des idées sur les juifs sont aussi soigneusement revus: le scripteur fait très attention à supprimer tout ce qui serait susceptible d'incriminer d'antisémitisme les habitants du Mont-Noir. Elle raye d'ailleurs une remarque sur les "histoires juives" que l'on avait dû "entendre raconter une fois au château" (333 ms) afin de ne pas accuser les opinions idéologiques du monde dans lequel elle vivait. Des corrélations indéniables apparaissent donc entre l'univers du discours et la structure sociale... qu'il s'agit ensuite de rectifier!

Ces rectifications idéologiques touchent aussi au domaine religieux. Comme elle l'avait déjà fait dans les réécritures de *Denier du rêve* ou des nouvelles, Marguerite Yourcenar renforce ici le sème religieux à des fins critiques. Une pléthore de transformations lexicales est ainsi axée sur la piété et le péché: "cette chose sacrée" (ms

---

primitive. Yvon Bernier s'est servi de la première page 496 (que j'ai appelée 496 bis puisque vraisemblablement postérieure à l'autre) pour établir le texte final. Une grande séquence descriptive sur le paysage a d'ailleurs été supprimée dans le passage de la page originelle (496) à la deuxième rédaction (496 bis).

Quoi, 73) devient "ce don de Dieu" (*Quoi*, 51); "ces dames" (ms *Quoi*, 81) se métamorphosent en "pieuses personnes" (*Quoi*, 55). Et tout le discours religieux qui entoure Marie et Fernande est contôlé afin de rendre plus vaine et frivole cette ferveur mystique. Fernande, en lisant le carnet pieux de Marie, s'émeut, dans le manuscrit, par "des phrases qu'il lui arrivait d'adresser à dieu" (ms *Quoi*, 94). Mais le scripteur préfère y substituer le "ton un peu fleuri de ses livres de dévotion" (*Quoi*, 61). Plus léger, moins spirituel, le discours religieux subit ainsi, au fil du récit, la féroce attaque du scripteur qui biffe les douceurs antérieures pour y substituer une critique acerbe.

Enfin, dernière attaque idéologique: celle qui touche les banquiers. Qualifiant, en une première ébauche, ces "grands banquiers et trafiquants cossus à la mode allemande" (ms *Quoi*, 496) de "dégoûtants" (496 ms), Marguerite Yourcenar n'hésite pas à substituer, dans le texte final, le qualificatif – étonnant chez Yourcenar – de … "dégueulasses" (*Quoi*, 335)! Toute la présence d'un ordre est ainsi compromise, attestant d'une plus grande souplesse idéologique de la part de l'écrivain.

5° Enfin, – et ceci n'étonnera guère quand on sait combien Marguerite Yourcenar a voulu effacer le moi de cette "autobiographie" – le personnage même de Marguerite est souvent omis du texte primitif, et rappelé dans la version finale. Marguerite oublie ainsi fréquemment ce dénominatif de "la petite" qu'elle utilise constamment pour parler d'elle-même dans son texte. Plus focalisée sur la vie des personnes de son entourage que sur sa propre vie, elle oublie fréquemment qu'elle existe, qu'elle partage, à ce moment précis qu'elle dépeint, les vies de ses héros: ainsi Barbe et Azalie logent dans la grande chambre ovale … sans "la petite"! Mais le scripteur se rend compte, au moment de la genèse, de l'oubli, et récupère immédiatement, par un ajout, ce fantôme du moi… Le glissement fréquent du "il" au "elle" est aussi fort significatif – comme si l'auteur oubliait le sexe de ses personnages, ou retrouvait – et ceci est bien plus conséquent – sous le nom fictif qu'il donne à certains de ses personnages, la vraie personne, le vrai sexe…

6° Mais c'est dans le système des noms et dans les retouches qui y sont apportées que le processus génétique trahit son côté mystificateur. En effet, les noms originels sont souvent gommés au profit d'autres noms beaucoup plus neutres. Il est étonnant de constater comment l'éditeur a souvent suppléé à l'auteur absent en prenant la liberté d'attribuer au personnage un autre nom que celui évoqué dans le manuscrit. Curieusement, dans le texte originel, le "baron hongrois joueur et prodigue" (*Quoi*, 159) s'appelle... Galey (ms *Quoi*, 256)! Quand on sait le différend qui avait opposé Marguerite Yourcenar à Matthieu Galey à propos des *Yeux ouverts. Entretiens avec Matthieu Galey,* on comprend fort bien que l'éditeur ait tenté de limiter les représailles en substituant au nom de Galey celui de ... "Galay"! Un autre nom désignant une personne réelle: Elie Grekoff, est aussi mentionné dans le texte. Elie Grekoff, peintre et illustrateur, ami de Marguerite Yourcenar (qui avait même amorcé une ébauche biographique de sa vie), avait réalisé le décor d'Electre. C'est lui aussi qui avait dessiné les ex-libris (mains de Marguerite et Grace entremêlées) que Marguerite Yourcenar "collait" sur ses textes. S'il apparaît bien dans le texte final comme "officier de l'armée rouge" et "médecin de Tallinn qui avait soigné Jeanne" (*Quoi*, 333), il fait cependant une autre apparition dans le manuscrit comme danseur de Saint Pétersbourg et amant d'Egon (ms *Quoi*, 273). L'éditeur a substitué au nom de Grekoff celui de Garsaian (*Quoi*, 171), moins compromettant. Peut-être une confusion s'était-elle établie dans l'esprit de l'auteur – car le nom de Grekoff est aussi utilisé pour désigner Ida Grekoff, danseuse de Saint Petersbourg, dans la même page.

Certaines tendances à occulter le nom primitif de la genèse sont néanmoins à signaler – en particulier quand il s'agit d'une rature effectuée par l'auteur lui-même. Si dans le texte final Jeanne et Egon rencontrent "Karin" (169), ancienne fiancée d'Egon, dans le texte original elle se nomme Hilde – ce qui pourrait bien nous faire songer à Hilzonde. Peut-être le prénom donné n'était-il pas assez estonien? Mais l'occultation est bien plus conséquente en ce qui concerne l'une des maîtresses de Michel à Ostende. Portant le nom proustien d'Odette dans la version publiée, cette amante "déguisée" ne possédait pas le même prénom dans la version primitive: son prénom a été biffé tout au long du récit et remplacé par ce prénom commun. Les biffures sont très soignées mais un autre pseudonyme: "Nelly" transparaît sous la rature: souci de l'écrivain de préserver l'anonymat de son personnage pour des raisons humaines? Ou simplement désir de livrer des connotations proustiennes à son oeuvre?

7° Si l'une des constantes de ce manuscrit est l'occultation nominative, l'aspect mystificateur qu'elle suggère ne s'arrête pas là.

Car le sujet écrivant est maître de cette mystification et s'octroît la liberté de changer les détails biographiques de son récit à des fins fictionnelles. Ainsi, les dates se brouillent, les âges se superposent, et le scripteur mélange les temps et déroute le lecteur. La mémoire flottante du narrateur l'empêche d'attester et d'affirmer la véracité de ses dires. Exemple entre tous, la date du retour de Marguerite et de son père d'Angleterre, après un an de séjour dans la capitale britannique, est indécise: le 13 septembre est remplacé par le 11. De même, l'âge du père, lorsqu'il rencontre Jeanne, est d'abord incorrect: cinquante ans. Tout un processus de corrections s'avère donc nécessaire pour rétablir la vérité biographique. Mais les dates deviennent troubles; les détails aussi: Marguerite, en récrivant le poème de son père adressé à Jeanne, transforme les expressions et substitue, aux archaïsmes paternels, des images plus sobres: erreur involontaire ou modification concertée? La page 105 de l'ébauche du Labyrinthe est, à cet égard, révélatrice. En effet, l'auteur y a collé(!) un texte dactylographié du poème (supercherie?) avec retouches autographes et intitulé: "Les vers d'amour de Michel à Monique de W". Les modifications se lisent comme suit:

> Je voudrais voir ton corps délivré de ses voiles
> Je voudrais arracher à la voute des cieux
> Pour t'en faire un collier, les [plus claires] étoiles
>   <brûlantes>
> Les regarder pâlir sous l'éclat de tes yeux
> Je voudrais devant toi effeuiller mille roses,
> Faire fumer l'encens de mille trépieds d'or
> [me coucher à tes pieds] et, dans l'oubli des choses,
> <contempler ton visage> en attendant la mort. (ébauche, 105)

L'apport mystificateur que trahit le manuscrit par ces constantes hésitations sur ce poème, sur les noms, sur les dates, forge des personnages incertains et qui rejoignent peu à peu la fiction. L'auteur résume bien cette constante "faillite" véridique quand elle fait dire à Egon dans l'une des ultimes pages du manuscrit: "J'ai commis l'imprudence d'essayer de retrouver la trace des miens" (502 ms; *Quoi,* 340). Imprudence certes, mais nécessité puisque cette écriture sur soi, cette narration sur les siens, est un moyen ultime pour vaincre la mort, pour la dépasser. Le manuscrit transcrit là aussi cette constante dialectique entre vie et mort, entre inachevé et écriture.

3. La mort et l'inachevé

Dans "Suave sauvagerie sylvestre", Sjef Houppermans traduit bien ce rapport entre mort et écriture du processus autobiographique yourcenarien: "En ce qui concerne ce projet, (Ecrire son autobiographie)... nous voulons indiquer qu'il se rapporte essentiellement à la mort – à l'écriture pour et contre la mort... le livre veut ...enchaîner la mort dans ses pages..." (81). Le livre l'enchaîne en effet, à telle enseigne que les dernières pages manuscrites traduisent constamment cette lutte du scripteur en proie à une mort prochaine. La mise en parallèle de la première page du manuscrit (deuxième rédaction) à la dernière (première rédaction) traduit visuellement cette emprise de la mort (voir illustrations 1 et 2): dans la première page (bien qu'il s'agisse, ne l'oublions pas, d'une seconde rédaction) le rythme du mouvement est régulier, aisé. On reconnaît là l'équilibre entre le mouvement et les formes qui contribue à créer l'écriture yourcenarienne la plus connue, la plus "médiatisée". A l'instar de cette apparence limpide, la dernière page présente une graphie perturbée, discordante – écriture spasmodique, incertaine, qui traduit une activité forcée, une lutte contre la mort. Les formes semblent négligées car c'est le mouvement qui prime – mais lui aussi discordant, mal régulé: écriture tourmentée dont l'étrécissement est synonyme de contrainte. C'est ainsi que la fin imminente est reproduite graphiquement. Et ces symptômes rendent compte d'une crise (maladie, tension, fatigue). De même, la taille des lettres qui traduisent le degré d'estime du scripteur envers lui-même est conséquente: car aplatie, resserrée, cette graphie traduit visuellement le degré d'occultation de l'auteur dans son oeuvre. L'écriture transcrit la modestie et l'effacement progressif du scripteur qui parle des siens sans parler de lui-même. Et c'est l'inachèvement des dernières pages (qui comportent plusieurs versions) qu'il convient d'examiner avec attention puisqu'il est au coeur de cette écriture insensée, car sans fin. On remarquera, d'une part, en considérant la dernière page du manuscrit (504 ms) que le fragment textuel ne s'est pas achevé là à l'intérieur d'un mot ou d'une phrase. Marguerite va bien jusqu'au bout de sa pensée avant que "la plume ne (lui) tombe des doigts" (AN, 14) et n'interrompt son texte qu'une fois la logique du récit épuisée: "Le télégramme qu'il avait expédié la veille n'arriva qu'après lui" (*Quoi*, 344). Le délimiteur de cet inachève-

I

Michel est seul. A vrai dire il l'a toujours été. Sauf peut-être dans sa petite enfance, mais sa sœur aînée, Gabrielle, qu'on voit près de lui dans de vieilles photographies, est morte toute jeune, et quand il a définitivement rompu avec la vie de famille, sa cadette, la remplaçante, n'était qu'une enfant. Seul, sauf pour quelques rares bons moments avec son père, pris comme en cachette d'une mère qui n'a jamais aimé ni son mari, ni son fils. Seul naguère avec ses deux femmes, dans le plaisir ou la querelle avec la première, dans une tendresse parfois douce-amère avec l'autre (il est trop sincère pour envisager leurs relations différemment, même en plein deuil). Seul avec son fils du premier lit, garçon renfrogné qu'il ne voit qu'à de rares intervalles, et qu'il a peut-être eu tort de laisser élever loin de soi par des grands-parents fantasques. Seul avec cette enfant de deux mois à peine, qu'il va scrupuleusement voir matin et

Première page du manuscrit autographe de *Quoi? L'Eternité*.
By permission of The Houghton Library.

Dernière page du manuscrit autographe de *Quoi? L'Eternité* (p. 504)
By permission of The Houghton Library

ment est donc en premier lieu matériel: la page – comme si l'interruption de l'écriture allait de pair avec son agencement topographique matériel.

Mais l'incomplétude du récit semble aussi être liée aux diverses périodes de travail – unités temporelles de production qu'illustrent plusieurs versions d'une même page (premier brouillon, deuxième brouillon) et que nous propose la fin de ce manuscrit. La page 496, entre autres, est double. Sa dualité est intéressante car des corrections immédiates puis des corrections de relecture (passages de la première page à la seconde, recopiage biffé) sont notables. Voici un exemple de ces interruptions et de ces reprises (généralement partielles): l'auteur supprime des moments descriptifs qu'elle trouve trop longs, ou interpole certains passages pour d'autres; ou bien encore, isole le fragment et le convertit en dialogue comme ici:

Manuscrit 496 (1)	*Manuscrit* 496 (2)
D'autres wagons vides avaient été [couplés] aux premiers. <ajoutés>	D'autres wagons qu'on accouplait bougeaient sur place en grinçant.
On jouait des poings pour y pénétrer. Comme s'il se fût agi d'aller à la foire Elie suivi d'Egon les traversa sns paraître chercher une place pour s'y coincer.	– Regarde-les jouer des coudes et des genoux pour se pousser à l'intérieur, comme si on allait à la foire. [– On va à Vilna – Vilna est tombé – On va à Minsk ou à Kiev.] ça t'intéresse beaucoup de savoir où on te cassera la gueule?

Cette métamorphose du descriptif au dialogique (qui était déjà fort notable de l'ébauche au manuscrit) permet de poser le problème de la dynamique interne de l'écriture, constituée de séquences détachables. Les échecs sur le texte traduisent une recherche précise: ancrage plus réaliste dans l'espace du récit; mise en place plus logique des événements. Ce sont ces diverses cellules génératrices qui donnent naissance à des amorces – amorces qui, là encore, tournent court. C'est que dans la progression du récit, le scripteur avait, jusque là, parlé des autres. Il atteint maintenant le moment de la révélation du moi, différé jusqu'à ce dernier chapitre des "sentiers enchevêtrés". Et c'est alors que la progression devient problématique: le scripteur se refuse à trouver la suite. Il ne lui reste plus qu'à prendre ses distances d'avec le texte, à changer de rôle. C'est que ces derniers segments textuels, avec leurs diverses versions inachevées montrent combien le texte de l'aveu est ouvert à toutes les fissures du possible. L'état d'inachèvement de l'oeuvre est alors concevable puisque toute structure fermée, close, achevée signifie: se raconter, raconter des moments de sa vie que l'on ne tient pas vraiment à dévoiler. D'où toutes les proliférations du texte original afin de retarder la conclusion de ce "roman autobiographique". L'achèvement ne pourra donc être obtenu que par rupture, que par coupure: cette limitation qui est nécessairement temporelle, c'est celle de la vie du scripteur. Tout le geste d'écrire souligne donc la signification mortelle de l'achèvement. Car pour Marguerite Yourcenar, rédiger *Quoi? L'Eternité,* c'est non seulement écrire sa vie, mais c'est aussi signifier sa mort.

C'est que l'écrivain, en mourant, effectue un rite: la mort conclut et résume. La mort n'entre donc pas dans le récit comme possible narratif mais en est sa substance: elle dramatise le récit, met en relief "l'autobiographie", et mystifie, une fois de plus, l'attente toujours déçue du lecteur. C'est d'une mort désirée qu'il s'agit – comme si l'auteur avait conscience, à travers tout ce processus d'écriture, de sa propre mort. L'écriture devient (l'étude de l'inachevé le confirme) lutte contre la mort. Et c'est dans ce tissu interstitiel, entre les mots et la page, que la mort se situe, qu'elle s'exprime. Certes, la mystification sert à préserver le secret. Mais la mort, quant à elle, sert à différer à jamais l'inexprimable. Révéler et cacher dans un même mouvement: telle est le propre du discours autobiographique yourcenarien, dans lequel l'énonciateur premier (l'auteur) est toujours double – écartelé entre le dire et le taire, entre le commentaire et l'effacement. Et de même que l'auteur Yourcenar avait été maître de ses écrits, il est maître de sa mort: ce titre *Quoi? L'Eternité,* apposé au récit de vie, avant que celui-ci ne prenne forme, n'est-ce pas désirer l'immortalité par la parole – dépasser cette mort en en devenant le maître? Les liens qui unissent écriture, scripteur et mort sont donc ici subtils. Car le désir de survie qui va de pair avec l'immortalité se doit de passer par l'écriture – écriture qui conjure la mort en l'appelant; écriture qui conjure les morts, fantômes d'un passé ancestral. L'inachevé est alors le seul rempart contre la mort qui est cause de cette ultime création "autobiographique". L'écriture de la vie est donc la seule réponse à la mort puisque la progression textuelle dépend uniquement de la vie du scripteur.

Ainsi, comme nous venons de le voir à partir de cet ultime manuscrit, la mystification narrative /ffv/ est au coeur de la genèse yourcenarienne. Car cette mystification, magnifiée par l'inachevé, diffère ad eternam la conclusion du récit de vie – occultant à jamais la vérité. Les interférences entre mystification et mort sont donc capitales dans la production yourcenarienne – d'autant que l'inachèvement qui se greffe sur cette dialectique s'offre comme constante du chemin yourcenarien: des "chapitres d'un livre inachevé" de 1930 à l'ultime interrogation de *Quoi? L'Eternité,* c'est toujours le même désir d'immortalité qui est pulsion première de l'écriture. Et c'est par la signature, interrogation sur le nom propre du scripteur, que va aboutir cette quête d'identité car "Mettre en jeu son nom..., mettre en scène des signatures, (c'est) faire de tout ce qu'on écrit de la vie ou de la mort un immense paraphe biographique".[14] Entrons à présent, et en conclusion, au coeur de la dialectique mystification/créativité: l'interrogation sur l'identité posée par la signature de l'auteur.

Bibliographie du chapitre 5

Barthes, Roland. *Roland Barthes par Roland Barthes.* Paris: Seuil, 1975.
Bonnet, Jean-Claude. "Le Fantasme de l'écrivain". *Poétique* 6 (sept. 1985): 259-277.
Brix, Michel. "Sur un passage difficile de *Souvenirs pieux*". S.I.E.Y. *bulletin* 2 (Juin 1988): 28-34.
Cavazzutti, Maria. "Autobiographie et cosmologie dans "Le Labyrinthe du monde" de Marguerite Yourcenar". *Marguerite Yourcenar: biographie, autobiographie.* (Valencia: U. de València, 1988) 143-157.
Descombes, Vincent. *L'Inconscient malgré lui.* Paris: Minuit, 1977.
Derrida, Jacques. *Otobiographies.* Paris: Galilée, 1984.
Didier, Béatrice. "Femme/ Identité/ Ecriture". *Revue des Sciences humaines* 168 (1977): 561-576.
Genette, Gérard. *Figures III.* Paris: Seuil, 1972.
Goslar, Michèle. "Le Labyrinthe du monde ou quel eût été votre visage si vos parents ne se fussent pas rencontrés?" *Marguerite Yourcenar.* (Bruxelles: U. de Bruxelles, 1988) 89-97.
Gorman, Kay. "Fact and Fiction in Marguerite Yourcenar's 'Le Labyrinthe du monde'". *Essays in French Literature* (nov. 1986): 60-70.
Houppermans, Sjef. "L'être dans le temps. (Yourcenar autobiographe)". *Marguerite Yourcenar. Une écriture de la mémoire. Sud* (1990): 223-235.
———. "Suave sauvagerie sylvestre". *Recherches sur l'oeuvre de Marguerite Yourcenar.* (U. de Leyde: C.R.I.N., 1983) 80-96.
Lebrave, Jean-Loui. "L'écriture interrompue". *Le Manuscrit inachevé. Ecriture, création, comunication.* Paris. CNRS, 1986. 127-163.

---

[14] Jacques Derrida. *Otobiographies,* page 43.

Miller, Nancy. "Writing Fictions: Women's Autobiography in France". *Life/Lines: Theorizing Women's Autogiography.* Ithaca: Cornell UP, 1988.
Ness, Béatrice. "Le Succès Yourcenar: vérité et mystification". *The French Review,* vol. 64, n° 5 (April 1991): 794-803.
Rand, Nicholas. *Le cryptage et la vie des oeuvres.* Paris: Aubier, 1989.
Stillman, Linda K. "Marguerite Yourcenar and the Phallacy of Indifference". *Studies in Twentieth Century Literature* (1985): 261-277.
Yourcenar, Marguerite. *Archives du Nord.* Paris: Gallimard, 1977.
———. *Le Tour de la prison.* Paris: Gallimard, 1991.
———. *Quoi? L'Eternité.* Paris: Gallimard, 1988.
———. *Souvenirs pieux.* Paris: Gallimard, 1974.

CONCLUSIONS

Ainsi, l'examen génétique permet de reconsidérer l'écriture yourcenarienne. En effet, c'est l'usage constant du masque (qu'illustraient déjà si bien les mythes dans le manuscrit de *Denier du rêve*) qui confirme l'interprétation psychanalytique du texte yourcenarien. Ce déguisement, emprunté par l'auteur à la recherche du neutre, de l'universel (et que transcrivent les sources de *L'Oeuvre au noir* où le diariste atteint peu à peu au cosmique) sert, en fait, à cacher la quête véritable – celle de la mère, perdue au moment de la naissance, et que le manuscrit d'Hadrien, par son discours homosexuel, recouvrait. Et c'est ce même discours entre la mère et la fille qu'occulte l'ultime entreprise autobiographique – entreprise toujours différée et qui traduit le narcissisme pathologique de Marguerite angoissée, hostile à l'image maternelle et favorable à celle du père.

Le problème d'identité paraît alors le souci majeur de l'écrivain à travers ses manuscrits. Marcella, masque de Marguerite; Hadrien, double du moi; Zénon, frère de l'auteur sont autant d'étapes qui trahissent une recherche constante, de la part du scripteur, sur la nomination. Nom et immortalité semblent du reste associés dans l'esprit de l'écrivain car le nom propre conserve un sens caché et mystérieux qui convient on ne peut mieux à l'entreprise double du scripteur: écrire en se voilant, créer tout en mystifiant. La signature de l'auteur, qui prend, dans l'avant-texte, des formes multiples, et se voit soumise à des interrogations nombreuses, traduit excellemment cette dialectique.

1. Signatures

C'est, en premier lieu, l'emploi différentiel de la signature qui intrigue: le pseudonyme propose une "persona" à Mademoiselle de Crayencour. Marguerite Yourcenar assimile d'ailleurs cette recherche du pseudonyme à un jeu: jeu auquel elle se livra avec son père afin de trouver un nom de plume pour *Le Jardin des chimères,* son premier recueil de poèmes paru en 1921. Elle le rapporte ainsi à Matthieu Galey:

> C'était un jeu entre mon père et moi. Nous nous sommes amusés à chercher ce qu'on pouvait faire avec ces quelques lettres. Parce que c'était mon père qui m'offrait cette espèce de cadeau de Noël qu'était la publication de mon poème sur Icare, il m'a dit: "Préfères-tu prendre un pseudonyme?" J'ai répondu: "Oui, bien sûr". D'abord cela vous éloigne de la tradition familiale, à supposer qu'il y en ait une, ou en tout cas des entraves familiales: on est libre. Et naturellement il ne pouvait que s'accorder à cette idée. Alors nous avons cherché, nous nous sommes amusés à faire des anagrammes du nom de Crayencour, et après une soirée agréable, déplaçant les mots, les lettres sur une feuille de papier, nous sommes tombés sur Yourcenar. (Y.O., 53)

Le recours à l'anagramme est donc essentiel puisqu'il signifie la distance entre l'être et la persona – autorisant le premier à confesser ce que le second transcrit. Ce jeu anagrammique c'est aussi un jeu entre Marguerite et son père Michel puisque ce dernier demanda à sa fille de faire paraître sous le pseudonyme de Yourcenar le premier chapitre de son roman écrit en 1904 et abandonné: *Premier soir,* qui fut publié un an après la mort du père. Marguerite rapporte, dans *Quoi? L'Eternité,* cette passation de pouvoirs:

> Il s'agissait du premier chapitre d'un roman commencé vers 1904, et qu'il (Michel) n'avait pas mené plus avant. A part une traduction et quelques poèmes, c'était le seul ouvrage littéraire qu'il eût entrepris. (...) Il me proposa de faire paraître ce récit sous mon nom. Cette offre, singulière pour peu qu'on y pense, était caractéristique de l'espèce d'intimité désinvolte qui régnait entre nous. Je refusai, pour la simple raison que je n'étais pas l'auteur de ces pages. Il insista... (*Quoi,* 166)

Sur ce pseudonyme, Marguerite Yourcenar elle-même s'est beaucoup expliquée. Patronyme évoquant l'exotisme, l'étrange, il n'était pas, par sa symbolique ouverte, sans lui déplaire:

> "J'aime beaucoup l'Y, c'est une très belle lettre", dit-elle encore à Matthieu Galey. "Louis Pauwels ou Julius Evola vous diraient que cela signifie toutes espèces de choses, scandinaves ou celtiques, comme la croisée des chemins, ou un arbre, car c'est surtout un arbre, aux bras ouverts. (Y.O., 54)

C'est cet arbre que Marguerite retrouvera à la fin de sa vie lorsque, dans la version primitive (l'ébauche) de *Quoi? L'Eternité,* elle visualise enfin la composition de son livre: non pas cathédrale, mais arbre:

> Je commence à voir quelle forme prendra le livre que j'écris, et qui sera par la force des choses l'un de mes derniers, sinon le dernier... Le livre se construit comme un arbre à partir des racines et du tronc quasi dénudé... jusqu'aux frondaisons de plus en plus abondantes sous lesquels est l'enfant endormi. (ébauche, 81-82)

Cet arbre philosophique est donc à la fois symbole du nom et symbole de l'oeuvre. Marguerite alla si loin dans ce jeu nominatif qu'elle conserva ce nom comme nom légal lors de sa naturalisation américaine en 1947 (naturalisation dont les papiers sont conservés à Harvard). Pourtant, Marguerite Yourcenar a douté de ce nom d'emprunt. La première incertitude, elle l'a exprimée et transcrite par écrit au moment de signer le manuscrit d'Hadrien, c'est-à-dire au moment où elle comprit quelle aventure la rédaction des *Mémoires d'Hadrien* avait représentée pour elle. Dans des lignes autographes, rédigées une fois le livre achevé, et conservées à la page 155 de ce carnet de *Notes. Mémoires d'Hadrien,* le scripteur s'interroge sur le nom à prendre: Yourcenar ou Crayencour? En laissant de côté ce pseudonyme et en retrouvant son vrai nom, Marguerite Yourcenar avait certainement conscience de réduire la distance entre elle et son oeuvre, d'en assumer enfin, et en pleine lumière, la "maternité". Bien qu'à ce moment précis de la genèse (début 1951), elle doutât de ce jeu anagrammique, Marguerite Yourcenar conserva néanmoins le déguisement du pseudonyme et se résolut à signer les mémoires de l'empereur de son nom de plume. Et c'est ce pseudonyme qui continuera à prospérer, et à se construire en monument.

On a beaucoup discuté l'Y de la signature auctoriale. Paul Smith [1] a longuement analysé la thématique de la croisée des chemins que symbolise l'embranchement de l'Y: la grand-route et le chemin de traverse; la voie large (Voluptas) et la voie étroite (Virtus). Il en conclut à la mise en abyme de la signature dans le premier chapitre de *L'Oeuvre au noir:*

> Il paraît que le roman, à son début, thématise non seulement sa réception mais encore sa production. Par l'Y, Yourcenar met sa signature au début du roman, de façon plus discrète d'ailleurs que ne le faisaient plusieurs auteurs renaissants. (113)

Mais cette signature se métamorphose. Métaphore du nom, les signatures de Zénon (voir illustration 3, chapitre 4) sont là pour témoigner de la duplicité auctoriale. Marguerite Yourcenar a du reste, et comme nous l'avons déjà signalé, souligné par des réflexions extra-textuelles, le pouvoir magique du nom dont la configuration est symbolique. Un rapport intime s'établit donc entre la dénomination et la personne: signer Zénon, puis Sébastien Theus, nom d'emprunt de Zénon, c'est s'approprier une autre identité, qui n'est pas loin de la divinité (Theus = dieu). Marguerite Yourcenar, par ce geste (signer pour son héros) régénère ainsi le caractère de la dénomination. L'onomastique scripturale non seulement prouve la dualité du scripteur mais encore illustre le caractère sacré du nom. Ces signatures qui truffent les manuscrits yourcenariens dépassent alors le ludique pour participer à la dynamique du texte. Ecrire le nom de Zénon des centaines de fois c'est transmuer la fiction en réalité et ainsi activer le rôle du personnage invoqué: c'est, en fait, authentifier la fiction. Car ce prénom de Zénon que s'approprie l'auteur, c'est aussi le prénom d'un ancêtre, qui représente une caste. Le livre ébauché à partir de ce prénom s'apparente donc à ce que Jean-Pierre Mourey nomme (à propos de Borges) "une effigie": "Le nom est celui d'une caste, d'une race... Le poème (celui de Borges) n'est pas mise en question du nom, ni dédoublement de soi, mais effigie" (322). Effigie, en effet, qui est la signature d'un clan dont fait partie Marguerite. L'auteur déstabilise ainsi la frontiè-

---

[1] Dans: "Zénon à la croisée des chemins" (article déjà cité dans le chapitre 4 de cette étude) Paul Smith examine avec précision la symbolique de l'Y dans le premier chapitre de *L'Oeuvre au noir* (97-119).

re entre la fiction et la réalité et, adoptant une autre signature, dissémine son moi pour se confondre avec une caste, avec un peuple. Ces métamorphoses du signataire sont donc importantes puisqu'elles traduisent la dissolution du nom, son épiphanie. Car se jouer de son nom pour en prendre un autre, c'est aussi achever une première vie pour en commencer une seconde (vie en Europe sous le nom de Crayencour, puis vie aux États-Unis sous le pseudonyme de Yourcenar). La perte du nom (Crayencour) puis le gain d'un autre nom (Yourcenar), se disséminant finalement dans celui de Zénon, sont des gestes qui traduisent le malaise d'un signataire pour lequel signer s'apparente à sceller, à voir son nom comme monument posthume. Alors, la seule signature qui ne sera pas "achevée", celle qui vaincra la mort, c'est bien la dernière signature, inachevée, celle-là. Cette allégorie de la signature, méditant sur le nom, et qui met en perspective la personnalité entière du scripteur c'est celle du prénom: Marguerite. Par sa capacité référentielle rigide, la signature du prénom exhibe le vrai moi, ce moi mouvant, ce moi en devenir. Si signer demande du signataire un détachement, exige (par l'utilisation d'un pseudonyme) la perte d'identité, seule la signature du prénom permet de conserver ce premier moi, s'inscrit comme la trace fantomatique de l'enfance. L'auteur s'est d'ailleurs clairement expliqué sur son prénom. A Matthieu Galey qui lui demandait si elle n'avait pas pensé à changer de prénom, Marguerite Yourcenar répondait:

> Non, parce que le prénom, c'est très moi. Je ne sais pourquoi; on s'imagine mal avec un autre prénom. Peut-être parce qu'on l'a plus souvent entendu enfant. Après tout, un nom de famille, on ne l'écrit guère jusqu'à ce qu'on soit arrivé à l'âge des chèques et des papiers officiels. Marguerite me plaisait assez; c'est un nom de fleur, et à travers le grec, qui l'a emprunté au vieil iranien, cela veut dire "perle". C'est un prénom mystique. (...) C'est un nom qui me plaît, parce qu'il n'est d'aucune époque et d'aucune classe. C'était un nom de reine, c'est aussi un nom de paysanne. (Y.O., 54)

Et ce prénom, l'auteur nous en laisse, dans l'avant-texte, un dessin symbolique. Dans un petit carnet d'herboriste inachevé datant des années quatre-vingt, l'écrivain dessine, en dernière esquisse, la fleur, métaphore végétale (voir illustration en début de livre). Inscrire son prénom dans la fleur, c'est signifier l'essentialité du prénom, sa permanence; c'est aussi montrer son universalité en donnant à la nature un sens – le sens du sacré. Le prénom, plus qu'un signifiant linguistique, prend alors part à la dynamique du monde. Mais c'est l'emplacement de ce dessin de marguerite – dernière page annotée du cahier – qui prend tout son sens. Car il permet de comprendre combien l'auteur voyait ses manuscrits comme de véritables oeuvres d'art au symbolisme aussi marqué que celui des textes publiés, et qu'il convenait au lecteur futur de décrypter. D'où cette dernière esquisse, cet ultime nom, nom intime, nom véritable, résistant aux pseudonymes, à la duplicité, à la mort – nom éternel car universel, partagé par l'ensemble du cosmos.

Cette myriade de noms que propose l'avant-texte constitue ainsi une collection, une série de références. C'est ce jeu de l'auteur autour de son nom, de ses noms qui forge la mystification. Et du même coup, ce jeu stimule la créativité: car ces étapes nominatives correspondent aux points forts du dispositif yourcenarien, anéantissant un moi pour en forger un autre, déstabilisant et renouvelant sans cesse la narration.

Ce problème d'identité, au coeur de l'élaboration romanesque yourcenarienne, est aussi décelé par les procédures et les processus de genèse. Une synthèse génétique ne peut que mettre mieux en valeur cette recherche auctoriale.

2. Synthèse génétique

Une première approche génétique a permis d'évaluer la méthode de travail de Marguerite Yourcenar. Bien qu'il soit à regretter que tous les manuscrits (dossiers préparatoires) n'aient pu être conservés à Harvard en vue d'une étude génétique, les quelques dossiers relatifs à *Denier du rêve, L'Oeuvre au noir, Mémoires d'Hadrien* et *Quoi? L'Eternité* offrent des constantes qui révèlent une technique très précise de la genèse du récit. D'une part, il est à noter que ces "plans originaux" et ces "notes" – comme se plaît à les nommer Yourcenar – relèvent d'un dispositif similaire pour tout avant-texte. En effet, chaque dossier examiné (que ce soit les "brouillons" de *Denier du rêve*, les "plans" et "notes" de *Mémoires d'Hadrien*, ou bien encore le cahier de "Notes" de *L'Oeuvre au noir*) présente des plans, des notes documentaires, des listes de personnages (*Quoi? L'Eternité* est la seule oeuvre pour laquelle l'auteur n'ait pas laissé de plans). Dans certains cas, il est difficile de reconstituer l'ordre de ces divers apports génétiques: le carnet intitulé "Notes" et qui accompagne les *Mémoires d'Hadrien* présente en bloc toutes les données du dossier sans que l'auteur ne se soit donné la peine de dater ces renseignements. On remarque néanmoins, dans le cas d'Hadrien, comment les plans progressent d'une manière parallèle à la rédaction puisque les précisions temporelles que l'auteur a ajoutées dans la marge de ces plans permettent de comprendre l'orientation du récit. L'examen de ces plans s'avère aussi fondement de la genèse: le récit est conçu comme un ensemble structurel sur lequel viennent se greffer des transformations. Ainsi le récit d'Hadrien, entièrement focalisé, à l'origine, sur la personnalité psychologique et intime du personnage, se fossilisera peu à peu, pour laisser la place, en une série de dérivations (l'administration, les femmes, l'ambition, les guerres) à une figure plus générale et plus politique de l'empereur – et dont l'avant-texte ne rend pas vraiment compte. Dans le cas de *Denier du rêve* et de *L'Oeuvre au noir*, les plans qui font partie des notes préparatoires constituent des modèles, ce qu'Henri Mitterand nomme des "génotypes". [2] Ainsi les plans de *Denier du rêve* se décomposent en éléments mythiques: figures et lieux du mythe – et ne présentent que très peu de traces réalistes. Les plans de *L'Oeuvre au noir*, en regard, se réunissent autour des mêmes thèmes picturaux, formant ainsi, avant genèse, un énoncé déjà déterminé. Il n'est donc pas faux d'avancer que le projet d'écriture chez l'auteur Yourcenar est programmé, calculé avant sa rédaction. Et si, bien sûr, le récit se modalise en cours de genèse, il n'en reste pas moins vrai que l'élaboration romanesque yourcenarienne tient à un projet initial qui sous-tend la logique du récit. D'où une première image auctoriale qui se dégage: l'écrivain est, à l'origine de la genèse, maître de son écriture, maître de ses personnages: "État-Civil" de *Denier du rêve*, ajouté en notes de régie; esquisse du carosse d'*Une Belle matinée* – mise en abyme réfléchissant les productions antérieures. Mais parfois, la distance entre énonciateur et énoncé est trouble. Ainsi l'"analyse" du personnage d'Hadrien par exemple (pages 24 et 25 du manuscrit, ré-

---

[2] Dans son article sur Zola intitulé: "Programme et préconstruit génétiques", Henri Mitterand expose la complémentarité de l'idéologique et du narratif dans la genèse du roman. La notion de "génotype" présuppose des modèles qui se sont formés dans les premiers temps de la genèse (197).

pertoriées sous la partie "plans originaux", et sous le titre: "réflexions sur Hadrien"), offre un exemple ambigu de la responsabilité de l'auteur sur sa création. Il est du reste vraisemblable que Marguerite Yourcenar a rédigé ce "résumé" analytique et progressif du personnage après août 1950. (Il ne faut pas non plus oublier que de nombreuses modifications furent ajoutées après cette date):

> 1949. Analyse à partir de l'année 160. L'oeuvre au * et les voyages (surtout ceux du nord) vus du point de vue rationnel, abstrait et concret à la fois, du grand chef d'état. Par moments un lyrisme, mais presque toujours impersonnel: sens de l'homme et de la terre. Puis: réalisme plus concret * des voyages en Asie. réaction métaphysique mais rationnelle encore. Réflexions sous le texte. hédonisme supérieur. puis réflexions sur les religions * l'homme et dieu.
>
> Rationalisme mystique.
> Sept 49. Saeculum Aureum
> étude de bonheur
> les efforts ont porté leur fruits. l'amour. "L'intelligent amour" puis l'excès même du bonheur.
> avril 1950. puis: étude de désespoir.
>   Rien. Rien. Horreur de tout
> août 1950. puis: apaisement
>   peines vues d'un peu loin. Erreurs froidement admises. expérience de mourir. "Disparition dans les nuages".

Ce discours-commentaire, écrit à un moment précis de la reprise génétique, et illustrant les différentes temporalités de la genèse, reflète bien la volonté de l'écrivain recouverte par les errances libertaires de la rédaction. Car des réflexions métaphysiques (qui n'apparaissaient pas aussi clairement dans les plans antérieurs) sont venues se greffer sur la description de l'amour. Si donc ces notes relèvent bien d'une "stratégie" d'écriture, il est cependant aisé de se rendre compte que cette stratégie a été, en cours de route, détournée de son but, modalisée par des impondérables. De même *L'Oeuvre au noir*, à l'origine, transcription picturale d'une époque et d'un lieu précis, s'engage peu à peu vers une recherche de plus en plus personnelle: celle de l'identité par le nom du héros (recherche que l'avant-texte, cette fois-ci, nous laissera). Si la genèse donne donc l'impression de posséder un objectif bien déterminé dont les "notes" sont la preuve, il semble cependant que la "fonction didactique" de cet objectif soit progressivement remise en cause – et souvent par des étapes de la genèse que l'auteur n'a pas toujours jugé utile de nous laisser. Ainsi, fort peu de choses dans l'avant-texte des *Mémoires d'Hadrien* peut laisser supposer les dérivations ultérieures sur le grand chef d'état: les "notes" du carnet fonctionnent comme un savoir documentaire que la rédaction transcrira, illustrera. En regard, les notes sur Michel que comporte l'apport documentaire de *Quoi? L'Eternité* (ébauche) révèlent un autre versant génétique: celui où la réminiscence sert de germe au roman. Le scripteur laisse les souvenirs resurgir à la surface de la conscience. La fontion mnémonique prend alors le dessus et dépasse la fonction didactique tout en l'immobilisant. Des souvenirs très anciens, résultant de l'expérience vécue de l'écrivain, font revivre le fantôme du passé. Ces notes jouent alors le rôle de relais. Et la genèse représentera et modifiera au gré de sa dynamique les connaissances que ces "notes" livrent.

Dans son article sur la genèse de *L'Assommoir*, Henri Mitterand répartit les éléments génétiques en trois groupes: les choses sues; les choses vues; les choses lues. Il semblerait que chez Yourcenar, à l'encontre de Zola, les choses sues et lues ne fassent qu'un seul bloc. Peut-être parce que le lu n'est pas donné comme un tout, mais s'avère trop fragmentaire, trop selectionné en vue d'une lecture posthume pour pouvoir affecter grandement la dynamique génétique. Ainsi, on ne saura jamais, à partir des notes qu'elle nous laisse, si, comme Zola ou Flaubert, Yourcenar a "plagié ses sources" (Henri Mitterand) puisqu'une grande partie des renseignements historiques a disparu: où sont les notes sur Dio Cassius (*Mémoires d'Hadrien*)? sur le spiritisme (*L'Oeuvre au noir*)? sur les aventures amoureuses du moi pendant les années vingt (*Quoi? L'Eternité*)? Ce n'est donc pas un dossier complet qui sera légué au lecteur mais une compilation dirigée, reposant sur des données idéologiques auctoriales. Enfin, des constantes se dégagent à travers les écritures successives car un même souci préside à la contraction ou au gonflement du texte. Traduisant la mouvance du texte, les champs lexicaux et syntaxiques sont les premiers à subir des transformations sensibles au cours de l'écriture et de la réécriture.

A) *Champs lexicaux et syntaxiques*

Les champs lexicaux et syntaxiques subiront les atteintes les plus apparentes de ces modulations: archaïsme lexical recherché par les biffures du manuscrit des *Mémoires d'Hadrien;* rythme syntaxique bouleversé par la recherche systématique d'un rythme binaire *(Nouvelles orientales; Comme l'eau qui coule; Mémoires d'Hadrien);* suppressions syntaxiques importantes et souvent orientées: ainsi les élisions sur la moralité des nouvelles sert à créer l'équivoque, le vague – flou vers lequel tendent progressivement les nappes d'écriture. A Matthieu Galey, Yourcenar n'avouait-elle pas déjà sa manie d'écrivain qui consistait à supprimer systématiquement l'inutile:

> ... à la troisième ou à la quatrième révision, armée d'un crayon, je relis mon texte, déjà à peu près propre, et je supprime tout ce qui peut être supprimé, tout ce qui me paraît inutile. Là, je triomphe. J'écris en bas des pages: supprimé sept mots, supprimé dix mots. Je suis ravie, j'ai supprimé l'inutile. (Y.O., 220)

Enfin, et paradoxale (étant donné la constante suppressive déjà notée), l'expansion est aussi remarquable puisqu'elle prend souvent une autre forme – celle du dialogue, dialogue de *Quoi? L'Eternité,* par exemple. Le scripteur modalise ainsi l'énoncé narratif afin de rendre le récit plus réaliste. De même, dans les *Nouvelles orientales,* l'auteur n'hésite pas à ajouter ses opinions politiques ou sociales en un dialogue apparemment anodin. Mais ce sont ces ajouts qui mettent en lumière la progression idéologique de l'écrivain, manipulant la matière textuelle à des fins didactiques et retouchant ainsi les éléments du récit.[3]

B) *Les éléments du récit*

Les personnages sont les éléments les plus visibles de ces transformations. Dans les retouches successives qu'apporte l'auteur à ses portraits, les personnages sont, dans l'ensemble, adoucis, et en particulier les personnages féminins. Ainsi, l'auteur supprime les traits trop caractériels des protagonistes d'Hadrien de même qu'il anoblit les fantômes de *Quoi? L'Eternité.* Certes, ce qui s'affirme comme

---

[3] C'est Mieke Bal qui dans: "Analyse structurale du récit: ordre dans le désordre" découpe le discours en éléments (événements, personnages, thèmes) et en aspects (narrateur, focalisation, rythme, fréquence) (8-12).

constante dans un manuscrit peut être infirmé dans l'autre: les femmes de *L'Oeuvre au noir,* par les retouches qu'elles subissent, s'avèrent plus équivoques, et traduisent une fissure idéologique plus précise. Mais dans l'ensemble, les refontes paraissent bien traduire une plus grande mansuétude auctoriale à l'égard des personnages romanesques – ouverture d'esprit, largesse qui s'offre comme pardon symbolique sur le monde.

Les changements idéologiques que subit le scripteur se traduisent aussi par des modifications importantes dans l'espace du roman: réactivation des détails quotidiens de la Renaissance de *L'Oeuvre au noir;* ajouts sur la politique et les femmes des *Mémoires d'Hadrien;* etc... Cette rigidité événementielle qui était, selon Yourcenar, le plus grand défaut des versions primitives cède la place, au fil des diverses versions, à un plus grand réalisme spatio-temporel. Ainsi le récit de *Denier du rêve,* qui était à l'origine fondé sur le mythe, se dynamise et acquiert des fondements historico-politiques certains. Du mythe à l'histoire, le pas est donc franchi – et les réécritures des *Nouvelles orientales* transcriront ce même souci d'un plus grand réalisme historique.

Ces textes, régénérés, semblent ainsi motivés par les convictions idéologiques de l'auteur, manifestant un pessimisme toujours accru. L'atténuation de la foi religieuse est l'une de ces constantes modificatrices illustrant, on ne peut mieux, ce manque de confiance dans le monde. Les modulations du discours religieux dans *Les Yeux ouverts* résument d'ailleurs fort bien les changements de réaction en matière de foi religieuse:

> Très petite, s'épanche Marguerite Yourcenar, j'ai eu (...) le sentiment qu'il fallait choisir entre la religion, telle que je la voyais autour de moi, donc la religion catholique, et l'univers.... A ce moment-là, ces deux aspects du sacré me paraissaient incompatibles. L'un me semblait beaucoup plus vaste que l'autre; l'église me cachait la forêt. (Y.O., 41)

C) *L'apport visuel*

Sur ces transformations génétiques et sur cette compilation documentaire (que représente "le lu" et "le su") vient se greffer le diaristique – conférant à cet apport génétique toute son originalité:

notes d'Hadrien, notes du cahier de *L'Oeuvre au noir* – réflexion sur la genèse, réflexion sur soi, et qui traduisent l'absence de frontière, pour le scripteur, entre la fiction et la réalité. C'est ce que l'auteur avoue encore dans la fin des entretiens avec Matthieu Galey lorsqu'elle répondait:

> Vous avouerais-je que je n'ai jamais eu le sentiment d'écrire de la fiction? J'ai toujours attendu que ce que j'écrivais fût assez incorporé à moi pour n'être pas différent de ce que seraient mes propres souvenirs. Je crois à la réalité du vieux Clément Roux marchant dans les rues de Rome autant qu'à la mienne; la maladie d'Hadrien me paraît aussi authentique que mes maladies; j'ai l'impression d'avoir vécu la mort de Zénon, sans quoi, je n'aurais pu l'écrire. Il me semblerait bien vain d'engager une fiction. (Y.O., 307)

C'est aussi dans cet apport diaristique que sont transcrites "les choses vues" (Mitterand, 197) – non pas les visions de peintres à la manière de Zola (cela, Marguerite Yourcenar le réservera pour des essais publiés tels que ce "rêve de Dürer" paru dans le recueil du *Temps, ce grand sculpteur*) – mais bien plutôt, et là encore, ce rapport synesthésique entre elle et les choses, entre la réalité et les éléments fictionnels. Ainsi se produit la réincarnation des héros: rencontre d'une jeune femme se prénommant Sabine (pendant l'élaboration d'Hadrien) et d'un jeune homme qui ressemblait à Antinoüs. De même, en regardant des mains d'enfants à Santa Fé, le scripteur visualise son héros. Ou bien le scripteur se réapproprie les lieux du roman en refaisant le trajet de Zénon dans les rues de Bruges. Les choses vues sont aussi ces esquisses de *Denier du rêve*, ou ce fichier photographique de peintres flamands qu'accompagne la documentation de *L'Oeuvre au noir:* apport visuel où l'image peut soit engendrer le texte, soit mettre un point d'orgue au texte. Cet apport iconique permet alors de réfléchir à la conversion en roman de cet espace multi-dimensionel du visuel (esquisses, photos, peintures). Car par ce jeu, le scripteur occulte l'espace pictural pour le faire renaître dans l'espace fictionnel du récit, accentuant certains détails, en neutralisant d'autres. Le pouvoir de l'image dans l'imaginaire yourcenarien est tel qu'il semble impossible à l'auteur d'engendrer un texte fictionnel sans passer par l'image. D'où ce travail de détective afin de retrouver et d'aller contempler TOUTES les statues représentant Antinoüs (et répertorié dans le carnet *Notes. Mémoires d'Hadrien* ainsi que dans le "Fichier – Hadrien"); d'où un affairement de journaliste afin de rassembler TOUTES les coupures de presse possibles concernant Mussolini pour opérer la métamorphose du récit de *Denier du rêve* en pièce de théâtre: *Rendre à César;* d'où un travail d'amateur d'art consistant à aller rechercher la trace, dans TOUS les musées du monde (Rotterdam, Francfort, Turin, etc…) des peintures les plus à mêmes de représenter l'état d'esprit de la Renaissance de Zénon. De ces peintures naîtront cette conception par plans picturaux conservés dans le Cahier de *Notes* de *L'Oeuvre au noir.* Ils trahissent bien une conception génétique dans laquelle la rédaction est, à l'origine, gérée par un plan de scénario visuel.

Ainsi, ces choses vues font plus que nourrir la fiction, font plus qu'illustrer ou prolonger le texte. Elles sont en fait étape première de la genèse, révélation de l'invisible, et structurent l'imaginaire yourcenarien. Car l'image est signe: signe de l'inexprimable qui peu à peu se fait mot; signe de la mort (les photos de Fernande – mère de l'auteur – comme arrachement soudain au temps) qui peu à peu se transmue en souvenir, en figure linguistique exprimant l'indicible. L'image précédant le langage, s'affirme bien comme embrayeur de la fiction. L'apport iconique des dossiers documentaires yourcenariens est donc emblématique puisqu'il s'avère premier dans l'aventure de l'écriture. Le legs que fit Yourcenar à Harvard du manuscrit autographe de *Denier du rêve* prend ainsi tout son sens: premier legs symbolique de 1978 qui souligne combien l'iconique fait non seulement partie intégrante de la genèse, mais encore en est le moteur essentiel. Non que le texte soit écrit sous la contrainte; mais l'image est le lieu médiumnique où se trouvent rassemblés tous les possibles fictionnels. Elle imprègne la fiction d'un réel – réel reconquis par la visualisation du scripteur. Et c'est à partir de cette visualisation du réel que l'écrivain emmagasine dans sa mémoire des images qui resurgissent, beaucoup plus tard, dans ce que Marguerite Yourcenar nomme "la vision" (Y.O., 218). Ce sont ces prémisses ethnologiques qui permettent à la genèse de progresser. Ainsi, et d'une part, Marguerite contrôle la genèse de ses écrits puisqu'elle transcrit l'évolution de ses convictions idéologiques par un système de réécritures successives qui l'obligent à moduler son discours; mais de l'autre, l'emprise visuelle originelle est telle qu'elle ne fait plus de l'écrivain qu'un intermédiaire entre la fiction et sa traduction textuelle.

3. Le vrai et le faux

Lors de son discours de remise de ses manuscrits au C.N.R.S., Louis Aragon, affirmait l'importance de l'avant-texte. Mais il insistait aussi sur deux points: le premier était de "mettre le texte, c'est-à-dire le manuscrit de ce que l'on a écrit, à la disposition des chercheurs, ... non point mette à la disposition la copie du manuscrit, mais le manuscrit même (9)"; le second consistait à póuvoir dégager "...l'existence d'une série d'étapes dans l'écriture..." (10). A ces affirmations, Henri Mitterand concluait, d'une manière similaire, dans son article "Programme et préconstruit génétique" (publié dans le même recueil d'essais génétiques): "Lorsque nous tentons de rendre compte de la genèse d'un roman, nous devons porter toute notre attention, par priorité, sur l'évolution des systèmes structuraux qui naissent l'un de l'autre, depuis le premier noyau du scénario jusqu'au texte achevé comme des tables gigognes" (226). Est donc reposé, une fois de plus, le problème de l'avant-texte yourcenarien: car comme nous l'avons constaté à plusieurs reprises au cours de ce livre, l'auteur se soucie fort peu de léguer au chercheur les différentes étapes d'écriture qui permettraient d'établir un système structural de progression génétique. Marguerite Yourcenar ne laisse parfois que des dactylographies (manuscrits de *Souvenirs pieux* et d'*Archives du Nord,* par exemple) – copies au propre qui ne présentent pas grand intérêt. Ainsi, n'aurait-il pas été utile, et même souhaitable, de léguer l'ensemble des unités rédactionnelles de *Denier du rêve* de 1959, en plus des esquisses manuscrites examinées dans le premier chapitre? Car si ces dessins sont fort intéressants, ils ne constituent que l'étape primitive de la genèse. De plus, n'aurait-il pas été fascinant d'étudier les brouillons de *Rendre à César* et de voir comment le narratif se métamorphose en dialogique? Les mêmes questions se posent pour chaque avant-texte étudié: l'écrivain a, semble-t-il, préféré transmettre des fragments avant-textuels minutieusement choisis en vue d'une lecture posthume. Mais pour qui cette lecture? C'est au biographe, sans aucun doute, qu'a songé Marguerite Yourcenar, pariant sur l'aspect visuel, esthétique des manuscrits qu'elle laissait; ou visant l'originalité de certains fragments (comme, par exemple, la mobilité du scripteur au moment de la rédaction des premiers brouillons d'Hadrien). D'ailleurs, là encore, Marguerite Yourcenar a, comme toujours, son mot à dire. N'avoue-t-elle pas qu'il n'y a "Rien de plus émouvant qu'un écrit mutilé par le temps, auquel manquent ça et là des pages sur lesquelles on peut rêver" (Y.O., 237)?

Cette curieuse conception de la genèse rejoint d'ailleurs cette notion d'inachevé qui se trouve bien au coeur de la créativité auctoriale:

> Je ne clos jamais rien, assure encore l'auteur, même pas ma porte. (...) Il faut bien qu'il y ait dans notre oeuvre quelque chose d'inachevé, tout comme cette ligne interrompue que les potiers mexicains laissent dans leurs dessins, pour empêcher que l'esprit en devienne prisonnier. (Y.O., 297)

C'est ainsi que l'écrivain sollicite le lecteur en comprenant son importance et laisse inachevée son oeuvre en soustrayant certaines parties avant-textuelles au legs d'Harvard. L'acte créateur initial ainsi que les corrections successives doivent donc être replacés dans un système de communication où l'auteur, tout en censurant, dialogue avec son lecteur virtuel. Et ce sont ces manuscrits détournés qui nous ont invités à réfléchir à la dialectique entre la créativité et la mystification. D'autant que ce détournement de lecture, qui se manifeste à l'examen de ces manuscrits, semble être inspiré par un appel à la postérité: l'auteur prend ses distances, réfléchit aux lectures possibles, pare à certaines de ces lectures, canalisant l'avant-texte en fonction d'un décryptage posthume. Pour cette raison, sans doute, l'être Marguerite s'évanouit de l'autobiographie de *Quoi? L'Eternité* laissant la place à la fabulation. Occultation que révélait aussi le carnet *Sources II*, dans cette note autographe: "Je laisse de côté tout ce qui est tiré de ma vie qui ne concerne que moi" (*Sources II*).

Par cette manipulation du narrataire et ce simulacre du narrateur, les différents manuscrits examinés dans cette étude s'inscrivent donc comme variantes sur la courbe ondoyante du vrai et du faux. En premier lieu, *Denier du rêve*, par son apport visuel, posait déjà, dans toute son acuité, la problématique du vrai et du faux. Car si la réécriture du texte final de 1959 penchait vers un plus grand réalisme /f → v/, dans le manuscrit légué à Harvard, l'histoire posait problème: se fondant sur un postulat mythique (plans, esquisses), cet avant-texte n'était absolument pas à même de prouver la progression du mythe à la réalité – telle qu'elle prend forme de la première version (1934) à la deuxième (1959). La seconde vague génétique, les nouvelles, intensifiait le problème en révélant les signes d'un détournement auctorial – problème d'énonciation puisque Marguerite Yourcenar était déjà l'auteur – persona, signant d'un carrosse son ultime nouvelle, et mettant en abyme sa production passée. Mais c'est le troisième avant-texte, celui d'Hadrien, qui posait avec plus de netteté encore, ce problème d'énonciation – là où le discours faisait appel au travestissement afin de libérer l'anima, l'être intime. La quatrième étape narrative allait encore plus loin puisque l'ambiguïté ne jouait plus sur l'énonciateur mais bien sur le référent qui n'était pas fictif mais réel. Et c'est ce hors-texte du cahier de Notes de *L'Oeuvre au noir* qui révèle une recherche d'identité par l'intermédiaire du personnage, à mi-chemin du rêve et de la réalité. Enfin, c'est la tentative autobiographique de *Quoi? L'Eternité* qui atteint le paroxysme mystificateur – là où non seulement l'énonciateur et l'histoire posent problème mais encore l'inachèvement du récit par la mort du scripteur, remettant en cause l'instance du co-locuteur.

C'est donc une mystification à la fois délibérée et involontaire que trahissent ces manuscrits yourcenariens – mais une mystification qui n'est pas négative pour l'auteur puisqu'elle lui ouvre la porte de la créativité en lui permettant de prendre ses distances. Le jeu auquel se livre Yourcenar est donc celui du secret faisant appel à un esprit inventif pour transcrire une réalité occultée, filtrée – geste dans l'ordre, en somme, puisque "toute l'esthétique du roman repose sur un tissu de mensonges. Comme la lunette pour l'astronome, le mensonge est une sorte de filtre, de moyen de voyance sans quoi le romancier ne peut pas décemment espérer travailler" (16).[4] C'est ainsi que tranposer, contourner, déformer s'inscrit dans une démarche positive de la genèse romanesque puisque "le récit littéraire est une élaboration secondaire... un vêtement formel, un revêtement, le travestissement d'un rêve typique... Il voile une nudité... Un texte se trouve dans l'autre" (446).[5] Qui mieux que Marguerite Yourcenar a su jouer d'une manière aussi élaborée, aussi savante, de cette dissimulation de l'écriture, de ce simulacre de la vérité?

Enfin, s'il est à espérer que ces quelques pistes exploratoires qu'apportent ces cinq lectures génétiques ouvrent d'autres portes

---

[4] Barbedette, Gilles. *L'Invitation au mensonge*.
[5] Derrida, Jacques. "Le facteur de la vérité".

sur les sentiers de la recherche, il est aussi à souhaiter que la critique à venir garde à l'esprit, avant d'entreprendre tout travail avant-textuel, l'ambiguïté et la complexité de l'entreprise. Car c'est déjà dans la première lettre qui compose l'anagramme du nom de l'auteur que se transcrit visuellement cette dialectique, constamment présente, dans la genèse yourcenarienne: aux deux chemins qu'illustrent les deux branches de ce Y pythagorien correspondent bien deux démarches antithétiques, mais non contradictoires: la mystification de l'une, la créativité, de l'autre. Et c'est cette oscillation constante entre créativité et mystification remettant sans cesse en cause la vérité du récit qui génère le texte yourcenarien et lui confère ce sceau original et convaincant qui est le propre de toute grande construction romanesque.

BIBLIOGRAPHIE. CONCLUSIONS

Bal, Mieke. "Analyse structurale du récit: ordre dans le désordre". *Le Français dans le monde* 130 (juillet 1977): 6-14.
Barbedette, Gilles. *L'Invitation au mensonge*. Paris: Gallimard, 1989.
Derrida, Jacques. "Le Facteur de la vérité". *La Carte postale*. Paris: Aubier-Flammarion, 1980. 441-524.
Kamuf, Peguy. *Signatures Pieces*. Ithaca: Cornell U Press, 1988.
Kripke, Saul. *La Logique des noms propres*. Paris: Minuit, 1980.
Leclaire, Serge. *Psychanalyser*. Paris: Seuil, 1968.
Mitterand, Henri. "Programme et préconstruit génétiques". *Essais de critique génétique*. Flammarion, 1979. 195-226.
Mourey, Jean-Pierre. "Borges chez Borges". *Poétique* (Sept. 1985): 313-324.

BIBLIOGRAPHIE GÉNÉRALE

I. Manuscrits de Marguerite Yourcenar utilisés dans cette étude

(Par ordre chronologique – les manuscrits répertoriés sous les rubriques 1, 2, 3 et 4 font partie des collections de la Houghton Library, Department of Manuscripts, Harvard University, Cambridge.)

1. *Legs de 1978*

Denier du rêve. ms. fMS Fr 326.

2. *Legs de 1982 à 1987: "Marguerite Yourcenar Papers"*

Anna, Soror.... ts. (épreuves annotées). bMs Fr 372 (1292 et 1293).
Comme l'eau qui coule. ms.; ts.; A.MS. illustration. bMS Fr 372 (1304).
Denier du rêve. (version anglaise) ms. (traduction de Grace Frick); A.MS. illustration. bMS Fr 372 (1307).
Nouvelles orientales. ms. (liste de corrections). bMS Fr 372 (1332).
Une Belle matinée. ms.; A.MS. illustration. bMS Fr 372 (1296).

3. *Legs de 1989: "Books, manuscripts and papers given to The Houghton Library by the estate of Marguerite Yourcenar – 1989"*

Chapitres d'un livre inachevé. ms.; ts. Ms Stor 252. (Box 6, 17).
Crayencour. Correspondance. Ms Stor 252. (Box 6, 45).
Denier du rêve. Documentation photographique. Théâtre. Ms Stor 252. (Box 5, 4).
Mémoires d'Hadrien. ms. Ms Stor 252. (Box 1, 3).
Mont-Noir. (dossier) Ms Stor 252. (Box 16, 12).
Notes. Mémoires d'Hadrien. ms. Ms Stor 252. (Box 1, 12).
Le Labyrinthe du monde. Vol. I. ts. Ms Stor 252. (Box 1, 1).
L'Oeuvre au noir. Vol. I. ts. Ms Stor 252. (Box 1, 4).
L'Oeuvre au noir. Vol. II. & III. ts. Ms Stor 252. (Box 1, 6).
L'Oeuvre.au noir, Notes. ms & ts.; A.MS. illustrations. Ms Stor 252. (Box 1, 5).
L'Oeuvre au noir. Illustrations. Ms Stor 252. (Box 12, 17, & 18).
"Notebook" (version préparatoire à *Quoi*). Ms Stor 252. (Box 16, 5).
Notes de lectures/Voyages. ms. Ms Stor 252. (Box 1, 14)
Quoi? L'Eternité. ms. Ms Stor 252. (Box 9, 1).
Sources II. ms & ts. Ms Stor 252. (Box 1, 2).

Trees and Plants at Petite Plaisance. ms. A.MS. illustrations. Ms Stor 252. (Box 1, 10 & 11).

4. *Legs de 1990:* "*Personal papers of Marguerite Yourcenar given to the Houghton Library – 1990*"

Les Voyages ensemble. ms. Ms Stor 265 (24).

5. *Collection de Bowdoin College (Brunswick, Maine): The Yourcenar Collection. A Descriptive Catalogue*"

Nouvelles orientales. ts.; ms. (épreuves annotées).

II. Éditions, rééditions et prépublications des ouvrages de Marguerite Yourcenar utilisés dans cette étude

(Ce classement suit les chapitres du livre.)

1. *Denier du rêve*

A) Édition originale et rééditions:
Denier du rêve. Paris: Grasset, 1934.
Denier du rêve. Paris: Plon, 1959.
Denier du rêve. Paris: Club des Éditeurs, 1959.
Denier du rêve. Paris: Plon, 1969.
Denier du rêve. Paris: Gallimard, 1971. (Coll. "Blanche").
Denier du rêve. Paris: Gallimard, 1978. (Cool. "L'Imaginaire").
Denier du rêve. dans *Oeuvres romanesques.* Paris: Gallimard, 1982. Bibliothèque de La Pléiade.

B) Prépublication:
"La Mère Dida". *Nouvelles littéraires* (2 juillet 1959).

2. *La Mort conduit l'attelage*

La mort conduit l'attelage. Paris: Grasset, 1934.

3. *Nouvelles orientales*

A) Édition originale et rééditions:
Nouvelles orientales. Paris: Gallimard, 1938.
Nouvelles orientales. Paris: Gallimard, 1963.
Nouvelles orientales. Paris: Gallimard, 1975. (Coll. "Blanche").
Nouvelles orientales. Paris: Gallimard, 1978. Coll. "L'Imaginaire").
Nouvelles orientales dans *Oeuvres romanesques.* Paris: Gallimard, 1982. Bibliothèque de La Pléiade.

B) Prépublications:

"L'Homme couvert de Dieux". *L'Humanité,* 1926.
"Kâli décapitée". *La Revue Européenne* (avril 1928): 392-396.
"Comment Wang-Fô fut sauvé". *La Revue de Paris* (fév. 1936): 848-859.
"Le Sourire de Marko". *Les Nouvelles Littéraires* (nov. 1936): 1-2.
"Notre-Dame des Hirondelles". *La Revue Hebdomadaire* (jan. 1937): 40-49.
"Le Lait de la mort". *Les Nouvelles Littéraires* (mars 1937): 1-2.
"L'Homme qui a aimé les Néréides". *La Revue de France* (mai-juin 1937): 95-103.
"Le Dernier amour du Prince Genghi". *La Revue de France* (août 1937): 845-854.
"Le Sourire de Marko". *Le Nouveau Candide* (jan. 1962): 14.
"Il n'en avait oublié qu'une". *Le Nouveau Candide* (mars 1962): 15.
"Le Lait de la mort". *Le Nouveau Candide* (juil.-août 1962): 14.
"La Fin de Marko Kraliévitch". *La Nouvelle Revue Française* (mars 1978); 46-50.

4. *Comme l'eau qui coule*

A)   Éditions originales et rééditions:

Anna, Soror.... Paris: Gallimard, 1981.
Comme l'eau qui coule: Anna, Soror..., Un Homme obscur, Une belle matinée. Paris: Gallimard, 1982.
Un Homme obscur, Une Belle matinée. Paris: Gallimard, 1985.
Anna, Soror.... Paris: Gallimard, 1982. Bibliothèque de La Pléiade.
Un Homme obscur suivi d'Une Belle Matinée. Paris: Gallimard, 1982. Bibliothèque de La Pléiade.

B)   Prépublications:

"Incident dans l'Acadie de Champlain". *Études Littéraires* 12 (1979): 37-41.

5. *Mémoires d'Hadrien*

A)   Édition originale et rééditions:

Mémoires d'Hadrien. Paris: Plon, 1951.
Mémoires d'Hadrien. Paris: Le Club du meilleur livre, 1953.
Mémoires d'Hadrien. Paris: Club des libraires de France, 1956.
Mémoires d'Hadrien. Paris: Le Livre de Poche, 1957.
Mémoires d'Hadrien. Paris: Plon, 1958.
Mémoires d'Hadrien. Paris: Plon, 1962.
Mémoires d'Hadrien. Paris: Le Club Français du Livre, 1963.
Mémoires d'Hadrien. Paris: Gallimard, 1971.
Mémoires d'Hadrien. Paris: Le Livre de Poche, 1973.
Mémoires d'Hadrien. Paris: Gallimard, 1974. Coll. "Blanche" et "Folio".
Mémoires d'Hadrien. Paris: France Loisirs, 1981.
Mémoires d'Hadrien dans *Oeuvres romanesques.* Paris: Gallimard, 1982. Bibliothèque de La Pléiade.

B)   Prépublications:

"Animula, vagula, blandula". *Table Ronde* 43 (juil. 1951): 71-84.
"Varius multiplex multiformis". *Table Ronde* 44 (août 1951): 94-118.

"Tellus stabilita". *Table Ronde* 45 (sept. 1951): 36-59.
"Carnet de notes". *Mercure de France* 316 (nov. 1952): 415-432.

6. *L'Oeuvre au noir*

A) Édition originale et rééditions:

L'Oeuvre au noir. Paris: Gallimard, 1968.
L'Oeuvre au noir. Paris: Gallimard, 1969. Coll. "Soleil".
L'Oeuvre au noir. Paris: Le Livre de Poche, 1971.
L'Oeuvre au noir. Paris: Gallimard, 1976. Coll. "Folio".
L'Oeuvre au noir. Paris: Gallimard, 1980. Coll. "Blanche".
L'Oeuvre au noir dans *Oeuvres romanesques*. Paris: Gallimard, 1982. Bibliothèque de La Pléiade.
"Carnets de notes de *L'Oeuvre au noir*". *La Nouvelle Revue Française* (sept. 1990): 40-53.
"Carnets de notes de *L'Oeuvre au noir*". *La Nouvelle Revue Française* (oct. 1990): 54-67.

B) Prépublications:

"Les derniers voyages de Zénon". *Livres de France* 5 (1964): 8-10.
"La conversation à Innsbruck". *La Nouvelle Revue Française* (mai 1965): 859-875.
"Les Temps troublés". *La Revue Générale Belge* (juin 1965): 15-30.

7. *"Chapitres d'un livre inachevé"*

"La Symphonie héroïque". *La Revue de Genève* (août 1930): 129-143.
"La Symphonie héroïque" dans *Essais et mémoires*. Paris: Gallimard, 1991. Bibliothèque de La Pléiade.
"Le Changeur d'or". *Europe* (1932): 566-577.
"Le Changeur d'or" dans *Essais et mémoires*. Paris: Gallimard, 1991. Bibliothèque de la Pléiade.
"Essai de généalogie du saint". *Revue Bleue* (juin 1934): 460-466.
"Essai de généalogie du saint" dans *Essais et mémoires*. Paris: Gallimard, 1991. Bibliothèque de la Pléiade.

8. *Quoi? L'Eternité*

Quoi? L'Eternité. Paris: Gallimard, 1988. Coll. "Blanche".
Quoi? L'Eternité. Paris: Gallimard, 1990. Coll. "Folio".
Quoi? L'Eternité dans *Essais et mémoires*. Paris: Gallimard, 1991. Bibliothèque de la Pléiade.

III. OUVRAGES SUR MARGUERITE YOURCENAR (OUVRAGES SECONDAIRES POUR CETTE ÉTUDE)

(Les ouvrages déjà mentionnés dans les bibliographies spécifiques à chaque chapitre ne seront pas repris.)

Bernier, Yvon. *En mémoire d'une souveraine, Marguerite Yourcenar.* Québec: Boréal, 1990.
Borgomano, Laure et Adolphe Nysenholc. *André Delvaux. Une oeuvre, un film. L'Oeuvre au noir.* Bruxelles: Meridiens Klincksieck, 1988.
Horn, Pierre. *Marguerite Yourcenar.* Boston: Twayne Publishers, 1985.

IV. Articles sur Marguerite Yourcenar consultés pour cette étude (non mentionnés précédemment)

Blot, Jean. "Marguerite Yourcenar: 'L'Oeuvre au noir'". *La Nouvelle Revue Française* (1968): 659-663.
Brébion, Marie-Cécile. "L'Opus Alchymicum dans *L'Oeuvre au noir*". *Mythe, Rite, Symbole.* (Angers: Presses U. d'Angers, 1984) 319-333.
Delcroix, Maurice. "Marguerite Yourcenar entre le oui et le non". *Marche Romane* XXXI, 2 (1981): 65-78.
———. "La Mort dans l'oeuvre narrative de Marguerite Yourcenar". *La Mort en toutes lettres.* (Nancy: Presses U. de Nancy, 1983) 205-215.
Denis-Christophe, Alain. "Sur le suicide de Zénon". *Études Littéraires* 12, 1 (avril 1979): 44-49.
Favre, Yves-Alain. "Marguerite Yourcenar ou la sérénité tragique". *La Revue universelle des faits et des idées* 93 (avril 1983): 31-46.
Greve-Gorokhoff, Claude de. "Grand-route et chemin de traverse: la structure narrative de *L'Oeuvre au noir*". *L'Information Littéraire* XXXU (1983): 25-32.
Jaubert, Jean-Claude. "Adapter *L'Oeuvre au noir* du livre au film". *LittéRéalité*, vol. 1 n° 2 (Automne 1989): 185-193.
Salvaing, François. "Zénon ou les inconforts du clerc". *Sud* 55 (1984): 24-36.
Soos, Emese. "The Only Motion is Returning: the Metaphor of Alchemy in Mallet-Jorris and Yourcenar". *French Forum* 4, 1, (jan. 1979): 3-16.
Soulès, Claude. "Compte rendu d'un travail interdisciplinaire sur *L'Oeuvre au noir* de Marguerite Yourcenar". *L'École des Lettres* 7 et 8 (1983-1984): 3-9 et 2-26.
Zana, Jacqueline. "*L'Oeuvre au noir* de Marguerite Yourcenar. Archétypes et imaginaire". *Mythe, Rite, Symbole.* (Angers: Presses U. d'Angers, 1984) 207-212.

VI. Ouvrages et articles généraux (non cités précédemment)

Baetens, Jan. "Sur la figuration cachée". *Littérature* 73 (février 1989): 83-96.
Beaujour, Michel. "Autobiographie et autoportrait". *Poétique* 32 (nov. 1977).
Bellemin-Noël, Jean. "En guise de postface: l'essayage infini". *Littérature* 52 (déc. 1983): 123-126.
Bevan, D. G. et P. M. Wetherill, ed. *Sur la génétique textuelle.* Amsterdam/Atlanta: Rodopi, 1990.
Cebik, L. B. *Fictional Narrative and Truth: an Epistemic Analysis.* Lenham: U. Press of America, 1984.
Culbertson, Diana. *The Poetics of Revelation: Recognition and the Narrative Tradition.* Macon (Georgia): Mercer U. Press, 1989.
Debray-Genette, Raymonde. "Génétique et poétique: esquisse de méthode". *Littérature* 28 (déc 1977): 19-40.
———. *Essais de critique génétique.* Paris: Flammarion, 1979.
Didier, Bétrice. *Le Journal intime.* Paris: P.U.F., 1976.
Girard, René. *Deceit, Desire and the Novel. Self and Other in Literary Structure.* Baltimore: The John Hopkins Press, 1965.

Guiomar, Michel. *Principes d'une esthétique de la mort.* Paris: Corti, 1988.
Hite, Molly. *The Other Side of the Story: Structures and Strategies of Contemporary Feminist Narrative.* Ithaca: Cornell U. Press, 1989.
Kavanagh, Thomas. *Writing the Truth.* Berkeley: U. of California Press, 1987.
Kermode, Frank. *The Genesis of Secrecy: On the Interpretation of Narrative.* Cambridge: Harvard U. Press, 1979.
Mitterand, Henri. *Le Discours du roman.* Paris: P.U.F., 1980.
Montandon, Alain. *Iconotextes.* Paris: Ophrys, 1990.
Pascal, Roy. *Design and Truth in Autobiography.* Cambridge: Harvard, 1960.
Rabinowitz, Peter. *Before Reading: Narrative Conventions and the Politics of Interpretation.* Ithaca: Cornell U. Press, 1987.
Rousset, Jean. *Narcisse romancier: essai sur la première personne dans le roman.* Paris: Corti, 1972.
Ruthrof, Horst. *The Reader's Construction of Narrative.* London/Boston: Routledge & Kegan Paul, 1981.

VI. ARTICLES DE PRESSE CHOISIS (et non cités précédemment)

Bimpage, Serge. "Marguerite Yourcenar, écrivain subversif". *Journal de Genève* 9 nov 1985: 3.
Boisdeffre, Pierre de. "Pour un portrait de Marguerite Yourcenar". *Paradoxes.* 38 31 mars 1980: 154-156.
Bosquet, Alain. "Marguerite Yourcenar et la perfection". *Livres de France* mai 1964 n° 5: 2-3.
Corteggiani, Jean-Pierre. "Marguerite Yourcenar interviewed". *Normal* (1988): 8-15.
Grodent, Michel. "Marguerite Yourcenar, première femme à l'Académie". *Le Soir* 7 mars 1980: 24.
Kauffmann, Jean-Paul. "Le Système Yourcenar". *Le Matin de Paris.* 10 juin 1979: 30-31.
Nobili, Nella. "L'Amour, les femmes, le féminisme, l'homosexualité à travers l'oeuvre de Marguerite Yourcenar". *Masques* 8, Printemps 1981: 109-121.
Piatier, Jacqueline. "Une Femme dans une île". *Le Monde* 25 mai 1968: 14.
———. "L'Express va plus loin avec Marguerite Yourcenar". *L'Express* 197 3-9 février 1969: 47-52.
Servan-Schreiber, Claude. "Marguerite Yourcenar s'explique". *Lire.* 1975: 10-15.

VII. DOCUMENTS SONORES ET VISUELS (non cités antérieurement)

Yourcenar, Marguerite. "Un quart d'heure avec ...Marguerite Yourcenar". Radio France Culture. Paris. Du 18 au 31 janvier 1971.
———. "L'île heureuse de Marguerite Yourcenar". Antenne 2. Paris. 2 mars 1985.

VIII. SOURCES BIBLIOGRAPHIQUES

1. Pour une bibliographie plus complète des oeuvres de l'auteur ainsi que des ouvrages et articles critiques sur Marguerite Yourcenar, consulter:

De Feyter, Patricia. "Bibliographie". *Marguerite Yourcenar.* (Bruxelles: Université de Bruxelles, 1988): 119-139. (Cette bibliographie s'arrête à l'année 1987).

2. Pour une bibliographie par année (1987-1990) ou par genre, consulter les bulletins de la S.I.E.Y. (société fondée en 1987):

Bonali-Fiquet, Françoise. "Bibliographie relative au théâtre de Marguerite Yourcenar". *Bulletin* 7 S.I.E.Y. (nov. 1990): 109-121.

Minelli, Paola. "Choix bibliographique 1990". *Bulletin* 8 S.I.E.Y. (juin 1991): 115-124.

Poignault, Rémy. "Bibliographie récente... et partielle". *Bulletin* 1 S.I.E.Y. (nov. 1987): 20-24.

Primozich, Loredana. "Bibliographie récente et partielle (1987-1988)". *Bulletin* 4 S.I.E.Y. (juin 1989): 94-103.

———. "Choix bibliographique". *Bulletin* 6 S.I.E.Y. (mai 1990): 51-58.

3. Pour une bibliographie de *L'Oeuvre au noir* consulter:

Bonali-Fiquet, Françoise. "Bibliographie". *Roman 20-50. Marguerite Yourcenar. L'Oeuvre au noir* n° 9 (mai 1990): 131-138.

4. Sur les articles de presse, consulter la bibliographie (partielle) de Josyane Savigneau établie par Valérie Cadet: "Bibliographie chronologique" (parties III et IV) dans *Marguerite Yourcenar*. Paris: Gallimard, 1990: 526-532.

NORTH CAROLINA STUDIES IN THE ROMANCE LANGUAGES AND LITERATURES

I.S.B.N. Prefix 0-8078-

Recent Titles

THE PERIPHRASTIC FUTURES FORMED BY THE ROMANCE REFLEXES OF "VADO (AD)" PLUS INFINITIVE, by James Joseph Champion. 1978. (No. 202). -9202-S.

THE EVOLUTION OF THE LATIN /b/-/u/ MERGER: A Quantitative and Comparative Analysis of the B-V Alternation in Latin inscriptions, by Joseph Louis Barbarino. 1978. (No. 203). -9203-3.

METAPHORIC NARRATION: THE STRUCTURE AND FUNCTION OF METAPHORS IN "A LA RECHERCHE DU TEMPS PERDU", by Inge Karalus Crosman. 1978. (No. 204). -9204-1.

LE VAIN SIECLE GUERPIR. A Literary Approach to Sainthood through Old French Hagiography of the Twelfth Century, by Phyllis Johnson and Brigitte Cazelles. 1979. (No. 205). -9205-X.

THE POETRY OF CHANGE: A STUDY OF THE SURREALIST WORKS OF BENJAMIN PÉRET, by Julia Field Costich. 1979. (No. 206). -9206-8.

NARRATIVE PERSPECTIVE IN THE POST-CIVIL WAR NOVELS OF FRANCISCO AYALA "MUERTES DE PERRO" AND "EL FONDO DEL VASO", by Maryellen Bieder. 1979. (No. 207). -9207-6.

RABELAIS: HOMO LOGOS, by Alice Fiola Berry. 1979. (No. 208). -9208-4.

"DUEÑAS" AND DONCELLAS": A STUDY OF THE DOÑA RODRÍGUEZ EPISODE IN "DON QUIJOTE", by Conchita Herdman Marianella. 1979. (No. 209). -9209-2.

PIERRE BOAISTUAU'S "HISTOIRES TRAGIQUES": A STUDY OF NARRATIVE FORM AND TRAGIC VISION, by Richard A. Carr. 1979. (No. 210). -9210-6.

REALITY AND EXPRESSION IN THE POETRY OF CARLOS PELLICER, by George Melnykovich. 1979. (No. 211). -9211-4.

MEDIEVAL MAN, HIS UNDERSTANDING OF HIMSELF, HIS SOCIETY, AND THE WORLD, by Urban T. Holmes, Jr. 1980. (No. 212). -9212-2.

MÉMOIRES SUR LA LIBRAIRIE ET SUR LA LIBERTÉ DE LA PRESSE, introduction and notes by Graham E. Rodmell. 1979. (No. 213). -9213-0.

THE FICTIONS OF THE SELF. THE EARLY WORKS OF MAURICE BARRES, by Gordon Shenton. 1979. (No. 214). -9214-9.

CECCO ANGIOLIERI. A STUDY, by Gifford P. Orwen. 1979. (No. 215). -9215-7.

THE INSTRUCTIONS OF SAINT LOUIS: A CRITICAL TEXT, by David O'Connell. 1979. (No. 216). -9216-5.

ARTFUL ELOQUENCE, JEAN LEMAIRE DE BELGES AND THE RHETORICAL TRADITION, by Michael F. O. Jenkins. 1980. (No. 217). -9217-3.

A CONCORDANCE TO MARIVAUX'S COMEDIES IN PROSE, edited by Donald C. Spinelli. 1979. (No. 218). 4 volumes, -9218-1 (set), -9219-X (v. 1), -9220-3 (v. 2); -9221-1 (v. 3); -9222-X (v. 4).

ABYSMAL GAMES IN THE NOVELS OF SAMUEL BECKETT, by Angela B. Moorjani. 1982. (No. 219). -9223-8.

GERMAIN NOUVEAU DIT HUMILIS: ÉTUDE BIOGRAPHIQUE, par Alexandre L. Amprimoz. 1983. (No. 220). -9224-6.

THE "VIE DE SAINT ALEXIS" IN THE TWELFTH AND THIRTEENTH CENTURIES: AN EDITION AND COMMENTARY, by Alison Goddard Elliot. 1983. (No. 221). -9225-4.

THE BROKEN ANGEL: MYTH AND METHOD IN VALÉRY, by Ursula Franklin. 1984. (No. 222). -9226-2.

READING VOLTAIRE'S CONTES: A SEMIOTICS OF PHILOSOPHICAL NARRATION, by Carol Sherman. 1985. (No. 223). -9227-0.

THE STATUS OF THE READING SUBJECT IN THE "LIBRO DE BUEN AMOR", by Marina Scordilis Brownlee. 1985. (No. 224). -9228-9.

When ordering please cite the *ISBN Prefix* plus the last four digits for each title.

Send orders to: University of North Carolina Press
                  P.O. Box 2288
                  CB# 6215
                  Chapel Hill, NC 27515-2288
                  U.S.A.

NORTH CAROLINA STUDIES IN THE ROMANCE LANGUAGES AND LITERATURES

I.S.B.N. Prefix 0-8078-

Recent Titles

MARTORELL'S TIRANT LO BLANCH: A PROGRAM FOR MILITARY AND SOCIAL REFORM IN FIFTEENTH-CENTURY CHRISTENDOM, by Edward T. Aylward. 1985. (No. 225). *-9229- 7.*

NOVEL LIVES: THE FICTIONAL AUTOBIOGRAPHIES OF GUILLERMO CABRERA INFANTE AND MARIO VARGAS LLOSA, by Rosemary Geisdorfer Feal. 1986. (No. 226). *-9230-0.*

SOCIAL REALISM IN THE ARGENTINE NARRATIVE, by David William Foster. 1986. (No. 227). *-9231-9.*

HALF-TOLD TALES: DILEMMAS OF MEANING IN THREE FRENCH NOVELS, by Philip Stewart. 1987. (No. 228). *-9232-7.*

POLITIQUES DE L'ECRITURE BATAILLE/DERRIDA: le sens du sacré dans la pensée française du surréalisme à nos jours, par Jean-Michel Heimonet. 1987. (No. 229). *-9233-5.*

GOD, THE QUEST, THE HERO: THEMATIC STRUCTURES IN BECKETT'S FICTION, by Laura Barge. 1988. (No. 230). *-9235-1.*

THE NAME GAME. WRITING/FADING WRITER IN "DE DONDE SON LOS CANTANTES", by Oscar Montero. 1988. (No. 231). *-9236-X.*

GIL VICENTE AND THE DEVELOPMENT OF THE COMEDIA, by René Pedro Garay. 1988. (No. 232). *-9234-3.*

HACIA UNA POÉTICA DEL RELATO DIDÁCTICO: OCHO ESTUDIOS SOBRE "EL CONDE LUCANOR", por Aníbal A. Biglieri. 1989. (No. 233). *-9237-8.*

A POETICS OF ART CRITICISM: THE CASE OF BAUDELAIRE, by Timothy Raser. 1989. (No. 234). *-9238-6.*

UMA CONCORDÂNCIA DO ROMANCE "GRANDE SERTÃO: VEREDAS" DE JOÃO GUIMARÃES ROSA, by Myriam Ramsey and Paul Dixon. 1989. (No. 235). Microfiche, *-9239-4.*

CYCLOPEAN SONG: MELANCHOLY AND AESTHETICISM IN GÓNGORA S "FÁBULA DE POLIFEMO Y GALATEA", by Kathleen Hunt Dolan. 1990. (No. 236). *-9240-8.*

THE "SYNTHESIS" NOVEL IN LATIN AMERICA. A STUDY ON JOÃO GUIMARÃES ROSA'S "GRANDE SERTÃO: VEREDAS", by Eduardo de Faria Coutinho. 1991. (No. 237). *-9241-6.*

IMPERMANENT STRUCTURES. SEMIOTIC READINGS OF NELSON RODRIGUES' "VESTIDO DE NOIVA", "ÁLBUM DE FAMÍLIA", AND "ANJO NEGRO", by Fred M. Clark. 1991. (No. 238). *-9242-4.*

"EL ÁNGEL DEL HOGAR". GALDÓS AND THE IDEOLOGY OF DOMESTICITY IN SPAIN, by Bridget A. Aldaraca. 1991. (No. 239). *-9243-2.*

IN THE PRESENCE OF MYSTERY: MODERNIST FICTION AND THE OCCULT, by Howard M. Fraser. 1992. (No. 240). *-9244-0.*

THE NOBLE MERCHANT: PROBLEMS OF GENRE AND LINEAGE IN "HERVIS DE MES" by Catherine M. Jones. 1993. (No. 241). *-9245-9.*

JORGE LUIS BORGES AND HIS PREDECESSORS OR NOTES TOWARDS A MATERIALIST HISTORY OF LINGUISTIC IDEALISM, by Malcolm K. Read. 1993. (No. 242). *-9246-7.*

DISCOVERING THE COMIC IN "DON QUIXOTE", by Laura J. Gorfkle. 1993. (No. 243). *-9247-5.*

THE ARCHITECTURE OF IMAGERY IN ALBERTO MORAVIA'S FICTION, by Janice M. Kozma. 1993. (No. 244). *-9248-3.*

THE "LIBRO DE ALEXANDRE". MEDIEVAL EPIC AND SILVER LATIN, by Charles F. Fraker. 1993. (No. 245). *-9249-1.*

THE ROMANTIC IMAGINATION IN THE WORKS OF GUSTAVO ADOLFO BÉCQUER, by B. Brant Bynum. 1993. (No. 246). *-9250-5.*

MYSTIFICATION ET CRÉATIVITÉ DANS L'OEUVRE ROMANESQUE DE MARGUERITE YOURCENAR, par Beatrice Ness. 1994. (No. 247). *-9251-3.*

When ordering please cite the *ISBN Prefix* plus the last four digits for each title.

Send orders to: University of North Carolina Press
P.O. Box 2288
CB# 6215
Chapel Hill, NC 27515-2288
U.S.A.

The Department of Romance Studies Digital Arts and Collaboration Lab at the University of North Carolina at Chapel Hill is proud to support the digitization of the North Carolina Studies in the Romance Languages and Literatures series.

www.ingramcontent.com/pod-product-compliance
Lightning Source LLC
Chambersburg PA
CBHW030653230426
43665CB00011B/1073